Anja Höfner, Vivian Frick (Hrsg.)

WAS BITS UND BÄUME VERBINDET

Digitalisierung nachhaltig gestalten

oekom

SELBSTVERPFLICHTUNG ZUM NACHHALTIGEN PUBLIZIEREN:
Nicht nur publizistisch, sondern auch als Unternehmen setzt sich der oekom verlag konsequent für Nachhaltigkeit ein. Bei Ausstattung und Produktion der Publikationen orientieren wir uns an höchsten ökologischen Kriterien. Dieses Buch wurde auf 100 % Recyclingpapier, zertifiziert mit dem FSC®-Siegel und dem Blauen Engel (RAL-UZ 14), gedruckt. Auch für den Karton des Umschlags wurde ein Papier aus 100 % Recyclingmaterial, das FSC®-ausgezeichnet ist, gewählt. Alle durch diese Publikation verursachten CO_2-Emissionen werden durch Investitionen in ein Gold-Standard-Projekt kompensiert. Die Mehrkosten hierfür trägt der Verlag. Mehr Informationen finden Sie unter: http://www.oekom.de/allgemeine-verlagsinformationen/nachhaltiger-verlag.html

BIBLIOGRAFISCHE INFORMATIONEN DER DEUTSCHEN NATIONALBIBLIOTHEK:
Die Deutsche Nationalbibliothek verzeichnet diese Publikation in der Deutschen Nationalbibliografie; detaillierte bibliografische Daten sind im Internet über http://dnb.d-nb.de abrufbar.

HERAUSGEBERINNEN:

Anja Höfner, Vivian Frick
Aus der Forschungsgruppe ‹Digitalisierung und sozial-ökologische Transformation› vom Institut für ökologische Wirtschaftsforschung und der Technischen Universität Berlin, Fachgebiet Sozial-ökologische Transformation.
Unter Mitarbeit von: Katja George, Leon Kaiser, Tilman Santarius
Dieses Buch steht unter der Creative Commons 3.0 (CC BY-NC-SA 3.0 DE) Lizenz. Es darf unter Nennung der Originalquelle vervielfältigt und nicht kommerziell weiterverbreitet werden.

VERÖFFENTLICHUNG MIT UNTERSTÜTZUNG DES TRÄGERKREISES DER ‹BITS & BÄUME› KONFERENZ:
Brot für die Welt, Bund für Umwelt und Naturschutz Deutschland, Chaos Computer Club, Deutscher Naturschutzring, Forum InformatikerInnen für Frieden und gesellschaftliche Verantwortung, Germanwatch, Institut für ökologische Wirtschaftsforschung, Konzeptwerk Neue Ökonomie, Open Knowledge Foundation Deutschland, Technische Universität Berlin

GEFÖRDERT DURCH: **GEFÖRDERT VOM:**

Die Konferenz ‹Bits & Bäume› und deren wissenschaftliche Dokumentation wurde von der Deutschen Bundesstiftung Umwelt (DBU) gefördert. Das dieser Veröffentlichung zugrunde liegende Vorhaben ‹Digitalisierung und sozial-ökologische Transformation – Rebound-Risiken und Suffizienz-Chancen digitaler Dienstleistungen› wird mit Mitteln des Bundesministeriums für Bildung und Forschung im Rahmen der sozial-ökologischen Forschung (Nachwuchsgruppenförderung) unter dem Förderkennzeichen 01UU1607A unterstützt.

© 2019 oekom, München
oekom verlag, Gesellschaft für ökologische Kommunikation mbH, Waltherstraße 29, 80337 München

DESIGN:
Illustrationen und Umschlaggestaltung:
Lone Thomasky (graphic@lone-thomasky.de)
Layout und Satz:
Rabea Düing (hello@la-bam.de) und
Lone Thomasky (graphic@lone-thomasky.de)

FOTOS:
www.unsplash.com

Korrektorat: Maike Specht
Druck: Friedrich Pustet GmbH & Co. KG, Regensburg

ISBN 978-3-96238-149-3

INHALT

EDITORIAL *V. Frick & A. Höfner* .... /// **006**

WARUM BITS UND BÄUME ZUSAMMENGEHÖREN! *T. Santarius & C. Kurz*
Vier Gründe, um zwei Communities zu vernetzen .... /// **008**

1 SOZIALE & ÖKOLOGISCHE AUSWIRKUNGEN: WIE SCHWER WIEGT EIN BIT?

AUF KOSTEN DES GLOBALEN SÜDENS *S. Langkau & S. Hilbig*
Sozial-ökologische Auswirkungen der digitalen Transformation .... /// **014**
FAIRLÖTET E. V. *K. George* .... /// **018**
BISS IN DEN SAUREN APFEL *J. Chan*
Zu den Arbeitsbedingungen vom Apple-Lieferanten Foxconn in China .... /// **019**
DRUCK AUF TECH-KONZERNE AUSÜBEN *R. Grobe* .... /// **023**
OBSOLESZENZ DURCH SOFTWARE *J. Gröger & M. Herterich*
Wie wir digitale Geräte länger am Leben halten können .... /// **024**
‹SMARTES› WOHNEN *I. Colaço, L.-A. Brischke & J. Pohl*
Zum Beitrag vernetzter Haushalte für den Klima- und Ressourcenschutz .... /// **028**
STREAMING HEIZT UNSEREM PLANETEN EIN *F. Sühlmann-Faul*
Die ökologischen Auswirkungen von Videostreaming .... /// **032**
STOFFKREISLÄUFE SCHLIESSEN *V. Bax & H. Handke*
Recycling im Zeitalter der Digitalisierung .... /// **034**
RESOURCIFY GMBH *J. Fink* .... /// **037**
ROHSTOFFWENDE STATT WEITER SO *M. Groneweg & M. Reckordt*
Politik für eine nachhaltige Rohstoffversorgung .... /// **038**
RESSOURCENFLUCH 4.0 *M. Groneweg, M. Reckordt & A. Höfner* .... /// **040**

2 DATENSCHUTZ & UMWELTSCHUTZ: WAS HEISST HIER SMART?

ETWAS BESSERES ALS ‹SMART CITIES› S. Bauriedl
Digitalisierung führt nicht automatisch zu mehr Nachhaltigkeit .... /// 044
MAZI L. Kaiser .... /// 047
FRAG DEN STAAT A. Semsrott .... /// 048
ÖFFENTLICHE DATEN NÜTZEN J. Krüger & M. Peters
Umwelt schützen und Zivilgesellschaft stützen .... /// 049
GEMEINSCHAFTSNETZE N. Kunzmann .... /// 053
ADFC HAMBURG J. Deye & S. Anders .... /// 054
DIGITALE ENERGIEWENDE H. Zimmermann & S. Hügel
Von der Notwendigkeit und den Risiken, das Energiesystem umzubauen .... /// 055
ZIELKONFLIKTE ZWISCHEN UMWELT- UND DATENSCHUTZ V. C. Coroama & F. Mattern
Von der Möglichkeit, Daten preiszugeben, um die Umwelt zu retten .... /// 058
METADATEN R. Rehak .... /// 061
ENTZAUBERUNG VON IT-SYSTEMEN S. Ullrich, R. Messerschmidt, R. Hilbig, F. Butollo & D. Serbanescu
Die Automatisierungsdemystifizierungsdiskursmaschine erklärt spielerisch Algorithmen .... /// 062
HOSTSHARING EG J. Fink .... /// 064
DIGITALE TECHNOLOGIEN FÜR DEN UMWELTSCHUTZ K. Fritzsche, S. Niehoff & A. Krug
Wie künstliche Intelligenz und Big Data die Umweltgovernance verbessern können .... /// 065
TDRM L. Kaiser .... /// 069

3 MACHT, MÄRKTE, MONOPOLE: WEM DIENEN DIGITALE TECHNOLOGIEN?

DEMATERIALISIERUNG DURCH DIGITALISIERUNG L. Hilty
Anspruch und Wirklichkeit .... /// 072
DIGITALER KAPITALISMUS IN GRÜN T. Daum & S. Lange
Wunschtraum, Etappenziel oder Nebelkerze? .... /// 076
SAATGUT WIE SOFTWARE T. Schäfer, C. Nähle & D. Kurz
Eine Frage der Lizenz .... /// 079
AGRARINDUSTRIE 4.0 – ZUKUNFTSFÄHIGE LANDWIRTSCHAFT? L. Michelsen
Auswirkungen der Digitalisierung auf Kleinbäuerinnen und Landarbeiter weltweit .... /// 082
WARUM BRAUCHEN WIR VIELFALT? C. Wolff, M. Wessel, V. Frick & A. Höfner .... /// 086
VERKAUFTES INTERNET V. Frick & R. Rehak
Zur sozial-ökologischen Gestaltung digitaler Räume .... /// 087
FREIE NETZWERKER C. Armster .... /// 091
DIGITALE NOTWEHR M. Löffler, R. Rehak & V. Frick .... /// 092
<3 OF CODE K. George .... /// 093
GESCHLECHTERVERHÄLTNISSE IM DIGITALEN J. C. Enders & A. Groschke
Welche Denkanstöße, Kritiken und Potenziale ins Zentrum der Debatte gehören .... /// 094
FCZB K. George .... /// 097

4 ALTERNATIV WIRTSCHAFTEN: EINE ANDERE DIGITALISIERUNG IST MÖGLICH!

DIGITAL KONVIVIAL *A. Vetter & N. Guenot*
Digitale Technologien für eine Postwachstumsgesellschaft .... /// 100
MEIN SMARTPHONE *A. Vetter & A. Höfner* .... /// 102
DIGITALISIERUNG UND POSTWACHSTUM *N. Treu & M. Schmelzer* .... /// 105
OPEN SOURCE ECOLOGY *K. George* .... /// 106
NACHHALTIGER ONLINEHANDEL *M. Gossen & N. Kampffmeyer*
Wie grüne Nischenanbieter gestärkt und Mainstreamportale begrünt werden können ...... /// 107
VAUDE *J. Fink* .... /// 111
VON DER EFFIZIENZ ZUR DIGITALEN SUFFIZIENZ *S. Lange, T. Santarius & A. Zahrnt*
Warum schlanke Codes und eine reflektierte Nutzung unerlässlich sind .... /// 112
IM WANDEL *K. George* .... /// 115
CIRCULAR ECONOMY *F. Hofmann, J. Zwiers & M. Jaeger-Erben*
Umsetzungsarchitektur einer digital-emanzipatorischen Circular Economy .... /// 116
E-BILITY *J. Fink* .... /// 118
QUERFELD *J. Fink* .... /// 119
ALLE MACHT DEN PLATTFORMEN? *S. Kludas, J. Pentzien, C. Wolff & D. Piétron*
Genossenschaften, Freie Software und die Möglichkeit einer sozial-ökologischen Plattformisierung /// 120

5 NACHHALTIGKEITS- & TECH-BEWEGUNG: ORGANISIERT EUCH!

ZUSAMMENBRINGEN, WAS ZUSAMMENGEHÖRT *E. Lindinger & A. Höfner*
Rückblick und Planschmiede zur ‹Bits & Bäume› Konferenz .... /// 126
FUSSABDRUCK DER ‹B & B› *J. Pohl, M. Brümmer & A. Höfner* .... /// 130
NACHHALTIGE TECH-SZENE, DIGITALISIERTE UMWELTBEWEGUNG? *F. Rohde & V. Frick*
Einblicke in die Evaluation der ‹Bits & Bäume› .... /// 131
‹B & B› AUF EINEN BLICK .... /// 132
DER ‹BITS & BÄUME› TRÄGERKREIS FORDERT: AGENDA FÜR EINE NACHHALTIGE DIGITALISIERUNG *vorgestellt und eingeleitet von: J. Krüger & N. Treu* ...... /// 137

DANKSAGUNG .... /// 144

EDITORIAL

Berlin, den 1. Juli 2019

LIEBE LESERIN, LIEBER LESER,

knapp 2.000 Menschen zog die ‹Bits & Bäume› im November 2018 an die Technische Universität Berlin. Dieser Zuspruch verdeutlicht die Lücke, die wir mit unserer Veranstaltung gefüllt haben: Digitalisierung und Nachhaltigkeit als zwei wesentliche aktuelle Herausforderungen unserer Gesellschaft müssen endlich gemeinsam diskutiert werden. Die ‹Bits & Bäume› hat vielfältige Akteure zusammengebracht, vor allem aus der Tech-Szene und der Nachhaltigkeitsbewegung, aber auch aus Wissenschaft, Wirtschaft und Politik. Die Konferenz hat gezeigt: Wir brauchen dringend neue Foren, um uns mit Digitalisierung auseinanderzusetzen. Verschiedene Akteure müssen gleichberechtigt und demokratisch daran teilhaben. Denn wie die Digitalisierung politisch gestaltet wird, darf nicht vordergründig von wirtschaftlichen Erwägungen abhängen. Mit diesem Buch möchten wir zentrale Inhalte der ‹Bits & Bäume› für diese gesellschaftliche Debatte festhalten.

‹Bist du ein Bit oder ein Baum?› – diese Frage wurde auf der Konferenz häufig gestellt. Die Teilnehmenden waren neugierig darauf, von den anderen zu lernen. Dies gilt nicht nur für die Konferenz: Viele Nachhaltigkeitsbewegte haben Nachholbedarf im Verstehen digitaler Anwendungen – eine wichtige Voraussetzung, um soziale, politische und ökologische Konsequenzen diskutieren zu können. Die ‹Techies› können von den ‹Ökos› wiederum lernen, ein Bewusstsein für die sozialen und ökologischen Auswirkungen von Technologien zu entwickeln. Auch in der politischen Durchsetzung zivilgesellschaftlicher Interessen können sie von den Erfahrungen der Nachhaltigkeitsakteure profitieren, denn diese blicken bereits auf lehrreiche Dekaden zurück. Akteure der Entwicklungszusammenarbeit bringen ebenfalls eine wichtige Sichtweise ein, denn Themen der internationalen Gerechtigkeit muss mehr Beachtung geschenkt werden. Dafür müssen Technikgestaltung und Gleichberechtigung Hand in Hand gehen.

Mit Blick auf die aktuellen gesellschaftlichen Entwicklungen, voranschreitende Naturzerstörung und ökonomische Krisen ist es unerlässlich, diese vielfältigen Perspektiven auf unsere digitale Zukunft zusammenzubringen – gerade jetzt, in einer Zeit, in der viele Weichen gestellt werden. Dieses Buch will als gemeinschaftliches Werk dabei helfen. Über fünfzig Autor*innen, die im vergangenen Jahr zur ‹Bits & Bäume› beitrugen, haben dieses Buch mitgestaltet.

Wenngleich konkrete Strategien sich unterscheiden mögen, teilen die Autor*innen doch ein gemeinsames Ziel. Sie wollen in einer Gesellschaft leben, in der Menschenrechte geachtet werden, Meinungsfreiheit und informationelle Selbstbestimmung ernst genommen werden, Wohlstand gerecht verteilt ist und die Natur erhalten wird. Kurz: eine Gesellschaft, in der soziale und ökologische Ziele an erster Stelle stehen. In einer solchen Gesellschaft ist Digitalisierung nicht das Ziel, sondern sie reiht sich ein als eines von vielen möglichen Werkzeugen für ein gutes Leben für alle.

Die Diversität und das Engagement der Menschen aus Nachhaltigkeits- und Tech-Szene, aus Vereinen, sozialen Unternehmen, Nichtregierungsorganisationen und Wissenschaft, die auf der ‹Bits & Bäume› zusammenkamen und die sich an diesem Buch beteiligt haben, stimmen uns hoffnungsvoll:
Eine andere Digitalisierung ist möglich!

Eine inspirierende Lektüre wünschen
Vivian Frick & Anja Höfner
für den Trägerkreis der ‹Bits & Bäume› Konferenz

DAS BUCH IST IN FÜNF THEMENBEREICHE GEGLIEDERT:

KAPITEL 1
SOZIAL-ÖKOLOGISCHE AUSWIRKUNGEN DER DIGITALISIERUNG: Wer hat die Last unseres digitalen Lebens zu tragen? Eine Reise in den Globalen Süden, zu den Produktionsstätten Chinas und den Konsument*innen digitaler Technologien.

KAPITEL 2
DATENSCHUTZ & UMWELTSCHUTZ: Wie kann ein nachhaltiger Umgang mit Daten aussehen? Ist es smart, so viele Daten wie möglich zu sammeln und zu verarbeiten? Wie soll der Datenzugang gestaltet werden?

KAPITEL 3
MACHT, MÄRKTE, MONOPOLE: Wem gehört das Internet? Wie wirken sich digitale Anwendungen auf unser Wirtschaftssystem, die Vermögens- und Machtverteilung aus?

KAPITEL 4
ALTERNATIVES WIRTSCHAFTEN: Wie können wir im Kontext der Digitalisierung eine nachhaltige und demokratische digitale Wirtschaft gestalten?

KAPITEL 5
NACHHALTIGKEITS- UND TECH-BEWEGUNG: Wie können sich die verschiedenen Akteure weiter vernetzen, gemeinsame Forderungen entwickeln und für eine nachhaltige Digitalisierung einsetzen?

INNERHALB DER KAPITEL BIETET DAS BUCH VERSCHIEDENE FORMATE:

} **ARTIKEL UND DEBATTENBEITRÄGE** vereinen meist die Perspektiven von Autor*innen aus Tech-, Nachhaltigkeitsszene und Entwicklungszusammenarbeit. Aus ihren jeweiligen Blickwinkeln ordnen sie aktuelle Trends ein und stellen gemeinsam Ziele für eine sozial-ökologische Digitalisierung vor.

INFOGRAFIKEN veranschaulichen Schlüsselthemen für eine nachhaltige Digitalisierung wie digitale Selbstverteidigung, Metadaten oder Gemeinschaftsnetze, aber auch Aspekte wie Vielfalt, Kreislaufwirtschaft und Postwachstum.

PORTRÄTS von Initiativen, Organisationen und Unternehmen zeigen, welche Aktivitäten rund um eine nachhaltige Digitalisierung bereits existieren. Mit- und nachmachen erlaubt / erwünscht!

Alle Videomitschnitte der Konferenz online nachschauen unter:
https://media.ccc.de/c/bub2018

In der Onlineversion des Buchs wartet eine zusätzliche Infografik.

Autor*innen: Tilman Santarius & Constanze Kurz

WARUM BITS UND BÄUME ZUSAMMENGEHÖREN!

Vier Gründe, um zwei Communities zu vernetzen

Die Konferenz ‹Bits & Bäume› war ein großartiger Erfolg. Knapp 2.000 Teilnehmer*innen haben am 17. und 18. November 2018 auf über 130 teils parallelen Veranstaltungen in der Technischen Universität Berlin über die große Frage diskutiert: ‹Was kann Digitalisierung zur nachhaltigen Transformation der Gesellschaft beitragen?› Ein beeindruckendes Medienecho hat diese Diskussion nicht nur im Vorfeld und während der Konferenz, sondern auch im Nachgang begleitet.

Aber warum wurde diese Konferenz überhaupt veranstaltet? Welche Wünsche haben die elf Organisationen angetrieben, die ‹Bits & Bäume› gemeinsam konzipiert und organisiert haben? In den Mittelpunkt haben wir vier Ziele gestellt, warum wir die bislang meist getrennt debattierten Themen ‹Digitalisierung› und ‹Nachhaltigkeit› – sinnbildlich: die ‹Bits› und die ‹Bäume› – auf dieser Konferenz zusammengebracht haben und warum sich die Akteure, die bisher meist nur zu einem der beiden Themen gearbeitet haben, miteinander vernetzen sollten:

1. Sicherung der Menschenrechte,
2. Einhaltung der Grenzen unseres Planeten,
3. Überwindung des Kapitalismus,
4. vereint stärker handeln.

1. GEMEINSAM FÜR DIE SICHERUNG DER MENSCHENRECHTE

Die Nachwelt mag spekulieren, ob es weitsichtige Planung oder bloß ein günstiges Zusammentreffen war: Die ‹Bits & Bäume› fand genau im Jahr des siebzigsten Geburtstags der Allgemeinen Erklärung der Menschenrechte statt. Die universellen Menschenrechte sind ein Meilenstein in der Menschheitsgeschichte. Erstmals wird die Unantastbarkeit der

Würde jeder einzelnen Erdenbürgerin und jedes einzelnen Erdenbürgers von fast allen Ländern der Welt im Rahmen der Vereinten Nationen (UN) anerkannt. Jedem Menschen wird damit das Recht zugestanden, diese Würde gegenüber staatlicher Gewalt, häuslicher Gewalt, unternehmerischen Eingriffen und jeglichen anderen widerstreitenden Anliegen geltend zu machen. Nach 1948 wurden die Allgemeinen Menschenrechte konkretisiert – zum einen als politische und bürgerliche Menschenrechte, zum anderen als wirtschaftliche, soziale und kulturelle Menschenrechte: Knapp zwei Jahrzehnte später wurden der UN-Zivilpakt und der UN-Sozialpakt verabschiedet. Die Fokussierung auf nur einen der beiden Stränge spiegelt sich noch heute in den Forderungen vieler Akteure wider – auch in der Tech-Bewegung, deren Wirken vor allem auf die Realisierung der politischen und bürgerlichen Menschenrechte abhebt, und in der Nachhaltigkeitsbewegung, die vor allem auf die wirtschaftlichen, sozialen und kulturellen Menschenrechte achtet. Zum siebzigsten Geburtstag der universellen Menschenrechte haben wir diese beiden Communities auf der ‹Bits & Bäume› zusammengebracht, damit sie als echte Bewegung in dauerhafter Zusammenarbeit und damit schlagkräftiger für die unantastbare Würde der Menschen eintreten können.

Die politischen und bürgerlichen Menschenrechte – darunter etwa das Recht auf Freiheit der Person, auf Freiheit vor willkürlichen Eingriffen in die Privatsphäre, auf Informationsfreiheit, Meinungsfreiheit und Pressefreiheit – werden in vielen Staaten mit Füßen getreten. Auch in Deutschland geraten sie durch den zunehmenden Populismus in Gefahr. Vor allem aber stellt die Digitalisierung ganz neue Herausforderungen an die Wahrung der politischen und bürgerlichen Rechte. Neben der Menschenwürde und dem daraus abgeleiteten Kernbereich der privaten Lebensgestaltung werden insbesondere drei Grundrechte in der digitalen Welt zunehmend eingeschränkt. Erstens das Post- und Fernmeldegeheimnis: Weil wir heute in hohem Maße digital kommunizieren, bleibt von dem eigentlichen Kern des Fernmeldegeheimnisses nur noch wenig übrig. Strafverfolgungsbehörden und Geheimdienste nehmen alltäglich Einblick in die Kommunikation von Menschen, worüber jedoch nur noch selten diskutiert wird.

Zweitens das Recht auf informationelle Selbstbestimmung: Anders als das Fernmeldegeheimnis wird dieses Grundrecht zwar nach wie vor in der Öffentlichkeit breit debattiert. In der kommerzialisierten digitalen Welt, in der viele Menschen fast ausschließlich über werbefinanzierte Netzwerke wie Facebook und Google kommunizieren, müssen wir dieses Grundrecht jedoch dringend emanzipierter diskutieren. Drittens haben wir vor elf Jahren noch ein weiteres Grundrecht vom Bundesverfassungsgericht in Karlsruhe erhalten: das Grundrecht auf Gewährleistung der Vertraulichkeit und Integrität von informationstechnischen Systemen. Aber faktisch hat der Gesetzgeber dieses Grundrecht nicht umgesetzt.

Gegen diese und weitere Bedrohungen unserer Rechte braucht es mehr Aufmerksamkeit in öffentlichen und politischen Diskursen sowie klare Forderungen, wie alle Menschenrechte in einer sich zunehmend digitalisierenden Gesellschaft gesichert werden können. Auch umwelt-, entwicklungs- und friedenspolitische Akteure und Netzwerke können ihre Anliegen nur umsetzen, wenn politische und bürgerliche Menschenrechte bestehen und eine freie, kritische Arbeit der Zivilgesellschaft ermöglichen. Daher möchte die ‹Bits & Bäume› sowohl die Tech-Community als auch die Nachhaltigkeits-Community motivieren, gemeinsam die Stimme zu erheben und sich für informationelle Selbstbestimmung und die Gewährleistung der Vertraulichkeit informationstechnischer Systeme zu engagieren, um so die Meinungsfreiheit und Demokratie zu sichern.

2. DIE GRENZEN UNSERES PLANETEN IN EINER ZUNEHMEND DIGITALISIERTEN WELT EINHALTEN

Die Akteure der Nachhaltigkeitsszene fokussieren vor allen Dingen auf die Sicherung der elementaren Existenzrechte der Menschen wie das Recht auf Nahrung, Trinkwasser und Gesundheitsfürsorge sowie das Recht auf einen auskömmlichen Lebensunterhalt. Die wirtschaftlichen, sozialen und kulturellen Menschenrechte sind heute nicht nur durch korrupte Eliten, Kriege und Konflikte in Gefahr, sondern auch durch den gefährlichen Klimawandel, den Verlust der Artenvielfalt und den Verschleiß der Funktionsfähigkeit globaler und lokaler Ökosysteme. Dies betrifft vor allem, aber nicht nur die Existenzgrundlage der zwei bis drei Milliarden Menschen auf der Erde, die direkt von der Natur leben und deren Ernten von Dürren, Überschwemmungen oder der Verschmutzung von Böden oder Gewässern in Mitleidenschaft gezogen werden. Für die Verwirklichung der wirtschaftlichen, sozialen und kulturellen Menschenrechte ist es unerlässlich, die Umweltzerstörung aufzuhalten und die Belastungsgrenzen der Erde nicht zu überschreiten.

Doch das Gegenteil findet derzeit statt: Wir sind dabei, den schönen Blauen Planeten in eine ungastliche Wüste zu verwandeln, weil der Naturverbrauch der Menschheit viel zu hoch ist. Die Kernforderung der Nachhaltigkeitsbewegung lautet daher, die Ressourcenverbräuche und schädlichen Emissionen in den Hochverbrauchsregionen der Erde in den nächsten Jahrzehnten um den Faktor zehn zu reduzieren.

Was bedeutet dies nun für die derzeitige kontinuierliche Durchdringung von immer mehr Lebens- und Wirtschaftsbereichen mit digitalen Geräten und Anwendungen? Ohne Zweifel verschlingt die Produktion von Laptops, Smartphones, Tablets wie auch der Zubau von Rechenzentren, Überseekabeln, Relaisstationen und vielen weiteren digitalen Endgeräten und Infrastrukturen eine Menge zusätzlicher Ressourcen. Schon heute entfallen rund zehn Prozent des weltweiten Stromverbrauchs auf alle mit dem Internet vernetzten Geräte und Rechenzentren – während alle Szenarien darauf hindeuten, dass der Stromverbrauch in den nächsten Jahren sogar noch weiter ansteigen wird. Um den Klimawandel und den Raubbau an Ökosystemen aufzuhalten, um den wachsenden Ressourcenverbrauch und die schädlichen Emissionen zu stoppen, gibt es daher nur eine Schlussfolgerung: Nur wenn wir Informations- und Kommunikationstechnologien dafür einsetzen, den überbordenden Energie- und Ressourcenverbrauch und die Emissionen der industriellen Zivilisation in allen Sektoren radikal herunterzufahren, wird die Digitalisierung einen Beitrag zur nachhaltigen Realisierung der Menschenrechte leisten. Die kurze Formel lautet: Digitalisierung für die Dematerialisierung!

3. ÜBERWINDUNG DES KAPITALISMUS FÜR EINE DEMOKRATISCHERE WIRTSCHAFT

Die Digitalisierung ist nur nachhaltig, wenn sie auch zur sozialen und ökonomischen Gerechtigkeit beiträgt. Potenziell bieten digitale Tools viele Möglichkeiten, um Bürgerinnen und Bürger zu souveränen Akteuren auch im Wirtschaftsgeschehen zu machen – und damit die Wirtschaft demokratischer und menschenfreundlicher zu gestalten und die finanziellen Früchte der technologischen Entwicklung auf möglichst viele Köpfe fair zu verteilen. Auf digitalen Plattformen können Menschen beispielsweise eigens angebaute Tomaten, selbst genähte Kleidung oder den Solarstrom vom heimischen Dach feilbieten und damit selbst zu Produzent*innen (bzw. Prosument*innen) werden; durch Peer-to-Peer-Sharing kann die Abhängigkeit vom Konsum der Produkte großer Konzerne verringert werden; und das Sharing von Wissen oder von Nachbarschaftshilfe öffnet Chancen, auch das Angebot von Dienstleistungen zu entkommerzialisieren und zu demokratisieren.

Aber in der letzten Dekade haben sich Kapital und Macht in der digitalen Wirtschaft in den Händen weniger Konzerne, ja sogar einzelner Menschen konzentriert. Da die Digitalisierung zugleich Arbeitsplätze wegrationalisiert, weil Robotisierung und Automatisierung die menschliche Arbeitskraft teilweise überflüssig machen, führt dies im Ergebnis zu einer zunehmenden sozialen Spaltung. Lange nicht alle Menschen profitieren gleichermaßen von digitalen Geräten und Anwendungen: Nur wenige können die Datenströme anzapfen, um davon zu profitieren, und manche gehen ohne Jobs leer aus.

‹Techies› und ‹Ökos› sind sich einig: Formen der Digitalisierung, die weiter den Massenkonsum ankurbeln, Milliardensummen in die Taschen weniger Konzerne und Menschen scheffeln und dabei einen Überwachungskapitalismus aufbauen, der die elementaren Menschenrechte missachtet, sind sozial nicht zukunftsfähig. Stattdessen sollen Informations- und Kommunikationstechnologien so eingesetzt und gestaltet werden, dass sie möglichst viele Akteure in der Wirtschaft stärken, die ökonomische Gerechtigkeit in der Gesellschaft verbessern und den nachhaltigen Umbau der Ökonomie voranbringen. Die kurze Formel lautet: Digitalisierung für die Demokratisierung!

4. VERNETZT IN DIE VERNETZTE WELT: NEUE ALLIANZEN FÜR EINE ZUKUNFTSFÄHIGE DIGITALISIERUNG

Wir haben die ‹Bits & Bäume› Konferenz nicht nur veranstaltet, um zu lernen, zu diskutieren, verbindende Elemente zwischen den Communities zu finden und den siebzigsten Geburtstag der Menschenrechte zu feiern. Sondern wir haben auch zwei weitere wichtige Ziele verfolgt: uns zu vernetzen und gemeinsam politisch aktiv zu werden. Wir haben erfolgreich die Vernetzung von Akteuren, Organisationen und Communities angestoßen, die bis dahin nur lose nebeneinanderher gearbeitet haben: auf der einen Seite die vielfältigen Initiativen der Tech- und netzpolitischen Szene, auf der anderen Seite die große Zahl an Akteuren der Nachhaltigkeitsszene, darunter Umwelt- und Entwicklungs-NGOs sowie die angewandte Nachhaltigkeitsforschung. Beide können viel voneinander lernen – und zusammen stärker für die Realisierung der universellen Menschenrechte eintreten!

Die Tech-Szene kann die Nachhaltigkeitsszene vor allem mit ihrem Wissen über Technologien und deren Funktionsweisen unterstützen. Natürlich nutzen so gut wie alle Umwelt- und Entwicklungsorganisationen nicht nur Computer in ihren Büros, sondern sind inzwischen auch Profis in der Anwendung sozialer Medien und im Platzieren von Inhalten auf News-Seiten im Internet, um damit erfolgreich Kampagnen zu führen und Menschen zu mobilisieren. Aber eine kritische Haltung gegenüber den digitalen Mainstreamangeboten und -konzernen hat sich dabei kaum entwickelt. Insgesamt wird zu wenig gefragt, welche Potenziale und Risiken die großen, sich anbahnenden digitalen Entwicklungstrends wie etwa künstliche Intelligenz oder das Internet der Dinge für den Übergang in eine nachhaltige Zukunft haben können. Aber es wird auch zu wenig gefragt, welche Chancen die vielen kleinen kooperativen und demokratischen Alternativen bringen – als Gegenpol zu den überwachungskapitalistischen Diensten von Facebook, Google & Co. Mit ihrem kritischen und geschulten Blick ist die Tech-Szene der Nachhaltigkeitsszene hier weit voraus und kann Hilfe anbieten.

Im Gegenzug kann die Tech-Szene von der Nachhaltigkeitsszene lernen, wie man erfolgreich politische Kampagnen führt, Kampagnenfähigkeit ausbaut und Menschen mobilisiert. Erinnern wir uns beispielsweise, wie vor zehn Jahren die halbe Republik über die Vorratsdatenspeicherung gestritten hat. Und blicken wir auf vier Jahre Snowden-Veröffentlichung zurück: Wir wissen seitdem, dass wir in einer Massenüberwachungswelt leben. Die digitalen Möglichkeiten, unsere Kommunikation zu überwachen, sind eine Tatsache. Aber viele fühlen sich demgegenüber ohnmächtig und haben eine gewisse Gleichgültigkeit entwickelt. Viele in der Tech-Szene fragen sich daher: Wie hat es die Nachhaltigkeitsszene in den vergangenen Jahrzehnten geschafft, viele ihrer Ziele zu erreichen? Und auch wenn sie diese nicht erreicht haben, wie können sie ihre Themen immer wieder auf die öffentliche und politische Agenda setzen? Wie gelingt es ihr, von großen Demonstrationen bis zu Millionen Förderer*innen jede Menge Menschen hinter ihren Anliegen zu versammeln?

Die Tech-Szene sollte sich nicht damit abfinden, dass in der Frage der digitalen Bürgerrechte und überhaupt in der Frage, wie und von wem digitale Grundrechte gestaltet werden, ab und zu das Bundesverfassungsgericht in Karlsruhe oder die höchsten europäischen Gerichte in Luxemburg und Straßburg die Fehler von Politik und Konzernen korrigieren. Stattdessen sollte sie ihre Forderungen lautstark und wirkmächtig in den öffentlichen Diskurs und die politischen Institutionen einbringen. Hier kann die Tech-Szene von der Nachhaltigkeitsszene lernen – und letztlich mit ihr gemeinsam für die Verwirklichung der politischen und bürgerlichen sowie der wirtschaftlichen, sozialen und kulturellen Menschenrechte kämpfen.

Schließlich war es das Ziel der ‹Bits & Bäume›, die Debatte um Digitalisierung und auch die Akteure der beiden Szenen zu politisieren. Digitalisierung ist nicht nur eine technische, sondern auch eine gesellschaftliche Entwicklung, die in den Mittelpunkt der öffentlichen und politischen Debatten gehört. Wir stellen Forderungen an Unternehmen und politische Entscheidungsträger*innen, um die Digitalisierung so zu gestalten, dass sie zur sozialen und ökologischen Nachhaltigkeit beiträgt. Und wir haben auf der ‹Bits & Bäume› Lösungsvorschläge und Handlungsansätze für Nutzer*innen diskutiert, mit denen jede und jeder Einzelne zu einer nachhaltigeren Digitalisierung beitragen kann. Denn wir sind uns sicher: Eine andere Digitalisierung ist möglich. Let's do it together!

DIE AUTOR*INNEN

/// **Prof. Dr. Tilman Santarius** lehrt an der Technischen Universität Berlin und am Einstein Centre Digital Futures und ist Teil der Forschungsgruppe ‹Digitalisierung und sozial-ökologische Transformation› am IÖW. Seine Schwerpunktthemen sind Klimapolitik, Handelspolitik, nachhaltiges Wirtschaften, Postwachstum und digitale Transformation. www.santarius.de

/// **Dr. Constanze Kurz** ist promovierte Informatikerin und arbeitet in der Redaktion von ‹netzpolitik.org› Ihre Forschungsschwerpunkte sind Ethik in der Informatik, informationelle Selbstbestimmung und Überwachungstechnologien sowie Wahlcomputer. Sie ist ehrenamtlich Sprecherin des Chaos Computer Clubs.

Soziale & ökologische Auswirkungen

1
2
3
4
5

WIE SCHWER WIEGT EIN BIT?

{ /// Die Infrastrukturen, auf denen unsere digitale Gesellschaft fußt, benötigen bereits heute gewaltige Mengen an Ressourcen und Energie. Und voraussichtlich werden es immer mehr. Die sozialen und ökologischen Auswirkungen davon sind global stark ungleich verteilt, wie Sabine Langkau und Sven Hilbig zeigen. Eindrücklich schildert Jenny Chan, wie schwer die sozialen Auswirkungen auf den Schultern von Arbeiter*innen bei Tech-Konzernen lasten. Sie zeigt auch, dass sich die Profite der Digitalisierung bei den Konzernen anhäufen. Ungerecht! Was die materielle Basis der Digitalisierung betrifft, kommt es nicht nur am Beginn der Wertschöpfungskette von digitaler Hardware zu Problemen, sondern auch am Ende. Verena Bax und Volker Handke zeigen, wie herausfordernd es ist, Stoffkreisläufe durch Recycling zu schließen – gerade bei zunehmender Komplexität von Geräten. Aber nicht nur das: Die meisten Geräte werden nicht einmal so lange genutzt, wie sie halten würden: Jens Gröger und Mark Herterich berichten darüber, wie Software-Updates Obsoleszenz verursachen. Anhand des smarten Wohnens zeigen Irmela Colaço und ihre Mitautor*innen, dass Optimierung und technischer Fortschritt meist eher nur den Komfort für eine privilegierte Klientel im Globalen Norden steigern, anstatt Ressourcen einzusparen. Dass Dematerialisierung durch technischen Fortschritt noch immer ins Reich der Utopien gehört, erläutern auch Merle Groneweg und Michael Reckordt. Sie fordern eine Wende hin zu einer Rohstoffpolitik, die der Ausbeutung von Mensch und Umwelt Einhalt gebietet. Und dabei geht es nicht nur um die Rohstoffgewinnung – der gesamte Lebenszyklus digitaler Anwendungen muss transformiert werden, damit Bits wirklich ‹leichter› werden. }

Autor*innen: *Sabine Langkau & Sven Hilbig*

AUF KOSTEN DES GLOBALEN SÜDENS

Sozial-ökologische Auswirkungen der digitalen Transformation

Von der Digitalisierung erhoffen sich viele Menschen die Lösung dringender sozialer und ökologischer Herausforderungen. So soll die Digitalisierung zur Entmaterialisierung der Produktions- und Konsummuster beitragen und somit unseren ökologischen Fußabdruck verringern. Die von der Organisation der Vereinten Nationen für industrielle Entwicklung (UNIDO) herausgegebene Studie ‹Accelerating clean energy through industry 4.0.›[1] betont, dass die digitalen Technologien die Umstellung auf erneuerbare Energien bei der Produktherstellung vorantreiben, die CO_2-Emissionen vermindern und die Energienutzung optimieren können. Eine wachsende Zahl von Akteur*innen sieht die Digitalisierung somit als einen entscheidenden Schlüssel zur Umsetzung der Agenda 2030 und ihrer 17 Globalen Nachhaltigkeitsziele (Sustainable Development Goals – SDGs).

WIRD MIT DER DIGITALISIERUNG ALLES BESSER?

Grundsätzlich ist es in einigen Produktions- und Konsumbereichen durchaus möglich, mithilfe der Digitalisierung den Ressourcenverbrauch zu senken. Insgesamt wird aber keine Entkopplung von Wirtschaftswachstum und Ressourcenverbrauch beobachtet. Und sie wird auch nicht für die Zukunft erwartet.[2,3] Im Gegenteil: Die negativen ökologischen und sozialen Auswirkungen der Digitalisierung treten immer deutlicher zutage. Etwa 33 Millionen Tonnen CO_2-Emissionen im Jahr werden durch den Betrieb des Internets und internetfähiger Geräte in Deutschland verursacht – so viel wie durch den innerdeutschen Flugverkehr.[4] Global wird der Anteil des Internets am gesamten Elektrizitätsbedarf auf zehn Prozent geschätzt.[5] Aufgrund des exponentiell wachsenden Datenvolumens wird die Nachfrage nach Energie in den kommenden Jahren ebenfalls drastisch steigen. Konservative Berechnungen von Seagate prognostizieren alle 20 Monate eine Verdoppelung der globalen Datenmenge. Demnach erhöht sich das Datenvolumen in den kommenden acht Jahren um den Faktor zehn.[6] Hauptursache für diese zukünftige Entwicklung ist der massive Ausbau des ‹Internet der Dinge› (Industrie 4.0, Smart Cities, Smart Home, Smart Everything). Die stoffliche Basis der Digitalisierung fußt aber nicht nur auf Energie und Strom, sondern auch auf mineralischen Rohstoffen. Die Kombination vieler verschiedener Rohstoffe in jeweils geringen Mengen pro Produkt erschwert das Recycling und ein nachhaltiges Lieferkettenmanagement (siehe auch den Beitrag von Bax & Handke).[7] Die ökologische Belastung pro produzierter Tonne der verwendeten Metalle ist hoch, bereits geringe Mengen sind für die Umwelt sehr schädlich.[8]

FÜR DIE ENTWICKLUNGSPOLITIK HAT DER ROHSTOFFVERBRAUCH EINE ENTSCHEIDENDE BEDEUTUNG

Die mineralischen Rohstoffe für die Zukunftstechnologien stammen zu einem großen Teil aus Ländern des Globalen Südens, wo sie oftmals unter Bedingungen abgebaut werden, die die Menschenrechte der Arbeitenden verletzen. Und sie verursachen ökologische Schäden, wie das Beispiel der E-Mobilität verdeutlicht. Der Umstieg von fossilem Treibstoff auf Elektroenergie wird von der Automobilindustrie gegenwärtig stark vorangetrieben. Laut der von der Verkehrsforschung des Deutschen Zentrums für Luft- und Raumfahrt (DLR) Ende 2018 herausgegebenen Aral-Studie ‹Tankstelle der Zukunft› sollen 2040 weniger als ein Prozent der Neuwagen noch konventionell angetrieben werden. Der Ressourcenverbrauch von Autos ist grundsätzlich hoch, ungeachtet der Antriebstechnik. Für die Produktion von Akkus für Elektrofahrzeuge werden obendrein zusätzliche Rohstoffe benötigt, wie Nickel, Grafit und Seltene Erden. Der Verbrauch von Kobalt und Lithium steigt bei einem weltweiten Umstieg auf Elektroautos sogar dramatisch an: um den Faktor 19 bei Kobalt und um den Faktor 29 bei Lithium.[9] Bereits ab 2030 könnte pro Jahr viermal so viel Lithium in Elektroautos verbaut werden, wie gegenwärtig weltweit abgebaut wird.[10]

Aufgrund dieser Prognosen werden in vielen Ländern des Globalen Südens neue Lizenzen für den Abbau vergeben. Im sogenannten Lithiumdreieck (Argentinien, Bolivien, Chile) lagern 70 Prozent des weltweiten Lithiumvorkommens in Salzseen inmitten hochandiner Steppenregionen, die durch extrem hohe Sonneneinstrahlung und Trockenheit gekennzeichnet sind. Diese Landschaft ist die Heimat zahlreicher indigener Gemeinden, die dort seit Jahrhunderten leben und Viehzucht und Landwirtschaft betreiben. Aufgrund seines sehr hohen Wasserverbrauchs stellt die Lithiumproduktion im südlichen Lateinamerika eine Bedrohung für Menschen, Tiere und Pflanzen dar: Für eine Tonne Lithium werden 20 Millionen Liter Wasser benötigt. Damit wird auch ein wertvolles Ökosystem unwiederbringlich zerstört.

DIE GESAMTEN UMWELT- UND SOZIALAUSWIRKUNGEN IM BLICK BEHALTEN

Wie schlimm sind nun aber die ökologischen und sozialen Auswirkungen der digitalen Welt im Vergleich zu anderen Lebens- und Wirtschaftsbereichen?

> ///<quote>
> Die mineralischen Rohstoffe für die Zukunftstechnologien stammen aus Ländern des Globalen Südens, wo sie unter menschenunwürdigen Bedingungen abgebaut werden und ökologische Schäden verursachen.
> ///</quote>

Etwa 33 Millionen Tonnen CO_2-Emissionen im Jahr werden durch den Betrieb des Internets und internetfähiger Geräte in Deutschland verursacht – so viel wie durch den innerdeutschen Flugverkehr.

Und welche Konsequenzen müssen am dringendsten vermieden oder zumindest abgemildert werden? Um diese Fragen zu beantworten, müssen wir uns alles anschauen, was zur Bereitstellung digitaler Produkte und Dienstleistungen erforderlich ist: den Abbau von Rohstoffen für Strom und Produkte der Informations- und Kommunikationstechnologie (IKT), die Herstellung von Komponenten und Produkten, die eigentliche Nutzung und schließlich die Entsorgung oder Verwertung aller Komponenten.

///<quote>
Ohne Änderungen im Konsumverhalten werden die mit der Digitalisierung verbundenen sozialen und ökologischen Probleme nicht gelöst werden können.
///</quote>

Eine Möglichkeit, diese Auswirkungen gebündelt zu betrachten, ist der ökologische Rucksack. Er beinhaltet alle Rohstoffe, die für ein Produkt über seinen ganzen Lebensweg hinweg aufgewendet werden müssen. Bei einem Mobiltelefon sind die benötigten Rohstoffe beispielsweise rund 75 Kilogramm.[11] So werden die versteckten Dimensionen begreifbar. Zu beachten ist allerdings: Nicht jedes Kilogramm hat die gleichen Umweltauswirkungen. Letztere erfasst eine Ökobilanz, welche nicht nur den gesamten Weg eines Produkts in den Blick nimmt, sondern auch alle damit verbundenen Umweltprobleme. Dazu zählen neben der globalen Erwärmung auch die Überdüngung und Versauerung von Böden und Gewässern, die Abgabe giftiger Stoffe und der Flächenverbrauch. Nicht immer sind die Ergebnisse so eindeutig und vorhersehbar, wie man sie sich wünschen würde. So vermindert beispielsweise ein Elektroauto gegenüber einem konventionellen PKW zwar die Treibhausgasemissionen, verursacht aber, über den ganzen ‹Lebensweg› betrachtet, höhere Emissionen humantoxischer Stoffe, die vor allem bei der Fahrzeugherstellung anfallen.[12,13] Ähnlich kompliziert wird es beim Vergleich von DVD und Streaming *(siehe dazu den Beitrag von Sühlmann-Faul).*

Mithilfe der Ökobilanz lassen sich nicht nur Umweltauswirkungen von Produkten berechnen, sondern diese Auswirkungen lassen sich auch auf die einzelnen Phasen des ‹Lebenswegs› aufteilen. Dabei gewinnen wir weitere überraschende Erkenntnisse. So entstehen für einen Laptop mehr als 50 Prozent der negativen Umweltauswirkungen während des Rohstoffabbaus und der Herstellung. Durch den Laptop verursachte CO_2-Emissionen entstehen nur zu rund acht Prozent in der Nutzungsphase und können somit durch den Stromverbrauch nur in geringem Umfang beeinflusst werden.[14] Erweitert man den Blickwinkel auf die sozialen Auswirkungen, entdeckt man auch hier, was man sonst nicht sieht und vielleicht auch lieber nicht sehen möchte: Kinderarbeit und gesundheitsgefährdende Arbeitsbedingungen sind leider typisch für die Rohstoffgewinnung, die Herstellung und auch das Recycling von IKT-Produkten in Ländern des Globalen Südens.[15]

KANN DOCH NOCH ALLES BESSER WERDEN?

Ökologische und soziale Perspektiven zeigen: Die Digitalisierung macht die Welt nicht automatisch nachhaltiger. Wir können allerdings versuchen, die digitale Transformation so ökologisch und sozial wie möglich zu gestalten. Bloß wie?

Bei vielen Umweltproblemen haben technische Lösungen die Situation stark verbessert, so hat zum Beispiel die Kühltechnik ohne Fluorchlorkohlenwasserstoffe die Problematik des Ozonlochs entschärft. Auch die neuen digitalen Technologien bieten Verbesserungspotenziale. Wenn eine Videokonferenz eine Flugreise ersetzt, können CO_2-Emissionen reduziert werden. Regelt ein intelligenter Thermostat die Heizung, verbraucht diese im Idealfall nur noch Energie, wenn sie wirklich gebraucht wird. Einsparungen durch eine höhere Effizienz fallen in der Praxis allerdings oft geringer aus, als ihr technisches Potenzial verspricht. Insbesondere in der IKT haben Effizienzsteigerungen vor allem Leistungserweiterungen und eine zunehmende Verbreitung begünstigt. Im Gesamttrend konnte somit nie eine Verringerung der Umweltauswirkungen der IKT-Branche erreicht werden – im Gegenteil, die Umweltschäden steigen.[16]

Ohne Änderungen im Konsumverhalten werden die mit der Digitalisierung verbundenen sozialen und ökologischen Probleme nicht gelöst werden können. Das gilt auch in anderen Bereichen, nur wachsen IKT und digitale Medien neben der Mobilität zu einer wesentlichen Stellschraube heran. Es bedarf einer drastischen Senkung des Ressourcenverbrauchs in Deutschland und anderen Industrienationen auf ein global gerechtes und ökologisch verträgliches Niveau. Ein wichtiger Ansatzpunkt ist eine Mobilitätswende, in deren Mittelpunkt eine Reduzierung der Autoflotte sowie die Herstellung von kleineren und leichteren Autos stehen. Auch bei digitalen Medien und IKT müssen wir uns als Konsument*innen und auch als Gesellschaft fragen, wie viel wir tatsächlich brauchen und verantworten können. Wenn wir weniger Zeit und Geld in Dinge investieren, die unser Leben eigentlich nicht besser machen, und dafür mehr in Dinge, die die Welt für uns und andere tatsächlich verbessern, sind wir auf dem richtigen Weg.

Die Konsument*innen allein können aber nicht die Umwelt- und Sozialprobleme der digitalen Welt lösen.[17] Die globalen Wertschöpfungsketten von IKT-Produkten sind zu komplex, um von jedem*r Einzelnen überblickt zu werden. Unternehmen müssen die Verantwortung für die sozialen und ökologischen Auswirkungen ihrer Produkte übernehmen, und zwar entlang der gesamten Wertschöpfungskette. Dass dies möglich ist, beweisen Firmen und Initiativen wie FairMagnets, NagerIT, Fairphone und Fairlötet *(siehe auch Porträt zu Fairlötet)*. Sie zeigen uns, was wir erreichen können, wenn wir mit kleinen Schritten anfangen und entlang des Weges wachsen. Damit verantwortliches Handeln kein Nischendasein führt, muss eine erweiterte Produzenten- und Unternehmensverantwortung das Ziel sein. Sie muss international verbindlich vereinbart und global durchgesetzt werden. Die wohlhabenderen Länder der Welt haben die Möglichkeiten und die Verantwortung, dabei voranzugehen.

DIE AUTOR*INNEN

/// **Dr. Sabine Langkau** ist wissenschaftliche Mitarbeiterin am Fraunhofer-Institut für System- und Innovationsforschung ISI im Competence Center ‹Nachhaltigkeit und Infrastruktursysteme›. Ihre Arbeitsschwerpunkte sind Bewertung der Nachhaltigkeit von innovativen Technologien, Umweltauswirkungen des Rohstoffabbaus und Auswirkungen neuer Technologien auf die Rohstoffnachfrage. https://isi.fraunhofer.de

/// **Sven Hilbig** ist Referent für Welthandel und globale Umweltpolitik. Er setzt sich gemeinsam mit Partner*innen von Brot für die Welt für eine zukunftsfähige Handels- und Rohstoffpolitik ein, auf nationaler wie internationaler Ebene. https://brot-fuer-die-welt.de

LITERATUR

/// [1] UNIDO. *Accelerating clean energy through Industry 4.0: Manufacturing the next revolution: Report of the United Nations Industrial Development Organisation.* https://www.unido.org/sites/default/files/2017-08/REPORT_Accelerating_clean_energy_through_Industry_4.0.Final_0 (2017).

/// [2] Günther, J., & Golde, M. *Gesamtwirtschaftliche Ziele und Indikatoren zur Rohstoffinanspruchnahme.* Umweltbundesamt: Hintergrundpapier. https://www.umweltbundesamt.de/publikationen/gesamtwirtschaftliche-ziele-indikatoren-zur (2015).

/// [3] Langkau, S., & Tercero Espinoza, L. A. *Technological change and metal demand over time – What can we learn from the past?* Sustainable Materials and Technologies 16, 54–59 (2018).

/// [4] Klumpp, D. *Energiefresser Internet: Die Ökobilanz eines Mausklicks.* https://www.swr.de/odysso/oekobilanz-des-internets/-/id=1046894/did=21791748/nid=1046894/1jsu4be/index.html (2018).

/// [5] Renzenbrink, T. *How Much Electricity Does the Internet Use?* https://www.elektormagazine.com/articles/how-much-electricity-does-the-internet-use (2013).

/// [6] IDC. *The Digitization of the World. From Edge to Core.* https://www.seagate.com/files/www-content/our-story/trends/files/Seagate-WP-DataAge2025-March-2017.pdf (2018).

/// [7] UNEP. *Metal Recycling: Opportunities, Limits, Infrastructure: Report of the Working Group on the Global Metal Flows to the International Resource Panel.* https://www.resourcepanel.org/reports/recycling-rates-metals (2011).

/// [8] Nuss, P., & Eckelman, M. J. *Life Cycle Assessment of Metals. A scientific Synthesis.* PloS one 9, e101298 (2014).

/// [9] Misereor, Brot für die Welt & Powershift (2018). *Weniger Autos, mehr globale Gerechtigkeit. Diesel, Benzin, Elektro: Die Antriebstechnik allein macht noch keine Verkehrswende.* https://info.brot-fuer-die-welt.de/sites/default/files/blog-downloads/weniger-autos-mehr-globale-gerechtigkeit-web.pdf (2018).

/// [10] Brot für die Welt. *Lithium, das weiße Gold* https://info.brot-fuer-die-welt.de/blog/lithium-weisse-gold (2018).

/// [11] Wuppertal Institut für Klima, Umwelt, Energie. *18 Factsheets zum Thema Mobiltelefone und Nachhaltigkeit.* https://wupperinst.org/fa/redaktion/downloads/projects/Mobiltelefone_Factsheets.pdf (2013).

/// [12] Helms, H., et al. *Weiterentwicklung und vertiefte Analyse der Umweltbilanz von Elektrofahrzeugen.* https://www.umweltbundesamt.de/publikationen/weiterentwicklung-vertiefte-analyse-der (2016).

/// [13] Bauer, C., et al. *The Environmental Performance of Current and Future Passenger Vehicles: Life Cycle Assessment based on a Novel Scenario Analysis Framework.* Applied Energy 157, 871–883 (2015).

/// [14] Ciroth, A., & Franze, J. *LCA of an Ecolabeled Notebook. Consideration of Social and Environmental Impacts Along the Entire Life Cycle.* (GreenDeltaTC, 2011).

/// [15] **Ebd**.

/// [16] Mattern, F. *Wieviel Strom braucht das Internet.* https://www.ethz.ch/de/news-und-veranstaltungen/eth-news/news/2015/03/wieviel-strom-braucht-das-internet.html (2015).

/// [17] Bodenheimer, M. *Transition towards Socially Sustainable Behavior? An Analysis of the Smartphone Sector.* Fraunhofer ISI Working Paper Sustainability and Innovation, No. S06/2018 (2018).

Autorin: Katja George

Fair Lötet

PORTRÄT
FAIRLÖTET E. V.

Eine Zinn-volle Alternative für Ressourcenschutz

```
///<summary>
Initiative: Fairlötet e. V.
Personen: 11
Ziel: Verbreitung fairer
Elektronik
Strategie: Direkt auf
Hersteller zugehen und
Alternativen anbieten
Web: fairloetet.de
///<summary>
```

Die Beschäftigung mit der Initiative Fairlötet e. V. hält eine unangenehme Erinnerung für mich bereit: Der Laptop, auf dem ich diesen Text schreibe, und so viele meiner elektronischen Alltagsgegenstände haben eine schmutzige Entstehungsgeschichte. In ihnen sind Rohstoffe verbaut, die unter menschenunwürdigen Bedingungen geschürft wurden. Da ist zum Beispiel das Zinn in den Verlötungsstellen. Zinn wird unter anderem in Indonesien abgebaut, oft unter katastrophalen Arbeits- und Umweltbedingungen. So ist die Insel Bangka, einst von artenreichen Regenwäldern bedeckt, zu einer schwermetallbelasteten, lebensfeindlichen Mondlandschaft geworden. Arbeiter*innen in den dortigen Bergwerken erleiden oft Unfälle und Vergiftungen. Kinderarbeit ist Alltag.

    Die Menschen rund um den Verein Fairlötet e. V. wollen nicht länger hinnehmen, dass ihre Elektronikgeräte auf dem Rücken von Menschen im Globalen Süden gefertigt werden. Aus diesem Grund entstand im Jahr 2015 in Zusammenarbeit mit der Firma Stannol der erste faire Lötdraht HS10 FAIR. Um die Fairness zu garantieren, wurden zu 95 Prozent veredelte sekundäre Rohstoffe verwertet, also aus Elektroschrott gewonnenes, recyceltes Zinn. Dadurch wird die Lebensdauer der Metalle verlängert. So muss beispielsweise in indonesischen Bergwerken weniger Zinn geschürft werden. Dies ist ungewöhnlich in der Elektronikindustrie, wo das Vorurteil herrscht, recyceltes Zinn sei unrein. Außerdem ist die Herkunft der Metalle von Anfang an transparent. Die Mitglieder von Fairlötet e. V. sind also echte Pioniere, die der Industrie zeigen: Es geht auch anders, wenn ihr wollt!

    Inzwischen blickt die Initiative weiter nach vorn. Mit dem ersten Projekt haben die Mitglieder viel Wissen darüber gesammelt, wie Elektronik sozial nachhaltiger hergestellt werden kann. Dieses Wissen wollen sie gern als Multiplikator*innen direkt an die interessierten Hersteller herantragen. Als Tool soll dafür das ‹Portal Sozialbilanz Elektronik› entstehen. Auf Basis von verfügbaren offenen Daten und anhand der Materialliste eines Produktes zeigt das Portal die Risiken auf, die mit Blick auf die Menschenrechte entlang der Lieferkette beachtet werden sollten. Auf dieser Basis können Hersteller dann Designalternativen oder sogar Verbesserungsprogramme für den fairen Rohstoffabbau direkt vor Ort initiieren.

    Ein paar mehr faire Produkte mögen nicht die strukturell ungerechten Verhältnisse auflösen, die sich in den Lieferketten elektronischer Geräte widerspiegeln. Aber Fairlötet e. V. wirft Fragen auf und macht Nutzer*innen und Industrieakteur*innen deutlich, dass es Handlungsspielräume gibt, die wir nutzen können. Wie können wir Stoffkreisläufe schließen, um weniger Metalle schürfen zu müssen? Wie können wir unsere Handelsbeziehungen dekolonialisieren und solidarisch gestalten? Das frage auch ich mich, auf meinen Laptop schauend. Vielleicht werde ich die entstandene Unbequemlichkeit nutzen, um selbst aktiv zu werden.

DIE AUTORIN
/// **Katja George** war Mitarbeiterin bei der ‹Bits & Bäume› Konferenz 2018. Sie ist durch Fossil Free Deutschland und die Gruppe Gastivists Berlin aktiv in der Klimagerechtigkeitsbewegung.

Autorin: Jenny Chan **Übersetzt ins Deutsche von:** *Katja George*

BISS IN DEN SAUREN APFEL

Zu den Arbeitsbedingungen vom Apple-Lieferanten Foxconn in China

Am 9. Januar 2017 feierte Apple den zehnten Geburtstag der Einführung des iPhones. Das iPhone X mit Kaufpreisen ab 999 US-Dollar wurde im November 2018 herausgebracht. Die allgegenwärtige Nutzung digitaler Technologie hat auf vielen Ebenen unseren Alltag neu definiert. Aber was bedeutet das für das Leben der Menschen, die diese Technologie herstellen? Von der Produktion bis zum Konsum, befasst sich dieser Beitrag mit der Herstellung von iPhones in China. Unter dem Aspekt sozialer Nachhaltigkeit fragt er nach dem notwendigen Schutz von Arbeitsrechten und -interessen im Kontext von lokalen Kämpfen und internationaler Solidarität. Wenn nicht anders vermerkt, stammen die Interviewpassagen des Textes direkt aus einer Undercoverrecherche der Autorin in den Fabriken von Apples Hauptlieferantenfirma Foxconn.

///<quote>
Die allgegenwärtige Nutzung digitaler Technologie hat auf vielen Ebenen unseren Alltag neu definiert. Aber was bedeutet das für das Leben der Menschen, die diese Technologie herstellen?
///</quote>

DAS IPHONE: DESIGNT IN DEN USA, ZUSAMMENGEBAUT IN CHINA

Der Apple-Gründer Steve Jobs ‹wollte die Dinge perfekt haben›, schrieb Malcolm Gladwell im ‹New Yorker›, ‹und nahm sich Zeit herauszufinden, was perfekt war›.[1] Heute sind ein vollendetes Design und eine einfache Bedienung die unverwechselbaren Kennzeichen der iPhones. Jony Ive, Apples Industriedesigner, erinnert sich an die Einführung des iPhones im Januar 2007:

«Wir waren sehr nervös – wir waren besorgt, wie Menschen den Übergang schaffen würden von physischen Knöpfen, die sich bewegen, die Geräusche machten ... zu einer Glasoberfläche, die sich nicht bewegt. [Aber] es ist unheimlich wichtig, dass man eigene Annahmen ständig hinterfragt.[2]»

Zehn Jahre nach der Einführung wurden eine Milliarde iPhones weltweit verkauft. Bereits 2010, nur drei Jahre nach Einführung des ersten iPhones, war die Foxconn Technology Group der weltgrößte Elektronikhersteller und der exklusive Hersteller von iPhones. Eigentümer ist der taiwanesische Milliardär Terry Gou. Foxconn hat weltweit Produktionsstätten:

in Asien, Amerika und Europa, darunter sind mehr als 30 Megafabriken an Chinas Küste und im Landesinneren.

2010 gelang es Apple, außergewöhnliche 58,5 Prozent des Verkaufspreises des iPhones als Gewinn einzustreichen, ein beispielloser Erfolg in der weltweiten Fertigung.[3] Besonders bemerkenswert ist, dass die Arbeitskosten in China den kleinsten Anteil ausmachten: nur 1,8 Prozent oder fast 10 US-Dollar bei einem Verkaufspreis von 549 US-Dollar. Amerikanische, japanische und südkoreanische Firmen, die die komplexen elektronischen Komponenten herstellten, schöpften über 14 Prozent des Wertes des iPhones ab. Die Kosten der Rohmaterialien betrugen nur rund ein Fünftel des gesamten Wertes (21,9 Prozent).[4] Kurz gesagt: Während Foxconn sich eine Nische als Endmonteur des iPhones geschaffen hatte, floss der Löwenanteil des Profits an Apple.

///<quote>
Die engen Zeitabläufe der Elektronikproduktion und -lieferung sowie plötzliche Spitzen und Rückgänge des globalen Konsums sind eine Herausforderung für Fabrikarbeiter*innen auf der ganzen Welt.
///</quote>

In der internationalen Arbeitsteilung fließt also wenig Gewinn an Foxconn und noch weniger an die Arbeiter*innen in der Elektronikverarbeitung und Montage. Doch der Maßstab von Foxconns Produktion erreicht gigantische Maßstäbe. Foxconn ist ein Key Player im globalen Netzwerk, in dem die Produktion, die Montage und der Versand der fertigen Produkte rund um die Uhr, 24 Stunden am Tag und an 365 Tagen im Jahr stattfinden. Neben Apple ist Foxconn Hauptlieferant von IBM, Microsoft, Alphabet (früher Google), Intel, GE, HP, Dell, Cisco, Amazon, BlackBerry, Vizio, Philips, Sony, Panasonic, Toshiba, Fujitsu, Nintendo, Samsung, LG, Acer, HTC, Lenovo, Huawei, ZTE, Xiaomi und anderen Tech-Konzernen. Von der Rohstoffgewinnung über die Verarbeitung bis zur Endmontage hat Foxconn ein Netzwerk aufgebaut, das auf vertikaler Integration und flexibler Koordination zwischen verschiedenen Anlagen und der 24-Stunden-Montage basiert. Bemerkenswert ist, dass im fiskalischen Jahr 2017 die Profite von Foxconn höher lagen als die der meisten seiner Kunden, darunter Sony (4,4 Milliarden US-Dollar), Hitachi (3,3 Milliarden US-Dollar) und Amazon (3 Milliarden US-Dollar). Allerdings fielen Foxconns 4,6 Milliarden US-Dollar klein aus im Vergleich mit Apple, dem wertvollsten Technologiekonzern der Welt. Im Jahr 2017 erzielte Apple den Spitzengewinn von 48,4 Milliarden US-Dollar.

CHINESISCHE ARBEITER*INNEN IN DER GLOBALEN ELEKTRONIKPRODUKTION

Zwischen Januar und Dezember 2010 begingen 18 Arbeiter*innen Selbstmordversuche auf dem Foxconn-Gelände. 14 von ihnen starben, vier überlebten mit schweren Verletzungen. Die Betroffenen waren im Alter von 17 bis 25 Jahren. Sie alle kamen aus dem ländlichen Raum und waren noch im Jugendalter, ein Sinnbild für die neue chinesische Arbeiter*innenklasse.[6] Lui Kun, Foxconns Leiter für öffentliche Kommunikation, wies darauf hin, dass die Firma im Mai 2011 mehr als eine Million Angestellte allein in China beschäftigte und die Gründe für die Selbstmorde vielfältig seien.

«Im Verhältnis zu der Größe des Unternehmens ist die Selbstmordrate bei Foxconn nicht unbedingt weit entfernt von Chinas recht hohem Durchschnitt», schreibt der ‹Guardian›.[7]

Doch der Vergleich mit dem nationalen Durchschnitt führt in die Irre. Selbstmord ist nicht gleichmäßig in der Bevölkerung verteilt. Es ist überaus wichtig zu beachten, dass die Selbstmorde von jungen Mitarbeitenden begangen wurden, die für ein Unternehmen in der Großstadt arbeiteten. Die Konzentration der Foxconn-Selbstmorde weist auf etwas Neues hin, das im Kontext des Unternehmens, der Industrie und der Gesellschaft nach einer Erklärung verlangt. Die engen Zeitabläufe der Elektronikproduktion und -lieferung sowie plötzliche Spitzen und Rückgänge des globalen Konsums sind eine Herausforderung für Fabrikarbeiter*innen auf der ganzen Welt. Bei Foxconn zählt jede Sekunde für den Profit.

Ein Arbeiter erzählt: *«Nimm eine Grundplatine vom Fließband, scanne das Logo, packe sie in den antistatischen Beutel, klebe ein Etikett auf, und lege das Ganze wieder aufs Fließband. Jeder dieser Arbeitsschritte dauert zwei Sekunden. Alle zehn Sekunden schließe ich fünf Arbeitsschritte ab.»*

Elektronische Teile und Komponenten fließen vorbei, und die Jugend der Arbeiter*innen wird unter dem Rhythmus der Maschinen zermürbt.

Jedes iPhone hat mehr als hundert Bestandteile. Jede*r Arbeiter*in spezialisiert sich auf einen einzelnen Arbeitsschritt und führt mit hoher Geschwindigkeit stündlich, täglich und monatlich sich immer wiederholende Bewegungen aus. Das ‹fortschrittliche Produktionssystem› zerstört menschliche Gefühle wie die Freude an Abwechslung und den Stolz auf die eigene Leistung. Eine Arbeiterin beschreibt sich selbst als Zahnrad in der Maschine:

«Ich bin ein Zahnrad in meiner Arbeitsstation ‹Visuelle Inspektion›, die Teil des Fließbands ‹Statische Elektrizität› ist. Während der benachbarte Lötofen eine Smartphone-Grundplatine herausgibt, strecke ich beide Hände aus, um die Platine zu ergreifen. Meine Augen bewegen sich von der linken Seite der Platine nach rechts und starren dann von oben nach unten, ohne Unterbrechung. Und wenn etwas nicht am richtigen Platz ist, rufe ich, und ein anderer, mir ähnlicher menschlicher Teil [der Maschine] wird zu mir rennen, nach der Ursache des Fehlers fragen und ihn beheben. Ich wiederhole dieselben Arbeitsschritte tausendmal pro Tag. Mein Hirn rostet.»

///<quote>
Die Netze rund um die Produktionsgebäude und Wohnheime, die Sprünge in den Tod verhindern sollen, sind eine düstere Erinnerung an die Not der Arbeiter*innen
///</quote>

Die Arbeit am Fließband entmenschlicht die Arbeiter*innen langsam. Zahlreiche Arbeiter*innen sind ‹aus der Fabrik entkommen›, um etwas Neues auszuprobieren, wie zum Beispiel Essen auf der Straße zu verkaufen oder kleine Geschäfte zu eröffnen. Aber viele dieser Unternehmungen scheitern, und ihre Besitzer*innen kehren zur Fabrikarbeit zurück.

Außerhalb der geistbetäubenden und anstrengenden Fabrikroutine verbringen die jungen Arbeiter*innen gern ihre Zeit in der Eislaufhalle, in der High Speed Internet Bar und in Klubs und Bars in der Nähe der Fabrik. Discokugeln in den Tanzhallen reflektieren bunte Lichter auf den jungen Gesichtern und Körpern. Die Lichter flackern zum Rhythmus der lauten Musik. Provokativ angezogene Kellnerinnen navigieren zwischen dem Sitz- und dem Stehbereich. Freitagabend nach Mitternacht beginnen die jungen Menschen hineinzuströmen.

«Junge Menschen sind unsere Hauptkunden», sagt der Klubbesitzer. Karaoke Bars, Klubs und Massagesalons zieren die Industriestadt. *«Die Leute kommen, trinken und entspannen sich. Sie vergessen ihre Sorgen. Wenigstens für eine Stunde oder zwei.»*

Hinter der Fassade des Wohlstands der Stadt beendete der Arbeiter und Dichter Xu Zizhi sein Leben am 30. September 2014. Er war 24 Jahre alt. Geboren in der ländlichen Provinz Guangdong in Südchina, scheiterten seine zahlreichen Versuche, eine Stelle

Auf meinem Sterbebett
Ich möchte noch einmal auf das Meer schauen,
die Weite der Tränen eines halben Lebens erblicken.
Ich möchte noch einen Berg erklimmen,
um zu versuchen, die Seele zurückzurufen,
die ich verloren habe.
Ich möchte den Himmel berühren,
dieses Blau so leicht spüren.
Doch unfähig, irgendetwas davon zu tun,
verlasse ich diese Welt.
Alle, die von mir gehört haben,
sollten über mein Gehen nicht überrascht sein.
Umso weniger solltet ihr seufzen oder trauern.
Mir ging es gut, als ich kam und als ich ging.

On My Deathbed
I want to take another look at the ocean,
Behold the vastness of tears from half a lifetime
I want to climb another mountain,
Try to call back the soul that I've lost
I want to touch the sky,
Feel that blueness so light
But unable to do any of these,
I'm leaving this world.
Everyone who's heard of me
Shouldn't be surprised at my leaving
Even less should you sigh or grieve
I was fine when I came, and fine when I left.

Xu Lizhi,
30 September 2014 [8]

abseits des Fließbands zu bekommen, etwa die des Fabrikbibliothekars. Er hinterließ sein letztes Gedicht neben seinem Sterbebett.

Die Netze rund um die Produktionsgebäude und Wohnheime, die Sprünge in den Tod verhindern sollen, sind eine düstere Erinnerung an die Not der Arbeiter*innen und an das gemeinsame Versagen von Foxconn, Apple und anderen Tech-Unternehmen sowie an die Unfähigkeit des chinesischen Staates, die Rechte der Arbeitnehmer*innen zu garantieren.

ARBEITER*INNENKÄMPFE UND SOZIALER WANDEL

Wie können wir die Probleme angehen, die die Herstellung, die Nutzung und die Entsorgung der iPhones verursachen? Die Liste dieser Probleme ist lang. Sie umfasst den Abbau der Rohstoffe und die Kinderarbeit in illegalen Minen, den Überstundendruck und die Beschleunigung der Arbeitsvorgänge, die Selbstmorde von Arbeiter*innen, den Konsumwahn und die geplante Obsoleszenz, Elektroschrott und Umweltkatastrophen auf der ganzen Welt. Aufgebrachte Arbeiter*innen – darunter die suizidalen Foxconn-Arbeiter*innen – haben versucht zu verdeutlichen, dass Hightechgeräte nicht in einer Silicon Valley-Utopie hergestellt werden.[9] In den vergangenen Jahren haben Arbeiter*innen und ihre Unterstützer*innen die Blockchain-Technologie genutzt, um offene Briefe, Kampagnenerklärungen und Onlinepetitionen zu veröffentlichen und damit für soziale und wirtschaftliche Gerechtigkeit zu kämpfen. Als Reaktion darauf unterdrückt die chinesische Regierung unter Xi Jinping zunehmend Unterstützer*innengruppen und hat in Kampagnen involvierte Arbeitende, Studierende und Anwält*innen festgenommen. Auch die Internetzensur wurde verschärft.[10]

Aber es gibt wirkungsvolle Wege, Druck auszuüben, damit Apple, Foxconn und andere Digitalkonzerne ihre Praktiken ändern und ihre Arbeiter*innen menschenwürdig behandeln. So haben Behörden in Europa ihre Macht bei der öffentlichen Beschaffung genutzt, um den Kauf von Elektronikprodukten nach ethischen Maßstäben zu fördern. Dies sind wertvolle Anstrengungen für den sozialen Wandel!

DIE AUTORIN

/// **Jenny Chan** ist Assistenzprofessorin an der Polytechnischen Universität Hongkong. Sie ist außerdem die Ko-Autorin des Buches ‹Dying for an iPhone: Apple, Foxconn, and the Lives of China's Workers› (mit Mark Selden und Pun Ngai). Ihre Forschungsschwerpunkte sind Arbeitsmarktpolitik, Staatspolitik und soziale Bewegungen. https://www.polyu.edu.hk/apss/research/research-areas/352-dr-chan-wai-ling-jenny

LITERATUR

/// [1] **Gladwell, M.** *The Tweaker: The Real Genius of Steve Jobs.* The New Yorker. https://newyorker.com/MAGAZINE/2011/11/14/THE-TWEAKER (14. November 2011).

/// [2] **Parker, I.** *The Shape of Things to Come: How an Industrial Designer Became Apple's Greatest Product.* The New Yorker. http://www.newyorker.com/magazine/2015/02/23/shape-things-come (23. Februar 2015).

/// [3] **Foxconn Technology Group.** *2017 Social and Environmental Responsibility Report.* https://www.foxconn.com.cn/GroupProfile.html (2018).

/// [4] **Kraemer, K. L., Linden, G., & Dedrick J.** *Capturing Value in Global Networks: Apple's iPad and iPhone.* http://econ.sciences-po.fr/sites/default/files/file/Value_iPad_iPhone.pdf (2011).

/// [5] **Fortune.** *Global 500* (filter by technology sector). https://beta.fortune.com/global500/list/filtered?sector=Technology (2018).

/// [6] **Chan J.** *Islave.* New Internationalist. http://newint.org/features/2011/04/01/islave-foxconn-suicides-workers/ (1. April 2011).

/// [7] **Watts, J.** *Foxconn Offers Pay Rises and Suicide Nets as Fears Grow Over Wave of Deaths.* The Guardian. http://www.guardian.co.uk/world/2010/may/28/foxconn-plant-china-deaths-suicides (28. Mai 2010).

/// [8] **Friends of the Nao Project.** *The Poetry and Brief Life of a Foxconn Worker: Xu Lizhi (1990–2014).* https://libcom.org/blog/xulizhi-foxconn-suicide-poetry (29 Oktober, 2014).

/// [9] **Qiu J. L.** *Goodbye iSlave: A Manifesto for Digital Abolition.* (University of Illinois Press, 2016).

/// [10] **Chan, J.** *Basic Workers Fight for Union Rights.* New Politics (An Independent Socialist Journal). http://www.rc44labour.org/wp-content/docs/Chan2019.pdf (2019).

Autor: Rasmus Grobe

WIE GEHT DAS?
DRUCK AUF TECH-KONZERNE AUSÜBEN

Wenn große Konzerne Menschen- oder Arbeitsrechte verletzen, die Umwelt gefährden oder sich anderweitig moralisch bedenklich verhalten, müssen andere Akteure eingreifen. Zivilgesellschaftliche Akteure und ihre Kampagnenarbeit spielen dabei eine zentrale Rolle.

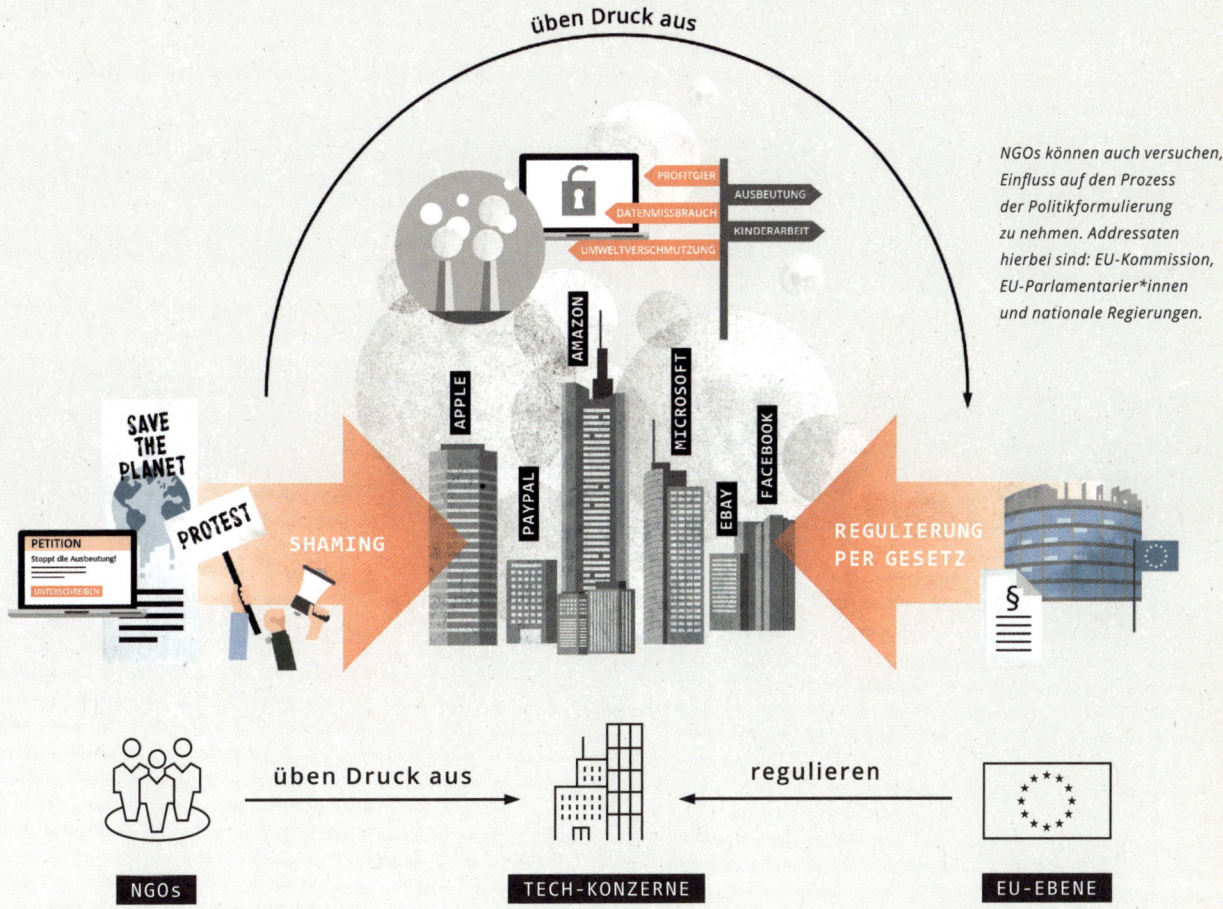

NGOs können auch versuchen, Einfluss auf den Prozess der Politikformulierung zu nehmen. Addressaten hierbei sind: EU-Kommission, EU-Parlamentarier*innen und nationale Regierungen.

NGOs — üben Druck aus → **TECH-KONZERNE** ← regulieren — **EU-EBENE**

NGOs sind private Organisationen, die durch ihre Aktivitäten versuchen, Aktionen für Entwicklungsvorhaben zu initiieren. Onlineappelle, Bannerdrop und Proteste vor Konzernzentralen: All das sind Mittel, an denen sich Bürger*innen leicht beteiligen können.

Tech-Konzerne operieren meist nach ihren eigenen Regeln – zur Einhaltung von strengen Standards, z. B. im Datenschutz oder Umwelt- und Sozialstandards, müssen sie oftmals erst gezwungen werden.

Die Europäische Kommission kann eine neue Verordnung vorschlagen, über das EU-Parlament und Ministerrat dann abstimmen. Die Konzerne werden so gesetzlich gezwungen, sich an die vorgegebenen Regeln zu halten. Eine Regulierung transnationaler Konzerne kann wirksam nur auf EU- oder internationaler Ebene stattfinden.

Autoren: Jens Gröger & Mark Herterich

OBSOLESZENZ DURCH SOFTWARE

Wie wir digitale Geräte länger am Leben halten können

Wenn Geräte vorzeitig hinfällig werden oder nicht mehr funktionieren, sprechen wir von Obsoleszenz. Software ist eine ihrer Ursachen. Diesem Zusammenhang gehen wir im Folgenden nach. Software erzeugt einen wachsenden Bedarf an Hardware – und das hat gravierende ökologische Folgen, wie wir im ersten Teil zeigen. Anschließend stellen wir eine Methode vor, um Softwareprodukte hinsichtlich ihres Energie- und Ressourcenverbrauchs zu vergleichen. Schließlich skizzieren wir mögliche Strategien zur Vermeidung softwareinduzierter Umweltbelastungen.

HARDWARE MUSS AUSGETAUSCHT WERDEN, WEIL DIE SOFTWARE SIE NICHT MEHR UNTERSTÜTZT

Viele digitale Geräte wie Smartphones, Tablets, Laptops oder LED-Fernseher werden nicht ausgemustert, weil sie kaputt sind. Vielmehr kann intakte Hardware oft nur deshalb nicht mehr genutzt werden, weil Software neu konzipiert oder weiterentwickelt wird. Software erzeugt somit Obsoleszenz.

Ein eindrucksvolles Beispiel dafür, dass neue Versionen einer Software zugleich neue und leistungsfähigere Hardware benötigen, ist die Entwicklung des Windows-Betriebssystems. Windows 10 benötigt im Vergleich zu Windows 95 vierzigmal so viel Prozessorleistung, 250-mal so viel Arbeitsspeicherkapazität und 320-mal so viel Festplattenkapazität.[1] Dabei verwaltet ein Betriebssystem lediglich die Ressourcen eines Computers und ist selbst keine Anwendung. Darüber hinaus sind die Programme trotz der verbesserten Hardware nicht wahrnehmbar schneller geworden. Dieses Phänomen ist schon seit Längerem bekannt und wurde durch das Bonmot des Informatikers Niklaus Wirth auf den Punkt gebracht: *«Software wird schneller langsam, als Hardware schneller wird».*[2] Das Phänomen ist auch als ‹Wirth's Law› bekannt und konterkariert damit ‹Moore's Law›, nachdem sich die Prozessorleistung für Computer alle zwei Jahre verdoppelt.

Viele Programmierer*innen gehen leider davon aus, dass Hardwareressourcen ständig erweitert werden und dass ein sparsamer Umgang mit ihnen nicht nötig ist. Folglich entwerfen sie Software, die stets die neuen Möglichkeiten ausschöpft. Eine mögliche Ursache für diesen ‹Software Bloat› ist der sogenannte ‹Feature Creep›. Als ‹Feature Creep› bezeichnet man die Tendenz, zusätzliche Anforderungen oder Funktionalitäten zu einem Softwareprodukt hinzuzufügen, nachdem schon mit der Entwicklung begonnen wurde. Zudem werden in Nachfolgeversionen Funktionalitäten hinzugefügt, die nicht zur ursprünglichen Softwarearchitektur passen. Dadurch wird die Software ineffizient. Ein sehr eindrückliches Beispiel für ‹Feature Creep› ist die Möglichkeit, im Tabellenkalkulationsprogramm Excel Fotos in eine Tabelle einzufügen. Hier werden zwei völlig unterschiedliche Anwendungsfelder, nämlich Tabellenkalkulation und Bildverarbeitung, in einem Produkt integriert – und die Effizienz der Software leidet darunter.

///<quote>
Software gleicher Funktionalität unterscheidet sich stark in den Nachhaltigkeitseigenschaften.
///</quote>

Die Folgen sind dramatisch. Denn Hardware wird viel zu früh ausgemustert und (nach einer möglichen Zwischenlagerung in Schubladen) laut dem Umweltprogramm der Vereinten Nationen zu 90 Prozent illegal als Elektroschrott entsorgt *(mehr dazu in den Beiträgen von Langkau & Hilbig sowie Bax & Handke).*[3] Das bedeutet, dass die Verlängerung der Nutzungsdauer der wichtigste Hebel ist, um den ökologischen Fußabdruck der Geräte zu reduzieren. Eine Voraussetzung dafür ist, dass System- und Anwendungssoftware auch bei fortschreitender Aktualisierung und Weiterentwicklung auf älteren Geräten lauffähig bleibt.

EINE METHODE ZUR MESSUNG UND ZUM VERGLEICH VON SOFTWARE

Um die ökologischen Auswirkungen von Softwareprodukten zu quantifizieren, hat ein Forschungsteam des Öko-Instituts, der Hochschule Trier und der Universität Zürich im Auftrag des Umweltbundesamtes eine Methodik entwickelt, um die Ressourceneffizienz von Software systematisch zu untersuchen und zu vergleichen.[4] In dem Forschungsprojekt konnte aufgezeigt werden, dass sich Software gleicher Funktionalität in den Nachhaltigkeitseigenschaften stark unterscheidet. So gibt es deutliche Unterschiede beispielsweise bei der Energie- und Hardwareeffizienz, Abwärtskompatibilität, Plattformunabhängigkeit, Offlinefähigkeit und Deinstallierbarkeit sowie bei der Transparenz der Datenformate und des Quellcodes.

Die Methodik mit insgesamt 25 Kriterien und 76 Indikatoren wurde exemplarisch an verschiedenen Softwareprodukten erprobt, um ihre Anwendbarkeit zu zeigen. Für die jeweiligen Softwaretypen wurden Szenarien für Standardnutzungen mit einer definierten Abfolge von Befehlen und Nutzerinteraktionen festgelegt. Dazu gehören zum Beispiel verschiedene Tastatureingaben, Datenabfragen oder Speichervorgänge, die für die Nutzung des Softwareproduktes typisch sind.

Der Vergleich zweier Programme zur Textverarbeitung zeigt beispielsweise, dass zur Ausführung des gleichen Szenarios über einen Zeitraum von zehn Minuten ‹Textverarbeitung 1› einen rund viermal so hohen Energieverbrauch auf dem lokalen Computer verursacht wie ‹Textverarbeitung 2› *(siehe folgende Abbildung).* Die Unterschiede im Energieverbrauch können darauf zurückgeführt werden, dass für die

VERGLEICH DES ENERGIEVERBRAUCHS BEI AUSFÜHRUNG EINES STANDARDNUTZUNGSSZENARIOS

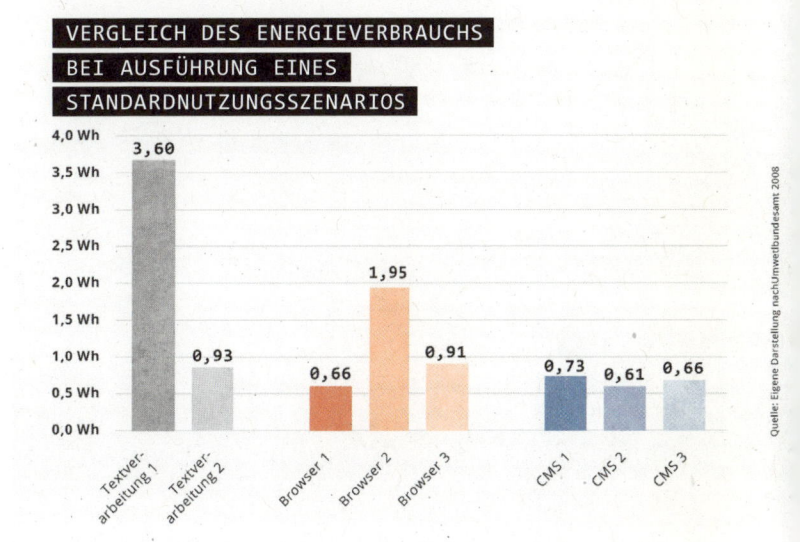

Software	Wh
Textverarbeitung 1	3,60
Textverarbeitung 2	0,93
Browser 1	0,66
Browser 2	1,95
Browser 3	0,91
CMS 1	0,73
CMS 2	0,61
CMS 3	0,66

Quelle: Eigene Darstellung nach Umweltbundesamt 2008

gleiche Aufgabe mehr Rechenleistung beansprucht und mehr Daten auf die Festplatte geschrieben werden.

Auch der Vergleich dreier Internetbrowser zeigt, dass Browser einen bis zu dreimal höheren Energieverbrauch im Vergleich zu Alternativprodukten verursachen, obwohl sie die gleichen Internetseiten aufrufen. Beim Vergleich des Energieverbrauchs dreier Content-Management-Systeme (‹CMS›) zur Verwaltung von Webseiten sind die Unterschiede beim lokalen Energieverbrauch nicht ganz so ausgeprägt.

Nicht nur die lokale Hardware wird unterschiedlich stark beansprucht, auch die übertragene Datenmenge über das Internet unterscheidet sich bei verschiedenen Softwareprodukten. Ein Vergleich der drei Content-Management-Systeme zeigt, dass ‹CMS 1› rund dreieinhalb Mal so viele Daten wie die beiden Vergleichsprodukte ‹CMS 2› und ‹CMS 3› überträgt

GUT ZU WISSEN

WÄRE DAS INTERNET EIN LAND HÄTTE ES DEN WELTWEIT DRITTHÖCHSTEN STROMVERBRAUCH

Quelle: Eigene Berechnung nach: Andrae, A., & Edler, T., On Global Electricity Usage of Communication Technology. Trends to 2030. Challenges 6, 117–157 (2015) und Statista (2017).
https://de.statista.com/statistik/daten/studie/151356/umfrage/stromverbrauch-ausgewaehlter-laender-weltweit/

(siehe folgende Abbildung). Die Ursache hierfür liegt darin, dass ‹CMS 1› Bilder bei jeder Bearbeitung in der vollen Auflösung überträgt, während die beiden anderen Systeme die Bilder standardmäßig auf die Anzeigegröße verkleinern.

Auch bei weiteren Indikatoren, wie beispielsweise der Auslastung der Central Processing Unit (CPU) im Leerlauf, Speicherbedarf, Abwärtskompatibilität und Deinstallierbarkeit, konnten deutliche Unterschiede zwischen den verschiedenen Softwareprodukten aufgezeigt werden. Die Anwendung der Methodik macht deutlich, dass es in der Hand der Softwareentwickler*innen liegt, nachhaltig zu programmieren und bestehende Systeme effizient und sparsam zu nutzen.

MÖGLICHE LÖSUNGSSTRATEGIEN

Für eine nachhaltige Digitalisierung ist eine ressourcenschonende Software eine wichtige Voraussetzung. Kriterien der Ressourceneffizienz und langfristigen Nutzbarkeit von Hardware sollten daher bereits bei der Softwareentwicklung einbezogen werden. Das Nachjustieren von fertigen Softwareprodukten ist ineffektiv. Ähnlich verhält es sich hier übrigens mit der IT-Sicherheit. Auch Sicherheitsaspekte der Software werden oft erst nach der funktionalen Programmierung angegangen. Dies führt zu instabiler Software und zu unzureichender Sicherheit.

Sparsam mit den ‹Funktionalitäten› umzugehen, stärkt die Nachhaltigkeit. Nach einer gewissen Entwicklung umfasst ein Softwareprogramm alle Funktionalitäten, die von durchschnittlich Nutzenden gebraucht werden. Doch um den Verkauf zu steigern und die nächste Version auf den Markt zu bringen, werden neue Funktionalitäten hinzugefügt, die nur von wenigen genutzt werden. Die zusätzlichen Funktionalitäten passen aber nicht zum ursprünglichen Design der Softwarearchitektur und reduzieren dadurch die Effizienz des gesamten Programms. Beispielsweise erstellen die meisten Nutzenden mit einem Tabellenkalkulationsprogramm (z. B. Excel) lediglich einfache Tabellen mit den vier Grundrechenarten und nur wenige benutzen Makro-Programmierung oder Pivot-Tabellen. Ein weiteres Beispiel sind Textverarbeitungssysteme. Sie werden hauptsächlich benutzt, um Texte zu schreiben und Textbausteine einzufügen, zu löschen oder zu verschieben. Viele Formatierungsmöglichkeiten oder Schnittstellen zu Datenbanken werden nur im professionellen Bereich benötigt.

Von zentraler Bedeutung für die Nachhaltigkeit ist auch die ‹Modularität› von Softwaresystemen. Nur jene Module sollten installiert oder in den Arbeitsspeicher geladen werden, die für die jeweilige Anwendung tatsächlich erforderlich sind. Insbesondere sollte es den Nutzenden vorbehalten sein, selbst zu entscheiden, welche Funktionalitäten sie tatsächlich benötigen oder möchten. Und es sollte möglich sein, nur diese zu kaufen und zu installieren. Auf diese Weise führt Modularität auch zu mehr Selbstbestimmung der Nutzenden über ihre Endgeräte und Software. Nicht jede*r braucht jede Innovation, schon gar nicht auf jedem Gerät.

Weiterhin ist für die Langlebigkeit älterer Hardware auch die ‹Abwärtskompatibilität› neuer Versionen und Updates eines Softwaresystems wichtig. Software sollte so geschrieben werden, dass bestimmte Kernmodule isoliert installiert werden können und auch auf älterer Hardware lauffähig sind. Dies gilt insbesondere für Betriebssysteme. Auch ‹Freie Software› kann eine positive Rolle spielen. Sie ermöglicht das Programmieren von Updates, auch wenn die Hersteller die Software nicht mehr pflegen und unterstützen. Dadurch ermöglicht ‹Freie Software›, ältere Geräte (beispielsweise Smartphones[5]) deutlich länger produktiv einzusetzen.

Hat ein Softwareunternehmen bei der Programmierung alles richtig gemacht und ressourcenschonende und nachhaltige Software programmiert, so sollten diese Produkte mit einem ‹Gütesiegel› gekennzeichnet werden. Diesen Ansatz verfolgt derzeit das Umweltzeichen ‹Blauer Engel›. Auf Grundlage des Kriterienkatalogs für nachhaltige Software[6] werden derzeit die Mindestanforderungen für die Verleihung des Gütesiegels entwickelt. Zukünftig soll es damit den Nutzenden leichter gemacht werden, gezielt nachhaltige Software zu installieren. Von diesem Gütesiegel werden auch Behörden und Verwaltungen profitieren, denn sie können dann ausgezeichnete Produkte bevorzugt einkaufen und fördern.

///<quote>
Es liegt in der Hand der Software-entwickler*innen, nachhaltig zu programmieren.
///</quote>

VERGLEICH DER ÜBERTRAGENEN DATENMENGE (TRAFFIC) BEI AUSFÜHRUNG EINES STANDARDNUTZUNGSSZENARIOS

Anwendung	Mbit
Textverarbeitung 1	0,00
Textverarbeitung 2	0,00
Browser 1	377
Browser 2	660
Browser 3	468
CMS 1	354
CMS 2	98
CMS 3	99

Quelle: Eigene Darstellung nach Umweltbundesamt 2008

DIE AUTOREN

/// **Jens Gröger** ist Senior Researcher beim Öko-Institut e. V.. Sein Forschungsschwerpunkt ist die Nachhaltigkeit von Produkten und Dienstleistungen der Informations- und Kommunikationstechnologie. www.oeko.de

/// **Mark Herterich** ist Gründer der Lastingware GmbH, die unter www.lastingware.com eine Plattform für Lean Software Lösungen aufbaut. Er arbeitet an nachhaltiger IT und engagiert sich für Postwachstum.

LITERATUR

/// [1] **Wikipedia.** *Software Bloat.* https://en.wikipedia.org/wiki/Software_bloat (2019).
/// [2] **Wirth, N.** *A Plea for Lean Software.* Computer 28, 64–68 (1995).
/// [3] **UNEP.** *Waste Crimes, Waste Risks: Gaps and Challenges In the Waste Sector:* UNEP Report (2015).
/// [4] **Umweltbundesamt.** *Entwicklung und Anwendung von Bewertungsgrundlagen für ressourceneffiziente Software unter Berücksichtigung bestehender Methodik.* https://umweltbundesamt.de/publikationen/entwicklung-anwendung-von-bewertungsgrundlagen-fuer (2018).
/// [5] **LineageOS.** https://lineageos.org/ (2019).
/// [6] **Hilty, L., et al.** *Kriterienkatalog für nachhaltige Software.* https://green-software-engineering.de/kriterienkatalog (2017).

Autor*innen: Irmela Colaço, Lars-Arvid Brischke & Johanna Pohl

‹SMARTES› WOHNEN

Zum Beitrag vernetzter Haushalte für den Klima- und Ressourcenschutz

Die Kaffeemaschine stellt sich per Zuruf ein, die Heizungsanlage wird automatisch gewartet, und der Kühlschrank meldet, wenn die Milch zu verderben droht. Die Digitalisierung der Haushalte ermöglicht neue Produktfeatures, Dienstleistungen und Marketingstrategien. Und die Geräteproduzent*innen, Dienstleister*innen und die Energiewirtschaft wollen diese Chancen für sich nutzen. In ihrer Werbung versprechen sie, dass Smart-Home-Anwendungen nicht nur den Komfort und die Sicherheit erhöhen, sondern zugleich den Energieverbrauch senken. Aber nur ein geringer Teil der Anwendungen für ein ‹smartes› Zuhause ist tatsächlich darauf ausgerichtet, Energie zu sparen. Die Risiken für den Umweltschutz, wie der Verbrauch zusätzlicher Energie und Rohstoffe, werden bisher nicht ausreichend thematisiert. Im Folgenden benennen wir Chancen und Risiken ‹smarter› Anwendungen und zeigen Wege auf, den Trend in umweltfreundliche Bahnen zu lenken.

> Nur ein geringer Teil der Anwendungen für ein ‹smartes› Zuhause ist tatsächlich darauf ausgerichtet, Energie zu sparen.

DIE NUTZER*INNEN BRAUCHEN GUTES FEEDBACK

Digitale Anwendungen können beim Energiesparen helfen, indem sie den Energieverbrauch messen und den Gerätenutzer*innen zeigen, wie sich verschiedene Geräteeinstellungen und Verhaltensmuster auf den Energieverbrauch und die Energiekosten auswirken. Denn smarte Geräte sind prinzipiell in der Lage, ihren eigenen Energieverbrauch zu erfassen, zu visualisieren und zu optimieren. Um darüber hinaus auch das Einsparpotenzial darzustellen, müssen diese Informationen mit Werten des optimalen Betriebs verglichen werden. Die Nutzer*innen können so Abweichungen erkennen und ihr Nutzungsverhalten optimieren. Ein Beispiel dafür sind intelligente Stromzähler,[1] die den Stromverbrauch des Haushalts messen und mit Durchschnittswerten vergleichen. Noch anschaulicher und differenzierter wäre die Rückmeldung, wenn der Energieverbrauch etwa in die Haushaltsstromeffizienzklassen des Stromspiegels[2] eingeteilt würde.

Auch bei einzelnen Anlagen und Geräten helfen Rückmeldefunktionen beim Energiesparen. So kann bei Heizungen schon anhand weniger Messgrößen angezeigt werden, ob und wie der Betrieb einer Anlage verbessert werden kann.[3] Die notwendigen Anpassungen können entweder durch den Heizungsservice oder automatisiert vorgenommen werden. Ein anderes Beispiel: An der Duschbrause wird ein Temperatur- und Durchflussmesser angebracht, dessen Display während des Duschens den Wasser- und Energieverbrauch anzeigt. Kommt das Bild eines Eisbären auf einer schmelzenden Scholle hinzu, wird den Duschenden eindringlich die Wirkung ihres Handelns für die Umwelt vor Augen geführt.[4] Eine begleitende Studie zu dieser Rückmeldefunktion zeigte, dass Nutzer*innen des Gerätes ‹ihren Warmwasserverbrauch um durchschnittlich 20 bis 25 Prozent reduzierten. Dieser Effekt blieb über den Betrachtungszeitraum von zwei Monaten stabil›.[5] Einfachere Rückmeldefunktionen sind inzwischen bei vielen Hausgeräten zu finden. So können beispielsweise Waschmaschinen anzeigen, wann sie voll beladen sind.

Die Einsicht, wie viel Energie im eigenen Haushalt verbraucht wird und wie Energiesparaktivitäten wirken, ist eine wichtige Voraussetzung, um für Verhaltensänderungen zu motivieren. Ob Menschen sich dadurch dauerhaft umweltfreundlicher verhalten, hängt davon ab, wie der Soll-Ist-Vergleich visualisiert wird und wie Anwender*innen informiert werden. Hierzu besteht noch erheblicher Forschungs- und Entwicklungsbedarf.

AM BESTEN: DIE DATEN NUR LOKAL VERARBEITEN

Die Technik kann Menschen entlasten, indem Aufgaben (teil)automatisiert und programmiert werden. Neben dem oben beschriebenen Messen und Feedback-Geben ist dies die zweite Stufe, um mit digitaler Unterstützung ein umweltschonendes Verhalten im Haushalt zu erleichtern.[6] Ein Beispiel sind Thermostatventile, die sich automatisch herunterregeln, wenn ein Fenster geöffnet wird. Werden Sensoren für die Raumtemperatur mit smarten Thermostatventilen vernetzt, kann die Raumtemperatur zeitlich an das Nutzungsverhalten der Bewohner*innen angepasst werden. Ein solches Energiemanagement kann in einer durchschnittlichen Wohnung etwa 2.000 Kilowattstunden Energie für die Raumheizung einsparen.[7]

Durch die permanente Vernetzung der Geräte und den Einsatz von Sprachsteuerung nimmt die Datenmenge stetig zu – und damit der Energieverbrauch.

Erfahrungen mit der Anwendung aktueller smarter Technik im Haushalt werden zum Beispiel im Modellprojekt ‹Die Smart WG› gesammelt und dokumentiert.[8]

Es reicht für solche Lösungen aus, die Daten lokal zu verarbeiten, ohne dass zusätzlich Energie für die Server- und Datenübertragung verbraucht wird. So behalten die Anwender*innen die Kontrolle über die erhobenen Daten. Und die Gefahren für die Sicherheit des Energiesystems – die bei allen über das Internet steuerbaren Anwendungen unvermeidlich sind – werden minimiert.

DER ÖKOLOGISCHE RUCKSACK VERNETZTER GERÄTE IST SCHWER

Smarte Anwendungen bieten also verschiedene Möglichkeiten, Menschen beim Energiesparen zu unterstützen. Die Kehrseite: Sie erhöhen den Energie- und Ressourcenverbrauch. So kann es bis zu 18 Monate dauern, bis sich die Produktionsenergie von Heizungs- und Energiemanagementsystemen durch die Energieeinsparungen im Betrieb amortisiert.[9] Noch seltener wird der Bedarf an Ressourcen für die Produktion der smarten Geräte thematisiert (mehr dazu im Beitrag von Groneweg und Reckordt).[10, 11] Darüber hinaus ist die (verkürzte) Nutzungsdauer der Geräte umweltrelevant: Die Vernetzung birgt das Risiko, dass eigentlich noch funktionierende Komponenten ausgetauscht werden müssen. Ist nämlich die Vernetzungskomponente defekt oder für eine Software kein Update mehr verfügbar, wird im Zweifel das gesamte Gerät nutzlos.

11110
1

Durch die permanente Vernetzung der Geräte und insbesondere durch den vermehrten Einsatz von Sprachsteuerung nimmt zudem die Menge der Daten stetig zu – und damit der Energieverbrauch, um sie zu übertragen, zu speichern und zu verarbeiten. Allein in Deutschland wird damit gerechnet, dass Rechenzentren bis 2025 etwa 40 Prozent mehr Energie verbrauchen werden als 2015.[12] Die Vernetzung klassischer Haushaltsgeräte, Heizungs- und Klimaanlagen im sogenannten ‹Internet der Dinge› kann diese Entwicklung in mehrerlei Hinsicht weiter anfeuern. Zwar werden bei der Nutzung eines einzelnen Geräts häufig nur geringe Datenmengen übertragen. Da jedoch die Anzahl der Geräte rasant steigt, gehen Prognosen davon aus, dass die Kommunikation zwischen Geräten im Jahr 2022 bereits 0,3 Zettabyte oder mehr als sechs Prozent des weltweiten Datenverkehrs ausmachen wird.[13]

Um auf Sprachbefehle und Signale anderer Geräte reagieren zu können, verbrauchen Geräte zusätzlich Strom. Seit dem 1. Januar 2019 dürfen laut der EU-Ökodesign-Verordnung für diesen sogenannten vernetzten Stand-by-Betrieb zwei Watt Leistung aufgenommen werden. Häufig sind vernetzte Geräte 24 Stunden in Bereitschaft. Dadurch summiert sich dieser – auf den ersten Blick geringe – Verbrauch leicht auf einen erheblichen Anteil des Stromverbrauchs (siehe Abbildung). Bis 2025, so wird geschätzt, steigt dieser zusätzliche Energieverbrauch durch vernetzte Haushaltsgeräte europaweit auf bis zu 14 Terawattstunden jährlich.[14] Das entspricht dem jährlichen Stromverbrauch aller Haushalte Tschechiens.

ANREIZE ZUM KAUF VON NOCH MEHR PRODUKTEN

Selten werden smarte Systeme nur angeschafft, um damit Ressourcen und Energie einzusparen. Vielmehr ist auch die Erhöhung des Komforts oder der Sicherheit ausschlaggebend.[15] Damit führen diese Systeme in erster Linie zum Kauf weiterer Produkte, deren Produktion, Betrieb und Entsorgung zusätzliche Energie und Ressourcen verbrauchen. Selbst wenn die Nutzer*innen durch sie Geld sparen, stellt sich auch hier die Frage, ob sie dieses Geld für weiteren Konsum ausgeben. Dieser Effekt ist auch unter dem Begriff ‹Reboundeffekt› bekannt und gerät zunehmend in den Fokus der Forschung.

Bisher stehen die Interessen der Wirtschaft bei der Entwicklung ‹smarter› Haushalte im Vordergrund. Es fehlen politische Kriterien, Leitlinien und Rahmenbedingungen, welche die ‹Reboundeffekte› minimieren, die Datensouveränität der Anwender*innen garantieren und welche dazu führen, dass die Chancen der Digitalisierung zur Unterstützung umweltfreundlichen Verhaltens systematisch genutzt werden.

WAS HEISST EIGENTLICH ‹SMART›?

Bei der Forschung, der Gestaltung von politischen Vorgaben, Förderprogrammen und Beratungsangeboten und letztlich auch bei der individuellen Kaufentscheidung ist zuerst zu definieren, worin genau die ‹Smartness› besteht. Das heißt, welche neuen Funktionen durch ein Mehr an digitaler Technik bereitgestellt werden und ob diese nicht auch analog realisiert werden können. Für die Gesamtbilanz sind mehrere Faktoren relevant: Reichen die ‹smarten› Funktionen im Gerät selbst aus, oder ist die Vernetzung mit anderen Geräten und dem Internet notwendig? Ist eine Vernetzung von Vorteil, ist zu prüfen, wie lange sie bestehen muss, um Energie zu sparen. Die genannten Faktoren beeinflussen, wie groß die Energiesparpotenziale sind. Und sie wirken sich auch darauf aus, wie hoch der zusätzliche Aufwand an Energie und anderen Rohstoffen ist und ob Fragen der Systemsicherheit und Datensouveränität berührt werden.

> ///<quote>
> Durch die permanente Vernetzung der Geräte und den Einsatz von Sprachsteuerung nimmt die Datenmenge stetig zu – und damit der Energieverbrauch.
> ///</quote>

SMARTE LAMPE? ENERGIEVERBRAUCH BELEUCHTUNG VS. EMPFANGSBEREITSCHAFT

LED-Lampe leuchtet / Vernetzte Lampe ist empfangsbereit

jährlicher Energieverbrauch in Kilowattstunden (kWh)

Annahme: 7 Watt Leistungsaufnahme für die Beleuchtung, 1000 Stunden pro Jahr

Annahme: 2 Watt Leistungsaufnahme für die Bereitschaft, 24 Stunden täglich

BUND

DIE DIGITALISIERUNG UMWELTFREUNDLICH GESTALTEN

Ein zentraler politischer Hebel, um die negativen Auswirkungen smarter Anwendungen in Grenzen zu halten, ist die europäische Richtlinie für Ökodesign. Um diesen Hebel zu nutzen, müssen die EU-Institutionen schnellstmöglich einen neuen Arbeitsplan erstellen, der den Veränderungen von Produkten im Zuge der Digitalisierung Rechnung trägt. Neue Vorgaben müssen den maximalen vernetzten Standby-Verbrauch weiter reduzieren. Sie müssen gewährleisten, dass die Vernetzung nur dann aktiv ist, wenn die Anwender*innen es wünschen. Die Geräte müssen auch funktionieren, wenn sie nicht vernetzt sind. Darüber hinaus ist ein Mindestzeitraum für die Verfügbarkeit von Updates für Soft- und Firmware notwendig.

Das europäische Energielabel und die Beratungsangebote müssen stärker auf den Energie- und Rohstoffverbrauch abzielen, der durch die Vernetzung entsteht. Werbeversprechen zu möglichen Energieeinsparungen sind von Verbraucherschutzorganisationen kritisch unter die Lupe zu nehmen. Damit Anwendungen, die beim Energiesparen helfen sollen, tatsächlich wirken, müssen die Menschen bei der Anwendung unterstützt werden. Förderprogramme sind nicht an theoretischen Energieeinsparungen auszurichten, wie es zum Beispiel im Pilotprogramm ‹Einsparzähler› des Bundeswirtschaftsministeriums geschieht, sondern an den tatsächlichen Einsparungen. Die dabei entstehende und verarbeitete Datenmenge ist zu minimieren, auch um Energie und Rohstoffe zu sparen. Umwelt- und Netzaktivist*innen müssen dafür Hand in Hand arbeiten.

DIE AUTOR*INNEN

/// **Irmela Colaço** leitet die Projektarbeit zum Thema Energiesparen & Energieeffizienz beim Bund für Umwelt und Naturschutz Deutschland e. V. (BUND). Ein Schwerpunkt dabei ist die ökologische Gestaltung von Produkten im Rahmen der europäischen Richtlinie für Ökodesign. www.bund.net/energiesparen

/// **Johanna Pohl** arbeitet in der Forschungsgruppe ‹Digitalisierung und sozial-ökologische Transformation› und promoviert an der TU Berlin zu ökologischen Bewertungsmethoden der Digitalisierung. Ihre Forschungsschwerpunkte sind Umwelt- und Nachhaltigkeitsbewertung von Prozessen, nachhaltige Digitalisierung und sozial-ökologische Transformation. www.nachhaltige-digitalisierung.de

/// **Dr. Lars-Arvid Brischke** arbeitet im Berliner Büro des ifeu – Institut für Energie- und Umweltforschung Heidelberg GmbH im Fachbereich Energie. Seine Themenschwerpunkte sind Instrumente für Energieeffizienz und Suffizienz, Nachhaltigkeit von Energiesystemen und Sektorkopplung Strom/Wärme/Mobilität. www.ifeu.de

LITERATUR

/// [1] **Discovergy.** *Mit dem Einsparzähler Stromverbrauch auswerten, optimieren und sparen.* https://einsparzaehler.de/#Features (2019).
/// [2] **co2online.** *Stromspiegel für Deutschland* (2017). https://stromspiegel.de/fileadmin/ssi/stromspiegel/Broschuere/Stromspiegel_2017_web.pdf (2017).
/// [3] **Pehnt, M. et al.** *13 Maßnahmen gegen Energieverschwendung im Heizungskeller – Kurzgutachten zur Stärkung von Instrumenten für Energieeinsparungen im Bestand: Beispiel Heizkessel.* https://bund.net/kurzgutachten_heizung (2016).
/// [4] **amphiro.** *Die smarte Art zu duschen.* www.amphiro.com (2019).
/// [5] **Naegeli, C.** *Unter der Dusche Energie sparen.* https://ethlife.ethz.ch/archive_articles/130705_amphiro_studie_cn.html (2013).
/// [6] **Pehnt, M., et al.** (2016).
/// [7] **Hintemann, R., & Hinterholzer, S.** *Smarte Rahmenbedingungen für Energie-und Ressourceneinsparungen* (Kurzstudie im Auftrag des Bund für Umwelt und Naturschutz Deutschland e. V. (BUND)). https://bund.net/kurzstudie_smarthome (2018).
/// [8] **Smart WG.** *Die Smart WG.* https://diesmartwg.com/blog/ (2019).
/// [9] **van Dam, S. S., Bakker, C. A., & Buiter, J. C.** *Do Home Energy Management Systems make Sense? Assessing their overall Lifecycle Impact.* Energy Policy, 63, 398–407 (2013).
/// [10] **Cook, G., & Jardim, E.** *Guide to Greener Electronics 2017* (Greenpeace, 2017).
/// [11] **Pilgrim, H., et al.** *Ressourcenfluch 4.0: Die sozialen und ökologischen Auswirkungen von Industrie 4.0 auf den Rohstoffsektor* (Powershift, 2017).
/// [12] **Stobbe, L., et al.** *Entwicklung des IKT-bedingten Strombedarfs in Deutschland: Abschlussbericht Fraunhofer IZM.* https://izm.fraunhofer.de/content/dam/izm/de/documents/News-Events/News/2015/IZM-Studie-Strom/entwicklung-des-ikt-bedingten-strombedarfs-in-deutschland-abschlussbericht.pdf (2015).
/// [13] **Cisco.** *Cisco Visual Networking Index: Forecast and Trends, 2017–2022* (2018).
/// [14] **Hintemann, R., & Hinterholzer, S.** *Smarte Rahmenbedingungen für Energie- und Ressourceneinsparungen bei vernetzten Haushaltsprodukten.* Berlin: Borderstep Institut (2018).
/// [15] **Ford, R., Pritoni, M., Sanguinetti, A., & Karlin, B.** *Categories and Functionality of Smart Home Technology for Energy Management.* Building and Environment 123, 543–554 (2017).

Autor: Felix Sühlmann-Faul

WAS GEHT MICH DAS AN?

STREAMING HEIZT UNSEREM PLANETEN EIN

Die ökologischen Auswirkungen von Videostreaming

Der Verbrauch materieller Ressourcen sinkt, und Transportwege entfallen: Wenn man die Potenziale der Digitalisierung richtig nutzt, können sie zur Nachhaltigkeit beitragen, indem Stoffströme reduziert werden. Ein Beispiel für das Nachhaltigkeitspotenzial der Dematerialisierung ist das Streaming, also die Nutzung von audiovisuellen Medien in Form eines Datenstroms statt auf einem physischen Datenträger. Filme oder Musik müssen nicht mehr auf eine DVD oder andere Speichermedien gebrannt werden und der Transport entfällt. Das reduziert bereits den Energieverbrauch. Eine Studie von 2014 konnte zeigen, dass Streaming im Vergleich zu einer Autofahrt zur Videothek eine bessere Ökobilanz hat.[1] Aber: Das Nachhaltigkeitspotenzial ist gering. Digitale Dienste sind in aller Regel sehr niedrigschwellig, also einfach zugänglich, und laden daher zu erhöhtem Konsum ein. Geschieht das beim Streaming, indem etwa an einem Wochenende mehrere Staffeln einer Serie hintereinander angeschaut werden, zieht das eine deutlich schlechtere Ökobilanz nach sich, da mehr Streaming auch mehr Energie verbraucht. So wie der Strom nicht in der Steckdose entsteht, so entstehen Filme, Serien und Musik nicht zu Hause in unseren Internetroutern. Die Video- und Musikdaten werden vielmehr in physischen Datenzentren gespeichert und von dort aus übertragen. Jede Bewegung im Internet, jede Suchmaschinenanfrage und jede E-Mail wandert durch Datenzentren und ihre Server. Deren Energieverbrauch und Emissionsausstoß steigen jährlich, da der globale Datendurchsatz steigt. Während dieser 2002 noch bei 100 Gigabyte pro Sekunde lag, geht eine Prognose für das Jahr 2021 von 106.000 Gigabyte pro Sekunde aus.[2] Dieser Anstieg wird durch immer mehr User*innen und immer mehr ‹smarte› Geräte, die Daten senden und empfangen, verursacht. Im Bereich der privaten Internetnutzung ist Streaming heute der wichtigste Treiber der Nachfrage nach Bandbreite und erzeugt die größte Menge an Datenverkehr im Internet.[3]

Die Nutzung von Streamingdiensten ist schnell, einfach und ohne besondere technische Kenntnisse zu bewerkstelligen. Zusammen mit einer Flatratezahlung pro Monat führt das zu einem deutlich höheren Konsum: Bei einer Flatrate tendieren Nutzer*innen dazu, mehr zu konsumieren, um ein ‹besseres Geschäft› zu machen. Gleichzeitig entfällt ja eine Zahlung pro Einheit, was Konsum in der Regel reduziert.[4] Umweltschäden durch den dadurch erhöhten Energieverbrauch sind dabei weithin unbekannt und nicht direkt ersichtlich. Ein öffentliches Bewusstsein für die entstehenden Schäden zu schaffen ist daher schwer.

Streaming kann nachhaltig sein, wenn sich der Konsum im Rahmen hält. Wie immer ist Suffizienz – die Begrenzung des Konsums – der wichtigste Faktor, mit dem Nachhaltigkeit steht oder fällt.

PRO

Dematerialisierung
Das Brennen auf DVD oder CD sowie die Ressourcen für die Produktion und Vertrieb entfallen.

Keine Transportwege
Filme müssen nicht mehr in einer Videothek geliehen oder in einem Laden gekauft werden.

CONTRA

Energieverbrauch steigt
Der stetig wachsende Datendurchsatz steigert Wachstum und Energieverbrauch der Datenzentren. Da diese selten durch erneuerbare Energien gespeist werden, tragen sie in steigendem Maße zum CO_2-Ausstoß bei.

Streaming hat den größten Anteil am Datendurchsatz
Bereits 2021 wird der Datendurchsatz zu knapp 82 % nur aus Streaming bestehen.

Bingewatching
Flatrate-Abonnements und der schnelle, einfache Zugang erhöhen zusätzlich den Konsum. Dadurch steigen Datendurchsatz und Energieverbrauch.

Sei suffizient!
Streaming kann nur dann nachhaltig sein, wenn sich der Konsum in Grenzen hält.

Sie sehen gerade
Streaming heizt unserem Planeten ein.
Staffel 1: Flg 1.
Das Nachhaltigkeitspotenzial

DER AUTOR
/// **Felix Sühlmann-Faul** ist freier Techniksoziologe, Speaker und Autor mit Spezialisierung auf das Thema Digitalisierung & Nachhaltigkeit sowie Plattformkapitalismus.

LITERATUR
/// [1] **Shehabi, A., et al.** *The Energy and Greenhouse-gas Implications of Internetvideo Streaming in the United States.* Environmental Research Letters 9 (2014).
/// [2] **Cisco.** *VNI Global Fixed and Mobile Internet Traffic Forecasts.* https://cisco.com/c/en/us/solutions/collateral/service-provider/visual-networking-index-vni/vnihyperconnectivity-wp.html (o.D.).
/// [3] **Lohmann, W., et al.** *Grüne Software: Schlussbericht zum Vorhaben: Ermittlung und Erschließung von Umweltschutzpotenzialen der Informations- und Kommunikationstechnik (Green IT)* (2015).
/// [4] **Lambrecht, A., et al.** *Paying Too Much and Being Happy About It: Existence, Causes and Consequences of Tariff-Choice Biases.* Journal of Marketing Research 43, 212–223 (2006).

Autor*innen: Verena Bax & Volker Handke

STOFF-KREISLÄUFE SCHLIESSEN

Recycling im Zeitalter der Digitalisierung

Im Zuge der Digitalisierung kommen immer schneller neue Elektro(nik)geräte auf den Markt, in denen innovative Technologien zum Einsatz kommen. Kaffeemaschinen werden digital. Smartphones und Co. werden immer leichter, sie enthalten mehr Kunststoffe und mehr Elektronik. Das ist problematisch, denn Elektrogeräte binden Stoffe, die bereits beim Rohstoffabbau, in der Geräteproduktion und auch bei der Entsorgung von Altgeräten ökologische Schäden verursachen. Viele Geräte enthalten zudem kritische Metalle, die nur begrenzt verfügbar sind. Ihre Aufbereitung und Raffination schaden der Umwelt. Und die Menschenrechte der im Bergbau Arbeitenden werden oft erheblich verletzt. Die Umweltwirkung ausgewählter kritischer Metalle wird in der folgenden Abbildung gezeigt.

Außerdem enthalten die in Elektro(nik)geräten verwendeten Kunststoffe schwermetall- und halogenhaltige Flammschutzmittel, die ökologisch problematisch sind und für Menschen giftige Substanzen enthalten. Daher betrachten wir im Folgenden nicht nur die Versorgungsrisiken von Unternehmen, sondern auch die ökologischen Schäden und Menschenrechtsverletzungen.

RECHTLICHE RAHMENBEDINGUNGEN FÜR ELEKTRO(NIK)ALTGERÄTE

Vor diesem Hintergrund gewinnt die schadstoff- und ressourcensensible Behandlung von Elektroaltgeräten an umweltpolitischer Bedeutung. Die umweltrechtlichen Rahmenbedingungen wurden in den letzten Jahren sowohl auf europäischer Ebene (zum Beispiel mit der WEEE-Richtlinie)[1] als auch im nationalen Rahmen (zum Beispiel mit dem deutschen Elektro- und Elektronikgesetz)[2] immer weiter verschärft. Zudem wurden institutionelle, organisatorische und technische Vorgaben zum Inverkehrbringen, zur Rückgabe und zur umweltverträglichen Entsorgung von Elektro(nik)altgeräten geschaffen. Hierzu zählen zum Beispiel verpflichtende Erfassungs-, Verwertungs- und Recyclingquoten. In einer digitalen Welt beginnt eine nachhaltige Kreislaufwirtschaft

///<quote>
Es wird für Umweltpolitiker*innen immer wichtiger, die Behandlung von Elektroaltgeräten so zu regulieren, dass Schadstoff vermieden und Ressourcen geschont werden.
///</quote>

jedoch nicht erst mit dem Recycling, sondern bereits mit der Abfallvermeidung. Dies wurde in der Hierarchie der Abfallbehandlung festgelegt und unter anderem im Kreislaufwirtschaftsgesetz rechtlich verankert.

DIE SAMMLUNG IST DER ERSTE SCHRITT ZUR KREISLAUFWIRTSCHAFT

Nicht nur in der digitalen Welt beginnt eine nachhaltige Kreislaufwirtschaft jedoch nicht erst mit dem Recycling, sondern bereits mit der Abfallvermeidung. Trotz Regelungen für die getrennte Sammlung und das Recycling von Elektroaltgeräten wurde von den knapp zwei Millionen Tonnen Elektro(nik)geräten, die jährlich in Deutschland verkauft werden,[3] in den Jahren 2006 bis 2016 jährlich rund eine Million Tonnen nicht gesondert als Elektroabfall gesammelt. Das entspricht einem Gewicht von 100 Eiffeltürmen. Doch selbst bei einer großzügig bemessenen durchschnittlichen Lebensdauer ist es kaum plausibel, dass sich diese Gerätemenge noch in der Nutzung befindet. Wahrscheinlicher ist es, dass jede zweite Tonne an Elektro(nik-)altgeräten entweder im Hausmüll landet oder illegal exportiert wird. Für die Umwelt ist es jedoch extrem problematisch, wenn Elektroschrott über den Restmüll in die Abfallverbrennung gelangt, denn er enthält giftige Schwermetalle wie Cadmium, Blei und Quecksilber, die als Filterstaub deponiert werden müssen. Zudem entstehen hochgiftige Dioxine und Furane. Katastrophal ist es für Umwelt und Menschen, wenn Altgeräte als Gebrauchtwaren deklariert und illegal ins Ausland exportiert werden. Manche Bauteile werden dort zwar zunächst wiederverwendet. Doch am Ende werden die Altgeräte unter freiem Himmel verbrannt, um an den Metallschrott zu gelangen.

Analysen zeigen, dass vor allem kleine Elektrogeräte im Hausmüll landen, weil diese Geräte – im

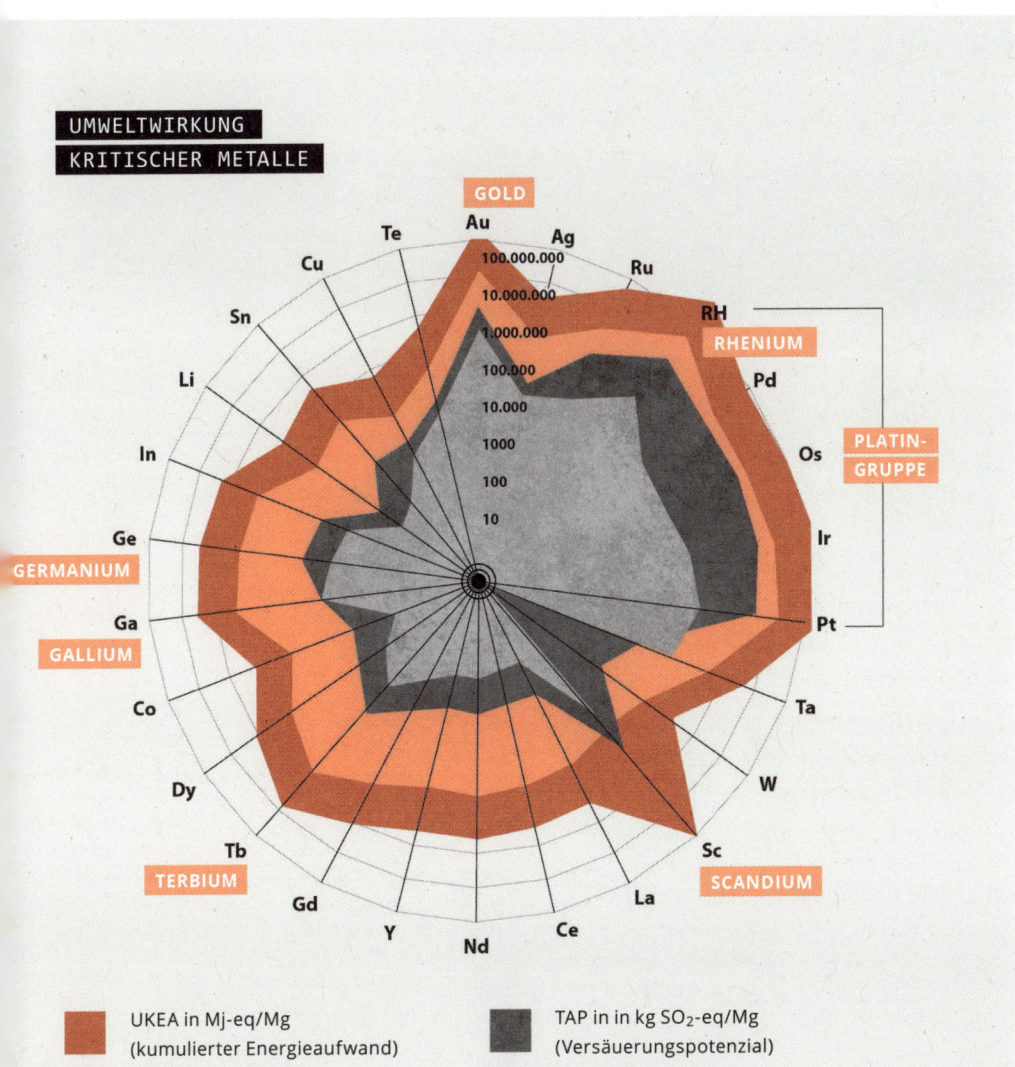

///\<quote\>
Beim aktuellen Stand der Entsorgung werden der Kreislaufwirtschaft erhebliche Mengen an wertvollen Rohstoffen entzogen.
///\</quote\>

UMWELTWIRKUNG KRITISCHER METALLE

Die Abbildung quantifiziert die Umweltwirkungen kritischer Metalle, die in Elektrogeräten enthalten sind, für die Wirkkategorien Energieeinsatz, Klimawandel, Versauerung und Überdüngung. Bilanziert wurden die Rohstoffentnahme, die Weiterverarbeitung sowie die Raffination der Metalle.
Quelle: Eigene Darstellung nach: Nuss, P., Eckelman, M. J.: Life Cycle Assessment of Metals: A Scientific Synthesis. PLoS ONE 9(7) (2014).

- UKEA in Mj-eq/Mg (kumulierter Energieaufwand)
- GWP in kg CO_2-eq/Mg (Treibhauspotenzial)
- TAP in in kg SO_2-eq/Mg (Versäuerungspotenzial)
- FEP in in kg P-eq/Mg (Eutrophierungspotenzial)

Gegensatz zu Großgeräten (wie zum Beispiel Waschmaschinen) – problemlos in die Restmülltonne geworfen werden können. Im Jahr 2017 wurden rund 140.000 Tonnen Kleingeräte über den Restmüll entsorgt. Insgesamt enthielt der nicht getrennt gesammelte Elektroschrott circa 4,1 Millionen Tonnen Eisenmetall, 2,4 Millionen Tonnen Nichteisenmetalle, 2,2 Millionen Tonnen Kunststoffe, 1,1 Millionen Tonnen Glas, 0,5 Millionen Tonnen Elektronik und 1,1 Millionen Tonnen anderer Materialien. Doch auch von den getrennt gesammelten Elektroaltgeräten werden durchschnittlich lediglich 81 Prozent recycelt, denn rund zwölf Prozent werden thermisch verwertet, sprich verbrannt. Etwa sechs Prozent werden beseitigt, und lediglich rund ein Prozent wird für die weitere Nutzung aufgearbeitet.[4] Beim aktuellen Stand der Entsorgung werden der Kreislaufwirtschaft erhebliche Mengen an wertvollen Rohstoffen entzogen.

DIE RECYCLINGPRAXIS FÜR DIE DIGITALISIERUNG IST BISLANG UNGENÜGEND

Neben der mangelhaften Sammlung führt die aktuelle Recyclingpraxis mit ihrer Fokussierung auf Massenmetalle wie Eisen, Aluminium und Kupfer zu Verlusten. Denn Platinmetalle und Seltene Erden, die für digitale Zukunftstechnologien notwendig sind, werden nur in geringem Umfang recycelt. Indium aus Displays, das für die digitale Kaffeemaschine notwendig ist, wird beispielsweise nur zu einem Prozent recycelt. Da wert- und schadstoffhaltige Bauteile wie Batterien, Elektronik und flammgeschützte Kunststoffe nur sehr schwer auseinandergenommen werden können, werden Schadstoffe und strategische Metalle maschinell zerkleinert und sortiert. Dies behindert jedoch das Recycling der für die Digitalisierung wertvollen Metalle. Für ein qualitativ hochwertiges Recycling, das insbesondere die Stoffkreisläufe dieser Metalle schließen kann, ist deshalb das sogenannte ‹Pre-Shreddering› wesentlich. Denn je zuverlässiger Bauteile und Schadstoffe getrennt werden, umso besser können sie recycelt werden. Das ‹Pre-Shreddering› hilft dabei, indem es beim vorsichten Demontieren und Zerkleinern Teile entweder gar nicht oder nur partiell zerstört. So trägt es dazu bei, dass deutlich mehr Bauteile von Schadstoffen getrennt und recycelt werden können.

Es mangelt jedoch noch an einer strikten politischen Weichenstellung. Was fehlt, sind eine ambitionierte Behandlungsverordnung für Elektro(nik-)altgeräte und Verschärfungen im deutschen Elektro- und Elektronikgesetz sowie auf EU-Ebene, damit Altgeräte konsequent getrennt gesammelt werden. Denn nur so besteht überhaupt eine Chance auf hochwertige Verwertung. Alle wichtigen Komponenten müssen durch ein qualitativ hochwertiges Recycling wiedergewonnen werden, und der illegale Export von Elektroschrott muss konsequent geahndet werden.

Der Artikel beruht auf ersten Ergebnissen der gleichnamigen Studie ‹Recycling im Zeitalter der Digitalisierung› des NABU (Naturschutzbund Deutschland), durchgeführt vom Institut für Zukunftsstudien und Technologiebewertung und vom Institut für Ökologie und Politik. Zentrale Ergebnisse und Handlungsempfehlungen für politische Akteurinnen und Akteure und für die Recyclingpraxis werden im Sommer 2019 veröffentlicht.

DIE AUTOR*INNEN
/// **Verena Bax** ist Referentin für Umweltpolitik beim Naturschutzbund Deutschland (NABU). https:/nabu.de/
/// **Volker Handke** ist Diplom-Ingenieur für Technischen Umweltschutz und wissenschaftlicher Mitarbeiter am IZT – Institut für Zukunftsstudien und Technologiebewertung gemeinnützige GmbH. https://izt.de/

LITERATUR
/// [1] **Europäische Kommission.** *Waste Electrical & Electronic Equipment* (WEEE). https://eur-lex.europa.eu/legal-content/DE/TXT/PDF/?uri=CELEX:32012L0019&from=EN (2012).
/// [2] **Bundesministerium der Justiz und für Verbraucherschutz.** *Gesetz über das Inverkehrbringen, die Rücknahme und die umweltverträgliche Entsorgung von Elektro- und Elektronikgeräten (ElektroG).* https://www.ge-setze-im-internet.de/elektrog_2015/BJNR173910015.html (2015).
/// [3] **Löhle, S., Bartnik, S., Schmiedel, U., & Ehrenbrink, M.** *Analyse der Datenerhebungen nach ElektroG u. UStatG über das Berichtsjahr 2015 zur Vorbereitung der EU-Berichtspflichten 2017. UBA Texte 43/2018.* (2018).
/// [4] **Ebd.**

Autorin: Julia Fink

PORTRÄT
RESOURCIFY GMBH

Recyceln per App

```
///<summary>
Initiative: Resourcify GmbH
Gründerjahr: 2015
Standort: Hamburg
Mitarbeiter*innen: 11
Branche:
Entsorgungswirtschaft,
Abfallwirtschaft
Web: resourcify.de
///</summary>
```

RESOURCIFY IST NACHHALTIG UND DIGITAL, WEIL ...
Resourcify die Abfallversorgung optimiert, um diese nachhaltiger zu gestalten, und dafür die selbst entwickelte Recycling-App ‹Mein Recycling› anbietet.

WAS MACHT RESOURCIFY?
Eine Kreislaufwirtschaft, in der gar keine Abfälle mehr anfallen, ist eine Schlüsselherausforderung für eine nachhaltige Zukunft. Resourcify ist ein Technologieunternehmen, das für diesen Zweck Software für die Entsorgungswirtschaft entwickelt. Es bietet mittelständischen und großen Abfallerzeugern und -entsorgern Softwarelösungen an, welche die Entsorgung und das Wertstoffmanagement (Abfallmanagement) digitalisieren und stark vereinfachen. Mit diesen Lösungen können Unternehmen ein exaktes Abfallmonitoring aufbauen, um die Entsorgung und sogar die Produktionsprozesse zu optimieren.

EIN BLICK IN DIE ZUKUNFT: WELCHE CHANCEN BIETET DIE DIGITALISIERUNG FÜR EINE NACHHALTIGE, LEBENSWERTE ZUKUNFT – UND WELCHE RISIKEN?
Felix Heinricy von Resourcify meint dazu: «*Die Digitalisierung kann erheblich dazu beitragen, eine funktionierende Kreislaufwirtschaft zu etablieren. Denn Intransparenz im Markt kann durch die digitale Erfassung verringert werden. So kommen wir dem ‹Zero Waste›-Gedanken einen großen Schritt näher. Nur wenn man weiß, wo und wie viel Abfall anfällt, kann man Optimierungen vornehmen und so für eine nachhaltige Zukunft sorgen.*»

DIE AUTORIN
/// **Julia Fink** ist Mitarbeiterin bei nachhaltig.digital – Kompetenzplattform für Nachhaltigkeit und Digitalisierung im Mittelstand. Ihre Themenschwerpunkte sind digitale Lösungsansätze aus der Praxis für eine nachhaltige Entwicklung. https://nachhaltig.digital

Autor*innen: Merle Groneweg & Michael Reckordt

ROHSTOFFWENDE STATT WEITER SO

Politik für eine nachhaltige Rohstoffversorgung

Smart Grid, Industrie 4.0 und erneuerbare Energien treten an die Stelle von Kohlekraftwerken. Cloudsysteme lösen Papierwälder ab. Das Smartphone ersetzt Telefon, Fotokamera, Terminkalender und Computer. Die Digitalisierung verheißt, dass sich Produktions- und Konsummuster trotz der Klimakrise nicht substanziell ändern müssen – denn sie kann Stoffströme reduzieren, Prozesse optimieren und die Vernetzung vorantreiben. Tatsächlich können digitale Technologien stellenweise den Energieverbrauch reduzieren. Doch diese Technologien benötigen nicht nur Strom. Ihre Hardware verbraucht endliche, metallische Rohstoffe. Sogenannte ‹Zukunftstechnologien› schaffen neue, spezifische Rohstoffbedarfe. Doch können diese Bedarfe im Sinne der Nachhaltigkeit gedeckt werden? Unterstützt die Politik eine nachhaltige Versorgung mit Ressourcen? Oder riskiert sie einen Ressourcenfluch 4.0?

Allein für 42 ausgewählte Technologien könnte bis 2035 das Vierfache der heutigen Produktion an Lithium, das Dreifache an Schweren Seltenen Erden sowie das Anderthalbfache an Leichten Seltenen Erden und Tantal benötigt werden, schreibt das Fraunhofer ISI in einer Auftragsstudie für die Deutsche Rohstoffagentur (DERA). Zu den untersuchten Technologien zählen unter anderem Hochleistungsmikrochips, Glasfaserkabel, weiße LED- und Displaytechnik. Bei den folgenden Rohstoffen ergäbe sich ebenfalls eine deutliche Steigerung des Verbrauchs: Gallium, Germanium, Indium, Kobalt, Kupfer, Lithium, Palladium, Platin, Rhenium, Scandium, leichte Metalle der Seltenen Erden (Neodym und Praseodym), schwere Metalle der Seltenen Erden (Dysprosium und Terbium), Silber, Titan und Zinn. Diese Prognosen sind für Akteur*innen aus Industrie, Politik und der Zivilgesellschaft Anlass zur Sorge – wenn auch aus unterschiedlichen Gründen. Im Herbst 2017 lancierte der Bundesverband der Deutschen Industrie (BDI) dazu medienwirksam ein neues Positionspapier mit rohstoffpolitischen Handlungsempfehlungen. Unter dem Titel ‹Rohstoffversorgung 4.0› weist der Verband darauf hin, dass die deutsche Industrie zu nahezu 100 Prozent importabhängig sei und inzwischen über 80 Prozent der chemischen Elemente des Periodensystems nutze, während es vor 100 Jahren noch weniger als die Hälfte waren. So schreibt der BDI: *«Themen* wie Industrie 4.0, die Digitalisierung von Wirtschaft und Gesellschaft oder die erfolgreiche Umsetzung der Energiewende dürfen nicht abgekoppelt von der Rohstoffversorgung betrachtet und diskutiert werden.»[1]

Die Debatte um Rohstoffe für Zukunftstechnologien darf jedoch nicht davon ablenken, dass – bezogen auf die Importmengen – andere Rohstoffe wesentlich relevanter sind. Allein Eisen und Stahl machen rund 90 Prozent der nach Deutschland importierten Erze, Konzentrate und durch Raffination gewonnenen Produkte aus. Zudem werden Kupfer und Aluminium in großen Mengen von der deutschen Industrie verbraucht, auch für Produkte, die nicht als ‹nachhaltig› und ‹innovativ› bezeichnet werden können. Doch mit dem Verweis auf ‹Zukunftstechnologien› bekommen die rohstoffpolitischen Forderungen der Industrie einen grünen, smarten Anstrich.

///<quote>
Die Digitalisierung darf nicht als Feigenblatt für den steigenden Rohstoffverbrauch dienen.
///</quote>

Der Industrie geht es um ‹Versorgungssicherheit›: Die Politik soll gewährleisten, dass die Unternehmen an genügend Rohstoffe zu günstigen Preisen kommen. Erst der Zugriff auf die Arbeitskräfte und natürlichen Ressourcen andernorts ermöglicht das auf den Export ausgerichtete Wirtschaftsmodell. Gestützt wird dies durch die Wirtschafts-, Außen- und Handelspolitik der Bundesregierung. Sogar mithilfe von Entwicklungspolitik können ‹wichtige Rahmenbedingungen für ein investitionsfreundliches Klima geschaffen werden, von dem auch die deutsche Wirtschaft profitieren kann›. So steht es in der Deutschen Rohstoffstrategie aus dem Jahr 2010, an deren Überarbeitung die Bundesregierung gerade arbeitet. Es geht um die Absicherung der imperialen Lebensweise *(vergleiche den Beitrag von Vetter & Guenot)*.[2]

Statt einer Fortführung der bisherigen, andernorts zum Teil zerstörerischen Politik bedarf es einer Politik der Rohstoffwende, um der Ausbeutung von Menschen, der Klimakatastrophe und der Umweltzerstörung Einhalt zu gebieten. Die Digitalisierung, erneuerbare Energien und Elektromobilität dürfen nicht als Feigenblatt für den steigenden Rohstoffverbrauch dienen. Eine einfache Verschiebung der Ressourcenbedarfe weg von fossilen und hin zu anderen Rohstoffen löst das Ressourcenproblem nicht. Vielmehr muss diskutiert werden, in welcher Breite digitale Technologien eingesetzt werden können, ohne dass ökologische und soziale Grenzen an anderer Stelle überschritten werden. In diesem Zusammenhang unterstützen wir die Forderungen von ‹Bits & Bäume› sowie des Arbeitskreises (AK) Rohstoffe: ein nachhaltiges, auf Sekundärrohstoffen basierendes Produktdesign, eine umfassende Kreislaufwirtschaft, Open Source, rohstoffarme Alternativen, Suffizienz und ein stärkerer Fokus auf Ressourcenschonung. Zudem müssen elektronische Produkte einfach zu reparieren sein. Der absolute Rohstoffverbrauch in Ländern wie Deutschland muss sinken, damit weniger neue Minen eröffnet und somit ökologische und soziale Risiken minimiert werden. Zudem müssen die Rohstoffe, die wir in Zukunft noch nutzen wollen, unter den bestmöglichen ökologischen und sozialen Bedingungen gewonnen und verarbeitet werden. Die Menschen- und Arbeitsrechte müssen geschützt werden. Unternehmen, die Menschen- und Arbeitsrechte verletzen oder die Umwelt zerstören, müssen zur Rechenschaft gezogen werden.[3,4] Das muss auch dann gelten, wenn sie entlang der Lieferkette nur indirekt von diesen Bedingungen profitieren. Betroffene von Rechtsverletzungen müssen gegen die Profiteure dieses Unrechts klagen können, auch in Deutschland. Die Klage eines peruanischen Bauern gegen RWE und die Klage der Familien der Hinterbliebenen gegen KiK geben Anlass zur Hoffnung auf Veränderung. Die Rohstoffwende muss die globale Gerechtigkeit in den Mittelpunkt stellen. Denn ähnlich wie bei der Klimakatastrophe tragen bisher vor allem jene die Kosten, die am wenigsten zu ihrer Entstehung beitragen.

DIE AUTOR*INNEN
/// **Merle Groneweg** arbeitet bei PowerShift im Bereich Rohstoffpolitik.
/// **Michael Reckordt** arbeitet bei PowerShift als Koordinator des AK Rohstoffe. https://power-shift.de/language/de/

LITERATUR
/// [1] **Bundesverband der Deutschen Industrie.** *Rohstoffversorgung 4.0: Handlungsempfehlungen für eine nachhaltige Rohstoffpolitik im Zeichen der Digitalisierung* (2017).
/// [2] **Brand, U,. & Wissen M.** *Imperiale Lebensweise. Zur Ausbeutung von Mensch und Natur im globalen Kapitalismus* (oekom, 2017).
/// [3] **Forderungen von ‹Bits & Bäume›** https://bits-und-baeume.org/forderungen/de (2018).
/// [4] **AK Rohstoffe.** *Positionspapier AK Rohstoffe.* http://ak-rohstoffe.de/wp-content/uploads/2018/06/forderungspapier_2016.pdf (2016).

Autor*innen: Merle Groneweg, Michael Reckordt & Anja Höfner

WAS IST DAS EIGENTLICH?
RESSOURCENFLUCH 4.0

Oben hui, unten pfui! Elektroautos, Computer, Smartphones, Laptops, selbst die kleinen WLAN-Chips, Roboter, die nun die Autos zusammenbauen können – all das basiert auf metallischen Rohstoffen, deren Abbau mit vielen Problemen einhergeht. Die Gewinne werden unfair verteilt, die drastischen ökologischen und sozialen Konsequenzen ebenfalls.

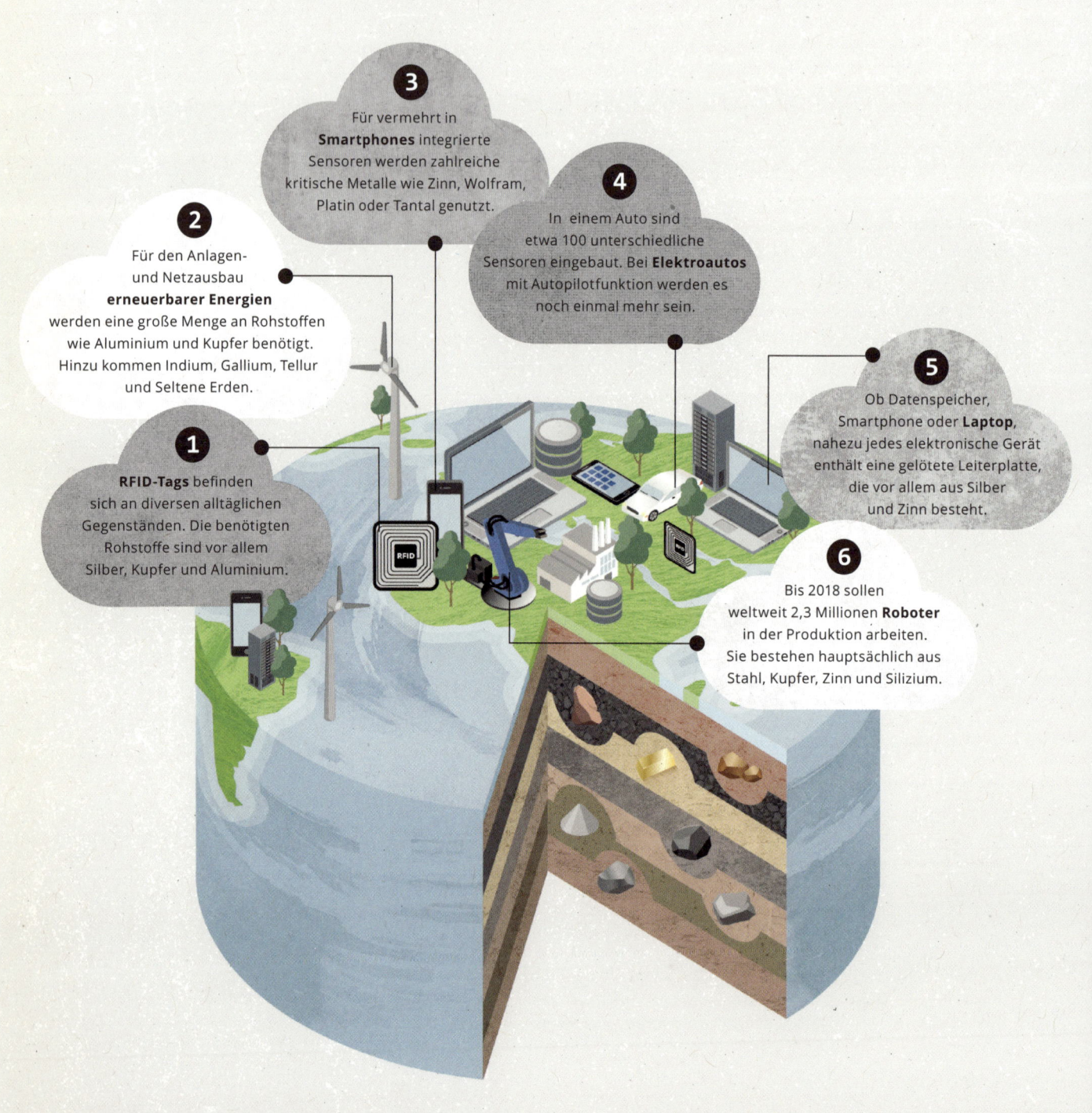

1 RFID-Tags befinden sich an diversen alltäglichen Gegenständen. Die benötigten Rohstoffe sind vor allem Silber, Kupfer und Aluminium.

2 Für den Anlagen- und Netzausbau **erneuerbarer Energien** werden eine große Menge an Rohstoffen wie Aluminium und Kupfer benötigt. Hinzu kommen Indium, Gallium, Tellur und Seltene Erden.

3 Für vermehrt in **Smartphones** integrierte Sensoren werden zahlreiche kritische Metalle wie Zinn, Wolfram, Platin oder Tantal genutzt.

4 In einem Auto sind etwa 100 unterschiedliche Sensoren eingebaut. Bei **Elektroautos** mit Autopilotfunktion werden es noch einmal mehr sein.

5 Ob Datenspeicher, Smartphone oder **Laptop**, nahezu jedes elektronische Gerät enthält eine gelötete Leiterplatte, die vor allem aus Silber und Zinn besteht.

6 Bis 2018 sollen weltweit 2,3 Millionen **Roboter** in der Produktion arbeiten. Sie bestehen hauptsächlich aus Stahl, Kupfer, Zinn und Silizium.

ALUMINIUM

→ Verwendung in Zukunftstechnologien: Hochleistungsmikrochips, weiße LEDs, Automobilbranche. Knapp 10 Prozent der verarbeiteten Materialien eines Autos bestanden 2012 aus Aluminium.

→ Umweltauswirkungen: Beim Abbau von Bauxit, dem Grundstoff für Aluminium, entstehen giftige Rotschlämme, die zu gesundheitlichen Problemen führen (C), die im Rotschlamm enthaltenen Schwermetalle und die ätzende Natronlauge gefährden zudem die Umwelt und die spezifische Biodiversität in der tropischen Region (A). In tropischen Regionen werden für den immensen Energiebedarf der Aluminiumhütten Staudämme gebaut, was zu Rodungen und sozialen Konflikten mit den Bewohner*innen führt (A, D).

KUPFER

→ Verwendung in Zukunftstechnologien: Basis für nahezu alle elektrischen und elektronischen Technologien, Gebäude, Maschinen und Autos. Im Spezifischen: elektrische Traktionsmotoren für Hybrid-, Elektro- und Brennstoffzellenfahrzeuge (rohstoffintensiv und sensibel), RFID-Tags.

→ Umweltauswirkungen: Gesundheitsgefährdung durch erhöhte Bleiwerte in Luft und Wasser (C), Versiegen von Quellen und Bächen durch den immensen Wasserbedarf im Bergbau (B), Landkonflikte, Umsiedlung von Gemeinden, Niederschlagung von sozialen Protesten (D).

KOBALT

→ Verwendung in Zukunftstechnologien: Lithium-Ionen-Hochleistungs-Elektrizitätsspeicher/Batterien und Superlegierungen (beides rohstoffintensiv), Carbon Capture & Storage, synthetische Kraftstoffe, medizinische Implantate.

→ Umweltauswirkungen: fatale Arbeitsbedingungen in den Minen: u. a. permanentes Risiko von Erdrutschen und toxischem Kobaltstaub (C,D), verursacht vermehrt Krankheiten wie Asthma, Hautentzündungen, Fehlgeburten (C), Verschmutzung von Flüssen durch toxische und radioaktive Rückstände aus dem Bergbau (B).

ZINN

→ Verwendung in Zukunftstechnologien: bleifreie Lote und Windkraftanlagen (beides rohstoffintensiv).

→ Umweltauswirkungen: Meeresverschmutzung und Korallensterben bei marinem Bergbau (B), der hohe Flächenverbrauch des Abbaus führt zu großflächigen Rodungen, Bodendegradation und Gewässerverschmutzung (A, B), Minenarbeiter*innen sind, vor allem im informellen Sektor, großen Gesundheitsrisiken durch Schwermetallbelastungen und Hangrutschen ausgesetzt (C).

A: UMWELTSCHÄDEN
B: GEWÄSSERVERSCHMUTZUNG
C: GESUNDHEITSGEFÄHRDUNG
D: SOZIALE UNGERECHTIGKEIT

LITERATUR

/// **Pilgrim, H., et al.** *Ressourcenfluch 4.0. Die sozialen und ökologischen Auswirkungen von Industrie 4.0 auf den Rohstoffsektor* (Powershift, 2017).

/// **Marscheider-Weidemann, F., et al.** *Rohstoffe für Zukunftstechnologien 2016: Auftragsstudie* (DERA, 2016).

Datenschutz &
Umweltschutz

1
2
3
4
5

WAS HEISST HIER SMART?

{ /// In digitalen Sphären entstehen kontinuierlich Daten. Smart Cities oder künstliche Intelligenz sind Visionen, die dank der Verarbeitung von ‹Big Data› realweltliche Probleme lösen sollen. Die Hoffnung: digitale Prozesse optimieren und Effizienz steigern und auf diese Weise Umweltbelastungen senken, das Leben verschönern und wirtschaftliche Erfolge ermöglichen. Sybille Bauriedl fühlt diesen Hoffnungen in der Smart City auf den Zahn und analysiert dieses technologiezentrierte Konzept aus sozial-ökologischer Perspektive. Sie zeigt: Daten- und Umweltschutz gehen oft Hand in Hand. Hendrik Zimmermann und Stefan Hügel schließen sich diesem Tenor an und skizzieren eine ganzheitlich nachhaltige digitale Energiewende. Vlad Coroama und Friedemann Mattern wiederum fragen: Würden Sie Ihre Daten teilen, wenn damit Energie gespart und der Umwelt geholfen würde? Kerstin Fritzsche und ihre Mitautor*innen zeigen, wie digitale Datenverarbeitung den Umweltschutz voranbringen kann. Stefan Ullrich und weitere wollen Klarheit darüber schaffen, wie Algorithmen funktionieren, was sie leisten können und was auch nicht. Abgesehen von Nachhaltigkeitsbestrebungen werden Daten immer zentraler in der Wertschöpfung, sie gelten bereits als das neue Öl. Juliane Krüger und Michael Peters eruieren, wie diese Ressource gerecht verteilt werden kann und ob sie nicht sogar allen zur Verfügung gestellt werden sollte. Wie andere Ressourcen sind somit auch Daten als ein kostbares Gut zu betrachten, das sparsam geschöpft, mit Weitsicht verarbeitet und gerecht verteilt gehört. }

Autorin: Sybille Bauriedl

ETWAS BESSERES ALS ‹SMART CITIES›

Digitalisierung führt nicht automatisch zu mehr Nachhaltigkeit

Die Idee der ‹Smart City› wird von IT-Konzernen und vielen Großstadtregierungen immer öfter mit dem Leitbild einer nachhaltigen Stadt gleichgesetzt. Im Vordergrund von ‹Smart-City›-Strategien steht das Versprechen, durch die effizientere Nutzung von Energie und Ressourcen zum Klima- und Umweltschutz beizutragen. Diese Nachhaltigkeitsvision wird verbunden mit dem Versprechen höherer Lebensqualität durch neue Dienstleistungen wie zum Beispiel E-Ticketing oder Apps für Carsharing (Sozialvision). Sie wird ebenso verknüpft mit dem Versprechen internetbasierter Partizipation und einer leichter zugänglichen Stadtverwaltung (E-Governance-Vision). Von IT-Unternehmen wie IBM oder Cisco wird eine Smart City als Einsatzort für technologische Innovationen betrachtet (Machbarkeitsvision) und als neuer Markt für ihre digitalen Produkte und Dienstleistungen (Wertschöpfungsvision).[1] Diese Visionen folgen einem Modernisierungsideal, das auf technologische Innovationen vertraut, die sozial-ökologische Probleme lösen sollen. Eine nachhaltige Stadtentwicklung muss jedoch einem Gemeinwohlideal folgen, das von den Bedürfnissen und Fähigkeiten der Bewohner*innen der Stadt ausgeht und erst danach nach den verfügbaren Technologien sucht.

IT-KONZERNE GESTALTEN DIE ZUKUNFT VON STÄDTEN

Der Begriff ‹Smart City› hat keine eindeutige Definition, genauso wenig wie die Synonyme ‹digitale Stadt›, ‹intelligente Stadt› oder ‹Hightechstadt›.[2] Technologieunternehmen wie Cisco, IBM und Google gehen seit einigen Jahren mit diesen Begriffen aktiv auf Regierungen von Großstädten zu und bieten Informations- und Kommunikationstechnologien (IKT) und die notwendigen Dienstleistungen für deren Anwendung an. Sie konzentrieren ihre Aktivitäten dabei gezielt auf Wachstumsmetropolen in Europa, Amerika und Asien, um diese zu Hotspots digitaler Innovationen zu machen. In wachstumsorientierten Städten sind die Innovationsbereitschaft und die Modernisierungskultur am stärksten ausgeprägt. Die städtischen Eliten sind am internationalen Städtewettbewerb ausgerichtet. Und

> ///<quote>
> Eine nachhaltige Stadtentwicklung muss einem Gemeinwohlideal folgen, das von den Bedürfnissen und Fähigkeiten der Bewohner*innen der Stadt ausgeht und erst danach nach den verfügbaren Technologien sucht.
> ///</quote>

der Absatzmarkt für digitale Technologien und Dienstleistungen ist dort aufgrund der Kapitalkonzentration am größten.³ Einige Formulierungen von IT-Unternehmen zur Gestaltung einer Smart City finden sich sogar fast wortwörtlich in den Strategiepapieren von Stadtregierungen wieder. So greift beispielsweise die Stadtregierung von München Formulierungen von Microsoft auf. Weltweit empfehlen die Wirtschaftsprüfungs- und Beratungsunternehmen Ernst & Young, Deloitte, PwC, KPMG, McKinsey und Roland Berger die Auslagerung öffentlicher Dienstleistungen und staatlicher Kontrollfunktionen an IT-Unternehmen.⁴ Der Ausbau digitaler Infrastrukturen in Großstädten ist zudem gekennzeichnet durch eine Kanalisierung staatlicher Investitionen in öffentlich-private Partnerschaften. Auf diese Weise werden öffentliche Aufgaben privatisiert, und es gehen bürgerschaftliche Kontrollmöglichkeiten verloren.⁵

STÄDTE ERHALTEN EINE DIGITALE HAUT

Das Merkmal einer Smart City ist das Management der Infrastrukturnutzung durch das Sammeln und Verarbeiten von Daten, die immer umfangreicher im öffentlichen Raum erhoben werden. Dafür stehen mittlerweile dank der sprunghaften Technologieentwicklung relativ kostengünstige, leistungsfähige und kleine Sensoren und Prozessoren zur Verfügung. Sensoren werden sich in Zukunft in allen Bereichen des städtischen Gebildes finden. Städte bekommen eine ‹digitale Haut›⁶, die aus einer permanent von Sensoren abgetasteten und gemessenen städtischen Umwelt besteht.

Verbunden mit dem rapiden Ausbau der Kapazitäten, sowie der Übertragungs- und Reaktionsgeschwindigkeiten von netzgebundenen und drahtlosen Kommunikationskanälen, Massendatenspeichern und Zentralrechnern, ermöglicht diese ‹digitale Haut› eine weitgehend automatisierte Steuerung einzelner Prozesse und Verfahrensabläufe. Mit der Kopplung von Sensoren unterschiedlicher Infrastruktursysteme (Verkehr, Energie, Wasser- und Abfallwirtschaft, Beleuchtung) können sowohl deren Nutzungsbedarf integriert gesteuert als auch eine Standort- und Nutzungsüberwachung organisiert werden. In London wird zum Beispiel eine Software eingesetzt, die Messdaten zu Kohlenmonoxid-, Kohlendioxid- und Stickoxidemissionen von rund 150 Stationen, prognostizierte Wetterdaten (Luftfeuchtigkeit, Sonneneinstrahlung und Temperatur) sowie verschiedene Verkehrscharakteristika bestimmter Tage und Uhrzeiten verarbeitet. Zur Verknüpfung dieser Daten hat Siemens eine intelligente Software auf Basis neuronaler Netze entwickelt, die den Luftverschmutzungsgrad in Großstädten prognostiziert und automatisch Maßnahmen startet, um ein Überschreiten der Grenzwerte zu vermeiden. Aber es bleibt Aufgabe von Politiker*innen, gegebenenfalls Fahrverbote zu verordnen und durchzusetzen oder eine Minderung von Industrieemissionen zu erzwingen.

SMART CITIES SIND VOR ALLEM AUTOGERECHTE STÄDTE

Sensoren werden insbesondere für eine optimierte Verkehrsmittelnutzung und -lenkung und autonomes Fahren unter dem Stichwort ‹Smart Mobility und Smart Transport› eingesetzt. Europäischer Vorreiter einer sensorkontrollierten öffentlichen Infrastruktur ist die nordspanische Stadt Santander, die schon seit 2011 über 12.000 Sensoren beispielsweise zur Nutzung innerstädtischer Parkplätze installiert hat. Santander hat bisher über acht Millionen Euro Forschungsfördermittel der EU erhalten, um ein ‹Internet der Dinge› für ein optimiertes Management städtischer Infrastruktur aufzubauen und zu erproben. Der Bürgermeister von Santander betont immer wieder die hohe Akzeptanz der digital vernetzten Überwachung und Steuerung städtischer Infrastrukturen bei der Bevölkerung. Es zeigt sich in vielen Städten, dass IT-Systeme als besonders positiv bewertet werden, wenn sie dazu beitragen, Verkehrsstaus zu reduzieren und den Zugang zu Parkplätzen zu erhöhen.⁷

Dies tun beispielsweise digitale Apps, die mithilfe von Sensoren freie Parkplätze anzeigen. Einerseits kann dies den Parkplatzsuchverkehr reduzieren, andererseits mehr Menschen dazu verleiten, ein Auto zu benutzen. Die sogenannte ‹Smart Mobility› führt nicht unbedingt zu absolut weniger Autos in der Stadt, sondern zu einer noch effektiveren Nutzung des öffentlichen Raums für die motorisierte Mobilität, die zu einer relativen Zunahme der Anzahl von PKWs führen kann.

SMART CITIES SIND STARK SEGREGIERTE STÄDTE

Die rasante Digitalisierung öffentlicher Infrastrukturen wurde bisher weitgehend ohne die Beteiligung der Bevölkerung realisiert. Das zeigt zum einen ein Demokratiedefizit der Smart City und zum anderen ein Gerechtigkeitsdefizit, da nicht alle Stadtbewohner*innen im gleichen Maße von digitalen Infrastrukturen profitieren. Auch in einer digitalen Welt werden ohne Transformationsprozesse reale ökonomische und soziale Ungleichheitsverhältnisse überleben. Zu befürchten ist sogar, dass die bisherige Vernachlässigung der sozialen Dimension in der ‹Smart-City›-Debatte neue Extreme sozialer Ungleichheit innerhalb und zwischen Städten befördert (‹urban digital divides›)[8].

Voraussetzungen für eine bürgerschaftliche Teilhabe sind die Partizipation der Stadtbewohner*innen an der Entwicklung und Implementierung digitaler Technologien, der sozial gerechte Zugang zu diesen sowie die Offenlegung aller Komponenten, Codes und Prozesse, die dafür bedeutsam sind. Personenbezogene Daten müssen transparent erhoben und kontrolliert werden. Diese Forderungen sind zentral für die ‹Recht auf Stadt›-Bewegung, die dafür kämpft, alle mit Steuermitteln erworbenen Güter, Dienstleistungen und damit auch Daten sowie das datengenerierte Wissen allen Bürger*innen zur Verfügung zu stellen (informationelles Recht auf Stadt)[9].

FÜR EINE NACHFRAGEORIENTIERTE UND GEMEINWOHLORIENTIERTE DIGITALISIERUNG

Die sozialen Aufgaben einer Stadt und die vielfältigen Interessen und Fähigkeiten von Stadtbewohner*innen brauchen eine nachfrageorientierte Stadtpolitik, die sich an der Idee einer sozial gerechten Nachhaltigkeit orientiert. Die Modernisierungs- und Erneuerungsversprechen, die allein auf technologischen Transformationen beruhen, werden nicht automatisch zu einer nachhaltigen Stadtstruktur und einer nachhaltig handelnden Stadtgesellschaft führen. Ausgangspunkt der ‹Smart City›-Debatte ist bisher nur die technologische Machbarkeit der Digitalisierung – die sozialen, ökonomischen und ökologischen Krisen von und in Städten werden vernachlässigt.[10] Technologieorientierte ‹Smart-City›-Strategien zielen allein auf Effizienzgewinne und rütteln nicht an grundsätzlichen Problemen einer durch den Autoverkehr stark belasteten, sozial gespaltenen Stadt. Smart wäre eine Stadt demnach auch, wenn sie noch mehr Autos mit weniger Energieverbrauch und Stauminuten pro Fahrzeug bewältigen, dabei gleichzeitig weiterhin Fuß- und Radverkehr behindern, und den Energieverbrauch insgesamt steigern würde. Um jedoch die Probleme einer nicht nachhaltigen Mobilität anzugehen, müssen Städte alternative Mobilitätsformen bevorzugen, welche die Ressourcennutzung absolut reduzieren. Technologische Lösungen sind also ohne einen sozialen Wandel keine hinreichende Strategie für den Übergang zu einer umweltschonenden Zukunft.[11]

‹Reclaim the City› heißt in diesem Sinn, Wege zu einer sozial gerechten und gemeinwohlorientierten Stadt zu finden, die dort auf die Nutzung digitaler Infrastrukturen verzichtet, wo diese für eine nachhaltige Stadtentwicklung nicht notwendig sind, und dort ein informationelles Recht auf Stadt berücksichtigt, wo sie eingesetzt werden.

DIE AUTORIN

/// **Prof. Dr. Sybille Bauriedl** ist Professorin an der Europa-Universität Flensburg in der Abteilung Geographie. Ihre Forschungsgebiete sind nachhaltige Stadtentwicklung, Ressourcenkonflikte und Geschlechtergerechtigkeit mit aktuellen Projekten zu Smart Cities.
https://www.uni-flensburg.de/geographie/wer-wir-sind/team/prof-dr-sybille-bauriedl/

LITERATUR

/// [1] **Libbe, J.** *Smart City: Leitbild integrierter Stadt- und Regionalentwicklung?* DISP 197, 76-78 (2014).
/// [2] **Albino, V., et al.** *Smart Cities: Definitions, Dimensions, Performance, and Initiatives.* Journal of Urban Technology 22, 1-19 (2015).
/// [3] **Caragliu, A., et al.** *Smart Cities in Europe* (VU Amsterdam, 2009).
/// [4] **Vogelpohl, A.** *Eliten unter sich. Wie Unternehmensberatungen ihre Macht über Städte entfalten.* sub/urban. Zeitschrift für kritische Stadtforschung 6, 223-229 (2018).
/// [5] **Morozov, E., & Bria, F.** *Die Smarte Stadt neu denken.* https://www.rosalux.de/publikation/id/38134/diesmarte-stadt-neu-denken (2017).
/// [6] **Rabari, C., & Storper, M.** *The Digital Skin of Cities. Urban Theory and Research in the Age of the Sensored and Metered City, Ubiquitous Computing and Big Data.* Cambridge Journal of Regions, Economy and Society 8, 27-42 (2015).
/// [7] **Ebd.**
/// [8] **Graham, S.** *Bridging Urban Digital Divides? Urban Polarisation and Information and Communications Technologies (ICTs).* Urban Studies 39, 33–56 (2002).
/// [9] **Shaw, J., & Graham, M.** *Ein informationelles Recht auf Stadt? Code, Content, Kontrolle und die Urbanisierung von Information.* In: Bauriedl, S. & Strüver, A. (Hrsg.). Smart City – Kritische Perspektiven auf die Digitalisierung in Städten. Bielefeld: Transcript-Verlag (2018).
/// [10] **Bauriedl, S., & Strüver, A.** (Hrsg.). Smart City – Kritische Perspektiven auf die Digitalisierung in Städten. Bielefeld: Transcript-Verlag (2018).
/// [11] **Caprotti, F.** *Eco-urbanism and the Eco-city, or, Denying the Right to the City?* Antipode 46, 1285–1303 (2014).

Autor: Leon Kaiser

PORTRÄT

MAZI

Wenn sich Hacker*innen in den Prinzessinnengärten treffen ...

```
///<summary>
Personen: 2 (+8)
Start/Dauer: 2016-2018
Strategie: Soziale
Bewegungen rund um
offene Hardware/Software
zusammenbringen
Taktik: ‹Raspberry Pis
für Ökos›, ‹Wir brauchen
Plug & Play Raspberry Pi›
Web:
maziberlin.wordpress.com
///</summary>
```

In den Prinzessinnengärten, einer mit Gemüsebeeten, Garten und Bienenstöcken verschönerten ehemaligen Brache in Berlin-Kreuzberg, rauchen die Köpfe. In einer Stadt, in der die letzten Baulücken so schnell geschlossen werden, wie eine Kartoffel zum Wachsen braucht, geht es darum, wie der Gemeinschaftsgarten für die nächsten 99 Jahre erhalten werden kann. Nicht weit davon entfernt heißt es ebenfalls Abwehr. Der Google-Campus soll in ein altes Kreuzberger Spannwerk einziehen. Manche sehnen einen digitalen Boom für Berlin herbei. Andere fordern unter dem Motto #FuckOffGoogle ihr Recht auf die Stadt ein und prangern die Digitalwirtschaft für die Immobilienspekulation an.

Etwas zugespitzt, ist das in etwa die Lage, die Elizabeth Calderón Lünig und Andreas Unteidig von der Universität der Künste skizzieren, als sie über das Forschungsprojekt MAZI sprechen. Das von der EU geförderte Projekt beschäftigt sich damit, wie städtische Räume, soziale Bewegungen und digitale Technologien in vier europäischen Städten zusammenspielen und welche Alternativen es zu einer von großen Tech-Konzernen dominierten und damit privatisierten ‹Smart City› geben kann. Calderón Lüning und Unteidig erproben das in Berlin.

Das Herzstück des Projekts ist ein kostengünstiger Minicomputer in Verbindung mit einem lokalen WLAN-Netzwerk. Der Unterschied zu Hochleistungsrechnern, die die meisten von uns in ihrer Tasche herumtragen, ist: Hinter dem Namen MAZI, griechisch für ‹zusammen›, verbirgt sich ein einfacher Raspberry Pi, erst einmal ohne Zugang zum Mobilfunknetz. Auf die offene, veränderbare Hardware kann man mit wenig technischem Vorwissen selbst Software aufspielen. Das MAZI-Open-Source-Softwarepaket enthält etwa eine Nextcloud-Instanz, Etherpad, Wordpress und ein Gästebuch.

«Es geht uns darum, internetunabhängige, lokale Netzwerktechnologien zu bauen, die uns erlauben, zum Beispiel in diesem Raum Dokumente miteinander zu teilen, an einem Text miteinander zu arbeiten oder miteinander zu teilen oder zu chatten, ohne dass unsere Daten einmal um die ganze Welt fahren. Sondern alles wird hier auf diesem kleinen Gerät [Raspberry Pi] gespeichert.» (Calderón Lüning)

In den Prinzessinnengärten wurden Cloud- und Textbearbeitung genutzt, um die Pläne für die nächsten 99 Jahre gemeinsam zu dokumentieren. Daraus haben sich auch andere Verbindungen ergeben. *«Nach einem Jahr»*, erzählt Elizabeth Calderón, *«kam eine Person auf uns zu und sagte: ‹Ich habe auch ein MAZI-Mobil gebaut, das für die Anti-Google-Demos genutzt wurde.›»* Calderón hofft, dass solche Situationen auch neue Unterhaltungen anfachen: darüber, wie alternative Technologien nicht nur denkbar, sondern auch real existierend sind; dass Google nicht alternativlos ist und dass es auch auf uns Nutzer*innen ankommt, sich dafür einzusetzen. Das Projekt ist nicht zuletzt der Versuch, über eine Auseinandersetzung mit Technik und Politik einen Weg zu finden, die zahlreichen und oft ohne viel Aufsehens nebeneinander stattfindenden Gegenkulturen in Berlin miteinander ins Gespräch zu bringen.

DER AUTOR

/// **Leon Kaiser** schreibt für netzpolitik.org über Datenschutz, Überwachung und digitale Städte. Er hat Kulturwissenschaften und digitale Medien studiert und erhielt den Weizenbaum-Studienpreis 2018.

Autor: Arne Semsrott

WIE FUNKTIONIERT DAS EIGENTLICH?
FRAG DEN STAAT

Informationsfreiheit ist ein Mittel zur Kontrolle politischer Prozesse. Sie kann Korruption vorbeugen, erhöht die Transparenz und Rechenschaftspflicht von Politik und Verwaltung. Jede Person hat das Recht auf Informationen. Das Informationsfreiheitsgesetz (IFG) ermöglicht es jedem und jeder, Informationen vom Staat zu erfragen und Daten der Verwaltung zu bekommen. https://fragdenstaat.de/
Und so funktioniert es:

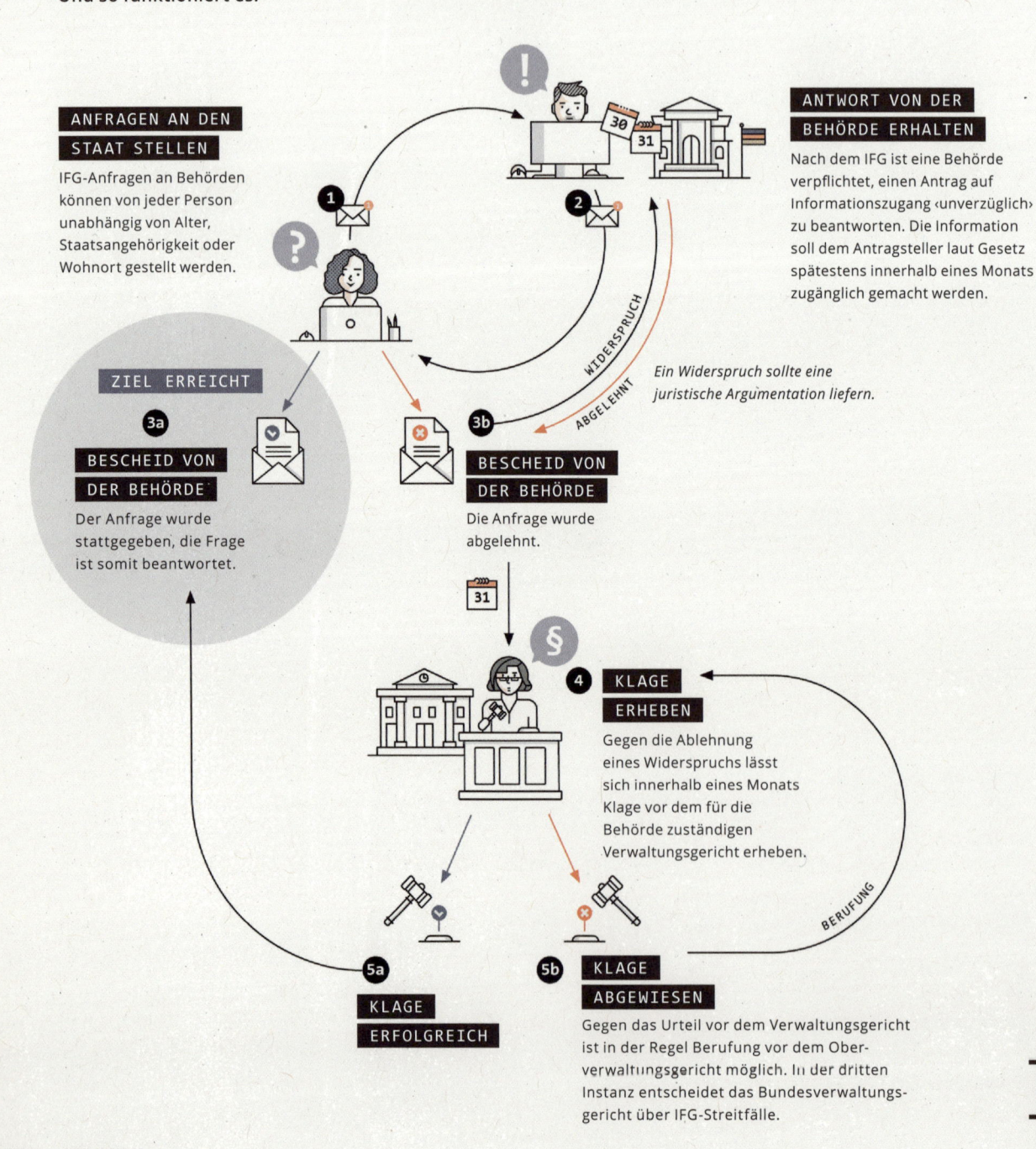

ANFRAGEN AN DEN STAAT STELLEN
IFG-Anfragen an Behörden können von jeder Person unabhängig von Alter, Staatsangehörigkeit oder Wohnort gestellt werden.

ANTWORT VON DER BEHÖRDE ERHALTEN
Nach dem IFG ist eine Behörde verpflichtet, einen Antrag auf Informationszugang ‹unverzüglich› zu beantworten. Die Information soll dem Antragsteller laut Gesetz spätestens innerhalb eines Monats zugänglich gemacht werden.

Ein Widerspruch sollte eine juristische Argumentation liefern.

ZIEL ERREICHT
3a BESCHEID VON DER BEHÖRDE
Der Anfrage wurde stattgegeben, die Frage ist somit beantwortet.

3b BESCHEID VON DER BEHÖRDE
Die Anfrage wurde abgelehnt.

4 KLAGE ERHEBEN
Gegen die Ablehnung eines Widerspruchs lässt sich innerhalb eines Monats Klage vor dem für die Behörde zuständigen Verwaltungsgericht erheben.

5a KLAGE ERFOLGREICH

5b KLAGE ABGEWIESEN
Gegen das Urteil vor dem Verwaltungsgericht ist in der Regel Berufung vor dem Oberverwaltungsgericht möglich. In der dritten Instanz entscheidet das Bundesverwaltungsgericht über IFG-Streitfälle.

LITERATUR
/// fragdenstaat.de

Autor*innen: Juliane Krüger & Michael Peters

ÖFFENTLICHE DATEN NÜTZEN [1]

Umwelt schützen und Zivilgesellschaft stützen

Informationen sind eine wichtige Ressource im Kampf für die nachhaltige Gestaltung unserer Zukunft. Ob Feinstaubbelastung, Nitratwerte im Grundwasser oder das Verkehrsaufkommen in Städten – wenn Informationen nicht verfügbar sind und in der Berichterstattung fehlen, wird aus einem öffentlichen Diskurs lediglich eine Reihe unbelegter Meinungen. Politisches Handeln ist nicht nachvollziehbar, und Fehlinformation durch diverse Interessenverbände können nicht aufgedeckt werden. Bürger*innen müssen Informationen vertrauen, die sie aus Medien erhalten, Journalist*innen wiederum müssen viel Zeit in Anfragen und Recherche von Daten investieren, die nur als Herrschaftswissen dem Staat und seinen Institutionen vorliegen.

Die aktuelle Debatte rund um die EU-Grenzwerte von Stickstoffoxid und Feinstaub in Städten führt uns vor Augen, wie wichtig transparent bereitgestellte staatliche Informationen sind: Nur wenn wissenschaftliche Studien und Gutachten einsehbar sind, kann auf Falschaussagen eine aufgeklärte Diskussion folgen. In diesem Falle hatte eine Gruppe von Lungenfachärzten eigene Berechnungen aufgestellt, die Empfehlungen der WHO und die daraus abgeleiteten EU-Richtlinien als fragwürdig angezweifelt und Dieselfahrverbote folglich als übertrieben abgetan. Dank vorliegender Messdaten und Statistiken ließ sich schließlich jedoch feststellen, dass nicht die WHO, sondern die Ärzte selbst mit falschen Werten gerechnet hatten.[2] Oft genug aber werden offizielle Messwerte nicht preisgegeben. Organisationen wie Greenpeace oder der BUND müssen dann eigene Studien teuer beauftragen, um etwa gegen die Agrarlobby argumentieren zu können und politische Entscheidungsträger*innen zum Umdenken zu bewegen.

INFORMATIONSFREIHEIT UND UMWELTDATEN

Zwei Begrifflichkeiten sind hier zentral: Open Data und Informationsfreiheit. Während Ersteres strukturierte Informationen meint, die meist als nichttextliches Material wie Zahlen und häufig in Form von Tabellen vorliegen, schließen die ‹Informationen› im zweiten Begriff solche Rohdaten zwar als Teilmenge ein, sind aber umfänglicher und umfassen verschiedene Formen bis hin zu Fließtext in Dokumenten.

Informationen im Sinne der Informationsfreiheit meint dementsprechend Datensätze und Dokumente wie Gutachten und Rechnungen ebenso wie interne Schriftwechsel. Informationsfreiheit ist ein international anerkanntes Bürger*innenrecht und inzwischen in über 100 Staaten formuliert.[3] Es verankert die Möglichkeit, auf Anfrage sämtliche (öffentlichen)

Informationen zu erhalten, die staatlichen Stellen vorliegen. Grundlage für diesen Transparenzgedanken ist, dass in einem Rechtsstaat Regierungshandeln für alle Bürger*innen verlässlich, verstehbar und voraussehbar sein muss,[4] damit sie in die politische Entscheidungsfindung informiert einbezogen werden können. Informationsfreiheit kann Korruption vorbeugen und Politik und Verwaltung stärker zur Rechenschaft ziehen. Zugleich bedeutet das Offenlegen politischer Prozesse eine Verlagerung des Machtverhältnisses zugunsten der Zivilgesellschaft, denn zuvor verschlossenes Herrschaftswissen wird zu öffentlichem (Gemein-)Wissen. Auskunft geben müssen in Deutschland grundsätzlich alle Stellen der öffentlichen Verwaltung, also Kommunal-, Landes- und auch Bundesbehörden, wie Parlamentsverwaltungen. In Deutschland ist das Informationsfreiheitsgesetz (IFG) im Grundgesetz verankert und teilt sich aufgrund des Föderalstaatsprinzips in ein bundesweites IFG und sehr unterschiedliche Regelungen der Länder: Während Bayern bislang keine Regelung verabschiedet hat, gilt in Hamburg ein Transparenzgesetz zur aktiven Veröffentlichung von Dokumenten. ‹Weg vom Amtsgeheimnis hin zu größtmöglicher Offenheit›,[5] heißt es dort.

///<quote>
Auf Ebene der Bundesländer und Kommunen fehlen weiterhin Gesetzesgrundlagen – dabei liegen viele relevante Datensätze gerade hier.
///</quote>

Umweltinformationen wiederum wird innerhalb der Informationspflichten ein besonderer Wert beigemessen: Für sie gilt in Deutschland das Umweltinformationsgesetz (UIG), wobei der Begriff ‹Umweltinformationen› breit aufgefasst werden kann bis hin zu Verkehrsinformationen. Zurückgehend auf eine EU-Richtlinie,[6] erlaubt das UIG gegenüber dem IFG weniger Ablehnungsgründe zur Herausgabe von Dokumenten, erfordert etwa bei Betriebsgeheimnissen eine Abwägung mit dem öffentlichen Interesse, und auch der Bundesnachrichtendienst ist – im Gegensatz zu IFG-Anfragen – auskunftspflichtig. Das UIG ist daher ein mächtiges Instrument für den Umweltaktivismus.

OPEN DATA ALS
INSTRUMENT DEMOKRATISCHER TEILHABE

Obwohl wir dank IFG ganze Datensätze anfragen können, werden diese nicht zwangsläufig in nutzbarer Form herausgegeben. Oft erhalten Anfragende eine (geschlossene) PDF-Datei oder gar Papierakten. Hier kommt der Begriff ‹Open Data› ins Spiel.

Open Data – offene Daten – bezeichnet zunächst einmal Daten, die von allen Menschen frei verwendet, genutzt und verbreitet werden dürfen. Eingeschränkt wird diese ‹Openness› nur durch Pflichten zur Nennung der Quelle und das Prinzip des ‹share-alike›, was meint, die Datennutzung auch im Folgenden nicht zu limitieren. Davon ausgenommen sind – selbstverständlich – persönliche Daten. Sofern solche Daten wiederum in staatlichem Auftrag erhoben werden, haben alle Bürger*innen nach dem IFG ein Recht darauf, diese Informationen zu erlangen.

Innerhalb von Verwaltungen sind ‹Open Data›, spezifisch als offene Regierungs- oder Behördendaten, von Nutzen: Der Austausch untereinander und die Verwaltung der Daten werden erleichtert, und es entsteht zugleich eine Schnittstelle zur Zivilgesellschaft, zu deren Kompetenzen, Wissen und ehrenamtlichem Engagement.

Was heißt Open Data nun konkret? Wichtige Kriterien sind gemäß der genannten Vorgaben von freier Verwendung und Weiterverbreitung der barriere- und kostenfreie Zugang, eine rechtliche Erlaubnis (offene Lizenz) zur Weiterverarbeitung und ein Datenformat, das dies auch technisch ermöglicht. Das heißt, die Daten müssen zum Beispiel zunächst einmal digital vorliegen, von Mensch und Maschine les- und durchsuchbar und möglichst über eine offene Programmierschnittstelle (sogenannte API) abrufbar sein, die es ermöglicht, sie als ganzen Datensatz herunterzuladen und so in andere Anwendungen einzubeziehen. Open-Data-Aktivist*innen haben hierfür einen Prinzipienkatalog[7] aufgestellt. Je mehr dieser Anforderungen für einen Datensatz gegeben sind, desto besser können Expert*innen darauf zugreifen, die Daten interpretieren, visualisieren und kontextualisieren. So werden aus Datensätzen Informationen, die wir als Bürger*innen verstehen können; so können neue Anwendungen entstehen. Offene Transportdaten können verwendet werden, um eine Fahrplan-App[8] daraus zu entwickeln. Offene Geodaten sind die Basis für Initiativen wie ‹Mundraub›, eine Plattform zur legalen Wildobsternte.[9] Offene Analysedaten zum Trinkwasser können visualisiert werden und so anschaulich zeigen, ob Grenzwerte wie die Nitratbelastung eingehalten werden, und einen regionalen Vergleich liefern – ein Beispiel hier ist das Projekt ‹Was steckt in meinem Leitungswasser?›[10] des ehrenamtlichen Code-For-Germany-

Netzwerks. An diesem Beispiel zeigt sich allerdings auch, wie schwierig derzeit die Datengrundlage ist: Nicht immer liegen den Verwaltungen die Daten öffentlichen Interesses auch vor. Hier etwa mussten die Betreiber der Klärwerke einbezogen werden.

OPEN DATA IN DEUTSCHLAND

Leider entsprechen die gesetzlichen Vorschriften selbst dort nicht den technischen Notwendigkeiten, wo Daten in ausreichendem Umfang vorliegen und ihre Offenheit zumindest grundsätzlich gewünscht ist. In Deutschland müssen kommunale Haushaltspläne zwar per Gesetz veröffentlicht werden, allerdings ist das Format nicht festgelegt – Kommunen veröffentlichen die Daten daher häufig in bis zu 1000-seitigen PDF-Dokumenten. Für Vergleiche oder Visualisierungen wird allerdings ein offenes Tabellenformat wie CSV benötigt.

Um das Problem der Datenqualität und ihrer vorliegenden Formate zu lösen, gibt es auf Bundesebene seit Mai 2017 das Open-Data-Gesetz.[11] Demnach müssen Daten in maschinenlesbaren Formaten veröffentlicht werden, sofern die Informationen bereits elektronisch gespeichert sind und in Sammlungen strukturiert vorliegen. Auch wenn dies ein wichtiger Schritt ist, fehlen die Gesetzesgrundlagen weiterhin auf Ebene der Bundesländer und Kommunen – dabei liegen viele relevante Datensätze gerade hier.

Wo Daten fehlen, unzureichend erhoben werden oder einfach nicht in nutzbarer Form vorliegen, versorgt sich die Zivilgesellschaft mitunter selbst mit den notwendigen Informationen. Eine bekannte Initiative ist das Selbstbauset für Feinstaubsensoren des OK Labs Stuttgart mit der zugehörigen Plattform Luftdaten.info. Entwickelt wurde die Idee aus Skepsis gegenüber den von der Verwaltung herausgegebenen Daten zur Feinstaubbelastung der Autostadt. Um sich einerseits auf eigene Messdaten berufen zu können und andererseits mehr Aufmerksamkeit für das Thema zu erzeugen, wurde ein Sensor entwickelt, der sich aus wenigen günstigen Bauteilen zusammensetzen lässt, vor dem Fenster aufgehängt werden kann und die örtliche Feinstaubbelastung an Luftdaten.info

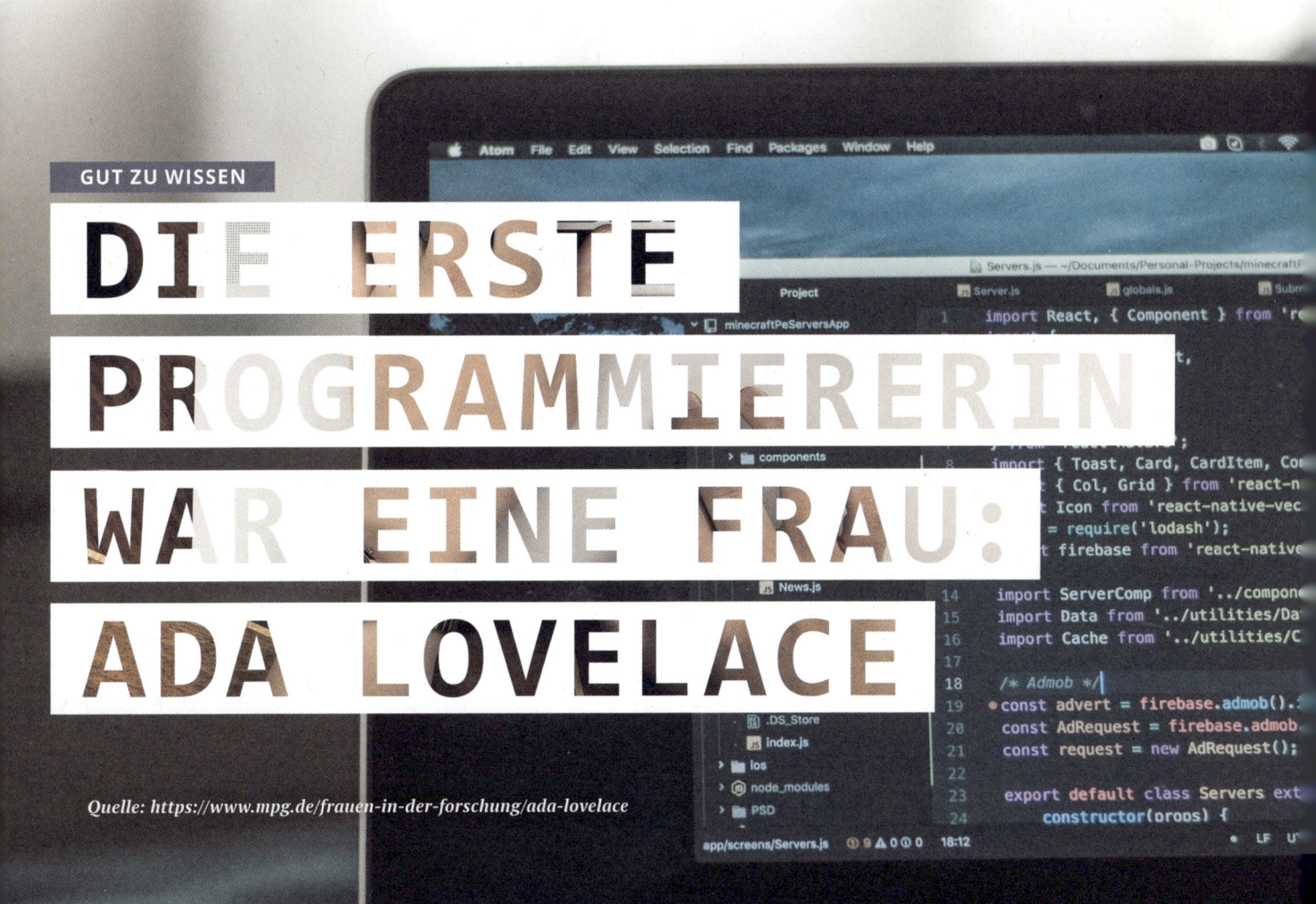

///<quote>
Derzeit sorgt vor allem eine aktive Zivilgesellschaft dafür, dass öffentliche Daten nicht im Verborgenen bleiben.
///</quote>

GUT ZU WISSEN

DIE ERSTE PROGRAMMIERERIN WAR EINE FRAU: ADA LOVELACE

Quelle: https://www.mpg.de/frauen-in-der-forschung/ada-lovelace

übermittelt. Die Belastung wird auf einer inzwischen sogar europaweiten Karte gesammelt. Mit seiner hohen Anzahl an zivilen Messstationen erzeugt das Projekt einen wertvollen komplementären Datenschatz zu den vorhandenen amtlichen Werten. Umweltschützer*innen haben diese Messwerte daher in der Vergangenheit immer wieder als Argumente für etwa das Einführungen von Umweltzonen herangezogen.[12]

OFFEN HEISST NACHHALTIG, NACHHALTIG HEISST OFFEN!

NGOs im Umweltbereich arbeiten schon lange unermüdlich daran, Nachhaltigkeit im politischen Handeln zu verankern. Wichtige Argumente waren hier immer wieder Gutachten und Statistiken. Eine proaktive Veröffentlichung solcher Informationen wäre mehr denn je von essenzieller Bedeutung für die Nachvollziehbarkeit politischer Entscheidungen und ein wiederzugewinnendes Vertrauen in die Politik. Andererseits ist sie die Basis für sachliche öffentliche Debatten und informierte bürgerliche Teilhabe. Positive Entwicklungen wie das Open-Data-Gesetz, das IFG oder das UIG fördern diese wichtige Basis unserer Demokratie.

Derzeit sorgt allerdings vor allem eine aktive Zivilgesellschaft dafür, dass öffentliche Daten nicht im Verborgenen bleiben, sondern angefragt, zugänglich gemacht, weiterverbreitet und genutzt werden. Gemeinsam und offen mit den Bürger*innen zum Beispiel zukunftsfähige Stadtkonzepte zu entwickeln und ihnen die Daten für eigene Ideen und Projekte zur Verfügung zu stellen holt nicht nur sehr vielfältige Expertisen mit in die Diskussion und die Umsetzung. Transparenz und Datenzugang befähigen zugleich die Einwohner*innen, mit neuen Problemen konstruktiv umzugehen. Erst eine flächendeckende Umsetzung von Open Data auf allen Verwaltungsebenen schafft den Übergang zu einer stabilen, weil flexiblen und responsiven Gesellschaft, die die Vorteile der Digitalisierung für eine nachhaltige Gestaltung der Zukunft unserer Städte und Kommunen zu nutzen weiß.

Erinnern wir uns also daran, was schon die Hackerethik des CCC vor 30 Jahren utopisch formulierte: «Computer können dein Leben zum Besseren verändern» und «öffentliche Daten nützen» – nützen, lässt sich hier gleich im doppelten Sinne verstehen: Wir als Zivilgesellschaft müssen öffentliche Daten einsetzen für die Welt, in der wir leben wollen. Öffentliche Stellen und Politiker*innen müssen wiederum begreifen, dass das Veröffentlichen ihrer Daten wesentlich ist für demokratische gesellschaftliche Prozesse.

DIE AUTOR*INNEN

/// **Juliane Krüger** arbeitet bei der Open Knowledge Foundation Deutschland e. V. als Referentin der Geschäftsführung. Sie spricht, schleift und setzt zudem Texte, oft an der Schnittstelle Technik und Gesellschaft. Als Kulturwissenschaftlerin ist sie nicht nur beim FIfF ehrenamtlich aktiv, sondern auch Teil des BücherFrauen-Netzwerks.

/// **Michael Peters** ist Projektleiter bei der Open Knowledge Foundation Deutschland e. V. Seine Themenschwerpunkte sind Open Government, Open Data und Civic Tech. https://opengovpartnership.de/   https://codefor.de/   https://okfn.de/blog/

LITERATUR

/// [1] **Auszug aus der Hackerethik des Chaos Computer Clubs:** https://www.ccc.de/de/hackerethik
Der vollständige Grundsatz lautet: ‹öffentliche Daten nützen, private Daten schützen.›
/// [2] **Kreutzfeld M.** *Falsche Angaben zu Stickoxid. Lungenarzt mit Rechenschwäche. taz.* https://taz.de/!5572843/ (13. Februar 2019).
/// [3] **Global Network of Freedom of Information Advocats.** *Alphabetical and Chronological Lists of Countries with FOI Regimes.* http://www.freedominfo.org/?p=18223 (2017).
/// [4] **Grzeszick, B.** *Handelsübliche Kommentierung von Artikel 20 GG.* In: Maunz/Dürig Grundgesetz 77. EL Juli 2016, Art. 20, Rn. 50.
/// [5] **Transparenzportal Hamburg.** *Die Entstehung des Gesetzes:* http://transparenz.hamburg.de/entstehung-des-gesetzes/ (o. D.).
/// [6] **Europäisches Parlament & Rat der Europäischen Union.** *Richtlinie 2003/4/EG vom 28. Januar 2003 über den Zugang der Öffentlichkeit zu Umweltinformationen und Aufhebung der Richtlinie 90/313/EWG.* https://eur-lex.europa.eu/legal-content/DE/TXT/?uri=CELEX:32003L0004 (2013).
/// [7] **Siehe etwa openall.info:** https://openall.info/daten-offenlegen/zehn-prinzipien-offener-daten/ (o. D.).
/// [8] **Open Knowledge Foundation.** *Rette deinen Nahverkehr.* https://rettedeinennahverkehr.de/ (2015).
/// [9] **Mundraub. Karte** https://mundraub.org/map#z=9&lat=51.040530421309725&lng=11.693572998046877 (2019); Teil des Programms ist nicht nur eine Karte mit den Ernteplätzen, sondern auch das Informieren und Pflegen der Obstbäume.
/// [10] **Open Knowledge Foundation.** https://trinkwasser.codefor.de/ (o. D.).
/// [11] **Bundesministerium der Justiz und für Verbraucherschutz.** *Gesetz zur Förderung der elektronischen Verwaltung.* https://www.gesetze-im-internet.de/egovg/ (2013).
/// [12] **Open Knowledge Foundation/OK Lab Stuttgart.** https://luftdaten.info/presse/ (2019).

Autor: Nicco Kunzmann

WIE FUNKTIONIERT DAS EIGENTLICH?
GEMEINSCHAFTSNETZE

Wer seinen Router einem Gemeinschaftsprojekt wie Freifunk zur Verfügung stellt, in dem viele Router gemeinsam ein Netz bilden, erhält Anonymität und ermöglicht auch anderen freien Zugang zum Internet. Wie du an einem solchen Gemeinschaftsnetz teilhaben kannst, wird hier erklärt.
freifunk.net

FREIFUNK-ROUTER
Installiere zu deinem eigentlichen Router einen zusätzlichen Freifunk-Router bei dir und gewähre anderen Menschen, kostenlos einen Teil der Übertragungskapazität deines privaten Internetanschlusses zu nutzen.

ANONYMITÄT
Der Freifunk-Router versteckt deine ursprüngliche IP-Adresse und erlaubt so anonymes Surfen im Netz. Damit du anonym bleiben kannst, verzichtet Freifunk außerdem auf jegliche Form der Registrierung, Protokollierung und Erfassung von personenbezogenen Daten.

MESH-WOLKEN
Sogenannte Mesh-Wolken sorgen dafür, dass Daten auch über große Distanzen übermittelt werden können.

MITMACHNETZ
Lokale Communities stellen die auf eigene Bedürfnisse angepasste Software für eine Vielzahl von Routern auf ihren Websites zur Verfügung. In Dörfern und Städten gibt es immer mehr Freifunk-Gruppen, die sich regelmäßig treffen.

OFFENES NETZWERK FÜR ALLE
Jeder Freifunk-Router stellt zeitgleich einen offenen Zugangspunkt in dem Mesh-Netzwerk zur Verfügung, mit dem du dich mit Handy, Notebook oder Tablet ganz einfach verbinden kannst und so überall freien Zugang zum Internet hast.

PARALLELES BÜRGER*INNENNETZ
Ziel von Freifunk ist es außerdem, ein paralleles Bürger*innennetz aufzubauen, in dem frei eigene Dienste angeboten werden können bzw. direkter Kontakt ohne Internet miteinander möglich ist.

PORTRÄT
ADFC HAMBURG

‹Läuft› für Tempo-30

```
///<summary>
Personen: 10
Start/Dauer: Seit 2016
Ziel: Tempo 30 für
mehr Schutz vor Lärm
und Luftverschmutzung
Strategie: Mit wenigen
Klicks kann hier jede*r
Tempo 30 beantragen
Web: hamburg.adfc.de
///</summary>
```

Mit der Kampagne ‹Läuft!› setzt sich der Allgemeine Deutsche Fahrrad-Club (ADFC) Hamburg dafür ein, Hamburg lebenswerter zu machen. Schöner zu wohnen, eine ruhige und saubere Umwelt zu genießen, sicher unterwegs zu sein und doch immer zügig voranzukommen, das soll kein Wunsch bleiben. Tempo 30 bietet eine naheliegende Lösung.

Das Leben in der Stadt ist bisher geprägt von Straßen voller Verkehrslärm, Luftverschmutzung und, wenn man im Straßenverkehr unterwegs ist, vielen Gefahren aufgrund der hohen Geschwindigkeiten von Autos und Lastkraftwagen. Um dies zu ändern, setzt das Online-Tool des ADFC Hamburg bei der Luftverschmutzung und dem Verkehrslärm an, denn hier gibt es klare gesetzliche Grenzwerte, die derzeit an vielen Orten in der Stadt zum Teil deutlich überschritten werden. Werden infolge von Gerichtsentscheidungen Tempo-30-Zonen eingeführt, sinkt der Verkehrslärm, das zeigen Beispiele in Berlin.

Das Online-Tool des ADFC funktioniert ganz einfach: In eine Eingabemaske wird die gewünschte Adresse eingegeben, und mit einem Klick wird für diese Adresse anhand der städtischen Umweltdaten und der gesetzlichen Grenzwerte eine Bewertung der Umweltbelastung berechnet. Die Nutzer*innen werden so anschaulich informiert. Ob man nun einen Antrag auf verkehrsbeschränkende Maßnahmen gemäß § 45 der Straßenverkehrsordnung stellen möchte, kann jede*r selbst entscheiden. Wer fortfährt, erhält ein Word-Dokument zum Download angeboten, das bereits mit den Umweltdaten ausgefüllt und an das zuständige Polizeikommissariat adressiert ist. Lediglich die persönlichen Gesundheits- oder Wohndaten sind noch einzutragen. Ausdrucken, unterschreiben und einreichen, fertig!

Diesen Weg sind von 2016 bis Januar 2019 bereits über 431 Hamburger*innen gegangen, und fast alle warten noch immer auf ihren Bescheid. Vorgesehen ist dafür eigentlich nur ein Zeitraum von drei Monaten. Bis dato wurden nur zwei Anträge überhaupt beschieden – negativ. In rund zehn Fällen ist der Geduldsfaden der Bürger*innen gerissen. Sie reichten Klage auf Untätigkeit ein, die ersten Urteile dazu werden bald erwartet. Die Stadt Hamburg forderte außerdem Antragsteller*innen auf, Gebühren von bis zu 360 Euro zuzustimmen, bevor die Anträge weiter bearbeitet würden. Rund 50 Bürger*innen willigten ein, diese Gebühr zu bezahlen, und warten immer noch auf den Bescheid. Gegen die Gebühr wurde inzwischen Klage eingereicht. Jens Deye vom ADFC Hamburg ist sich sicher, dass die demnächst zu erwartenden Gerichtsurteile zugunsten der klagenden Bürger*innen entscheiden werden. Hier zeige sich, wie die Partizipation der Bürger*innen helfen kann, bestehendes Recht durchzusetzen.

DIE AUTOREN
/// **Jens Deye** ist der stellvertretende Landesvorstand im ADFC Hamburg. Er ist zuständig für die Verkehrspolitik.
/// **Sven Anders** ist Sofwareentwickler und Sysadmin. Er arbeitet bei der Digitec GmbH und ist ehrenamtlich aktiv beim ADFC.

Autoren: Hendrik Zimmermann & Stefan Hügel

DEBATTENBEITRAG

DIGITALE ENERGIEWENDE

Von der Notwendigkeit und den Risiken, das Energiesystem umzubauen

Im Oktober 2018 hat der Weltklimarat IPCC (Intergovernmental Panel on Climate Change) einen Sonderbericht zur globalen Erderwärmung vorgelegt. Es wurde deutlich: Es ist noch immer möglich, die Erhitzung auf 1,5 Grad zu begrenzen.[1]

Oberhalb der 1,5 Grad wachsen die Risiken für die Auslösung sogenannter Kippunkte rapide. Kippunkte sind nicht mehr beherrschbare Prozesse, von denen viele – einmal in Gang gesetzt – eine sich selbst beschleunigende Überhitzung des Planeten zur Folge haben können. Wenn wir die 1,5-Grad-Grenze einhalten, wären überdies mehrere Hundert Millionen Menschen weniger von extremer Armut betroffen.

Doch wie kann das gelingen? In den kommenden gut 30 Jahren müssen wir die weltweiten Emissionen auf ‹netto null› senken, so der IPCC – also auf nicht mehr als das Maß an jährlichen Emissionen, die wir der Atmosphäre pro Jahr entziehen.

Im Folgenden verdeutlichen wir die großen Chancen, die die Digitalisierung für die Energiewende und den Klimaschutz bietet. Wir werden jedoch auch die Risiken aufzeigen, die mit den komplexen IT-Systemen im Energiebereich einhergehen. Zuletzt legen wir kurz dar, was getan werden muss, damit die digitale Energiewende nachhaltig gelingt.

DIE DIGITALISIERUNG DER ENERGIESYSTEME IST NÖTIG

Die notwendige Strom-, Verkehrs-, Wärme- und Industriewende kann nur mit digitalen Technologien umgesetzt werden: Da der Wind nicht immer weht und die Sonne nicht immer scheint, muss der erneuerbar erzeugte Strom nicht nur über teils weite Distanzen transportiert und lokal gespeichert werden. Auch wenn Speicher in großem Umfang eingesetzt werden, müssen Industrie, Gewerbe und Haushalte ihren Verbrauch flexibler an Wind und Sonne anpassen.[2] Erneuerbarer Strom muss zudem zur Grundlage von Mobilität, Wärme und Gas werden («Sektorenkopplung»[3]).

Ein System, das all diese Anforderungen erfüllt, ist komplex. Um ein solches System zu

///<quote>
Nutzen und Kosten der digitalen Energiewende müssen fair und nach sozialen Kriterien verteilt werden.
///</quote>

koordinieren, müssen Daten über die Erzeugung von erneuerbarem Strom, über seinen Transport, seine Speicherung, den Strombedarf und insbesondere auch die Sektorenkopplung schnell erfasst und verarbeitet werden. Mithilfe von Wetterdaten kann zudem die Erzeugungsleistung erneuerbarer Energien besser vorhergesagt werden. Auf dem Strommarkt wird zunächst virtuell gehandelt. Damit diesem virtuellen Handel tatsächliche Stromlieferungen entsprechen, ist ein funktionierendes Zusammenspiel von Netz und Markt mittels digitaler Technologien erforderlich.

Durch eine digitale Steuerung des komplexen Zusammenspiels von Netzen, Speichern, flexibler Erzeugung und flexiblem Verbrauch, von Märkten und der Sektorenkopplung können die Emissionen bis 2050 auf netto null gesenkt werden, und das System kann gleichzeitig effizient und stabil funktionieren.[4, 5] Im Mobilitätssektor ist die Vernetzung von öffentlichen Bussen und Bahnen mit elektrischer oder brennstoffzellenbasierter Sharing-Automobilität sowie mit Sharing-Fahr- und -Lastenrädern ein weiteres Beispiel für die Chancen der Digitalisierung im Klimaschutz.

///<quote>
Die präzise Steuerung der Energiesysteme erfordert genaue Informationen über Stromerzeugung und -bedarf und deren zeitliche und räumliche Verteilung.
///</quote>

DIE RISIKEN: CYBERKRIEG UND ÜBERWACHUNG

Doch die Digitalisierung des Energiesystems hat auch ihre Schattenseiten. So werden zum Beispiel vernetzte Energiesysteme durch das Bundesamt für Sicherheit in der Informationstechnik[6] als kritische Infrastruktur eingestuft. Auf sie abzielende Angriffe können im Extremfall zu großflächigen Ausfällen der Energieversorgung führen. Sie sind sowohl dem Risiko von Angriffen aus zwischenstaatlichen Konflikten – den sogenannten Cyberwars[7] – als auch Hackerangriffen ausgesetzt, die terroristisch, wirtschaftlich oder anderweitig motiviert sein können. Vernetzung und Komplexität erhöhen die Anfälligkeit des Energiesystems, da sich Ausfälle schnell und unkontrollierbar in den Netzen ausbreiten können.

Die präzise Steuerung der Energiesysteme erfordert genaue Informationen über Stromerzeugung und -bedarf und deren zeitliche und räumliche Verteilung. Intelligente Stromzähler messen den Stromverbrauch im Zeitverlauf auch in Haushalten. Dies lässt beispielsweise Rückschlüsse auf die Nutzungsmuster einzelner Stromverbraucher*innen und damit auf Anwesenheit und Tagesablauf von Personen zu.[8]

Gesetzlich ist eine Datenübertragung alle 15 Minuten vorgesehen. Dies kann bereits ausreichen, um den Tagesablauf im Haushalt zu rekonstruieren.[9] Datengetriebene Geschäftsmodelle, bei denen zum Beispiel die Energieversorger die anfallenden Daten für die Weiterentwicklung ihrer Dienstleistungen oder zu Werbezwecken nutzen, führen zu zusätzlichen Risiken für die Privatsphäre – umso mehr, wenn die Daten in der Cloud verarbeitet werden und damit der Kontrolle der Nutzer*innen entzogen sind.

DEN GESAMTEN LEBENSZYKLUS NACHHALTIG GESTALTEN

Für vernetzte Energiesysteme muss eine ausreichende IT-Infrastruktur aufgebaut werden. Aus Nachhaltigkeitsperspektive müssen wir unter anderem den Stromverbrauch des digitalen Energiesystems ganzheitlich betrachten: Die Computer müssen energieeffizient betrieben werden (‹Green IT›[10]). Die Digitalisierung kann durch sogenannte Rebound- oder gar Backfireeffekte unter dem Strich sogar zu mehr Stromverbrauch führen.[11]

Aus dem gesamten Lebenszyklus der verwendeten Rechner und der ihnen zugrunde liegenden Ressourcen – von der Produktion bis zur Entsorgung – ergeben sich weitere Risiken für die Nachhaltigkeit *(siehe hier auch Kapitel 1)*. Das Gleiche gilt für die Energiespeicher.

Durch Netzwerkeffekte tendiert Digitalisierung generell zur Monopolbildung:[12] Diejenigen Anbieter mit besonders vielen Daten können am Markt die attraktivsten Angebote gestalten. Bei der Digitalisierung der Energieversorgung müssen deshalb Monopole und Machtkonzentrationen unbedingt vermieden oder zerschlagen werden, damit Großkonzerne nicht auf Kosten der Nutzer*innen profitieren und ihr politischer Einfluss noch größer wird.

Zu klären ist zudem, welche Effekte die Digitalisierung der Energiemärkte und -netze auf die Arbeitsplätze haben wird und wer die Kosten der Infrastruktur trägt. Wohlhabende Nutzer*innen mit eigenen Stromquellen sollten sich der solidarischen Finanzierung der Energienetze nicht entziehen dürfen. Die Infrastruktur zur Versorgung aller Menschen mit Strom sollte auch von allen Menschen finanziert werden.

WAS IST ZU TUN?

Aus den Risiken ergeben sich Forderungen an den Betrieb und die Rahmenbedingungen vernetzter Energiesysteme.

/// DAS KLIMASCHUTZABKOMMEN VON PARIS EINHALTEN

Jeder digitalisierte Umbau von Energiesystemen muss zur Maßgabe haben, dass wir unsere Emissionen bis 2050 auf ‹netto null› senken.

/// SICHERHEIT KRITISCHER INFRASTRUKTUREN

Hersteller, Einkäufer und die Betreiber der IT-Systeme müssen Anforderungen an den Datenschutz und an die Sicherheit erfüllen und Schwachstellen zeitnah melden und beheben.[13] Behörden dürfen keine Schwachstellen für Überwachung, Militär und Strafverfolgung geheim halten.

/// DATENSCHUTZFREUNDLICHE VERBRAUCHSMESSUNG

Intelligente Stromzähler müssen so eingerichtet sein, dass kein Rückschluss auf den Tagesablauf von Personen möglich ist.

/// FAIRE HERSTELLUNG VON HARD- UND SOFTWAREKOMPONENTEN

Lieferketten müssen transparent sein. Bei Rohstoffgewinnung, Herstellung, Betrieb und Entsorgung darf die Umwelt keinen Schaden nehmen, und die Menschenrechte sind zu schützen.

/// SOZIALE GESTALTUNG DER ENERGIEVERSORGUNG

Digitalisierungsmonopole müssen verhindert werden. Die Kontrolle der Daten über das Verhalten der Prosumer*innen muss prinzipiell auch in der Hand der Prosumer*innen bleiben. Nutzen und Kosten der Digitalisierung müssen fair und nach sozialen Kriterien verteilt werden.

Die aufgeführten Punkte zeigen, dass die nachhaltige Digitalisierung der Energiewende mitnichten ein Selbstläufer ist. Vieles kann schiefgehen. Die Politik muss daher proaktiv den Rahmen gestalten, in dem die digitale Energiewende ökologisch, sozial gerecht und unter Wahrung der Menschenrechte gelingt.

DIE AUTOREN

/// **Hendrik Zimmermann** ist Referent für Energiewendeforschung und Digitale Transformation bei Germanwatch. Seine Themenschwerpunkte sind die zukunftsfähigen Digitalisierung, Energienetzstrukturen und die digitale Energiewende. Ein Überblick über seine Arbeit zur zukunftsfähigen Digitalisierung ist hier zu finden: germanwatch.org/digitalisierung. Seine Germanwatch-Publikationen stehen hier zur Verfügung: germanwatch.org/users/hendrikzimmermann.

/// **Stefan Hügel** ist Diplom-Informatiker und beschäftigt sich im Rahmen von ‹Informatik und Gesellschaft› mit den Themen Cyberwar, Überwachung, IT-Sicherheit, künstliche Intelligenz und Datenschutz. Er ist Vorsitzender des FIfF e. V. – Forum InformatikerInnen für Frieden und gesellschaftliche Verantwortung – und Mitglied des Bundesvorstands der Humanistischen Union. Beruflich arbeitet er als Berater für IT-Prozesse.

LITERATUR

/// [1] **IPCC.** *Special Report: Global Warming of 1.5 °C.* https://www.ipcc.ch/sr15/ (2018).
/// [2] **Elsner, P., et al.** *Flexibilitätskonzepte für die Stromversorgung 2050. Technologien – Szenarien – Systemzusammenhänge* (Schriftenreihe Energiesysteme der Zukunft, 2015).
/// [3] **Ausfelder, F., et al.** *‹Sektorkopplung› – Untersuchungen und Überlegungen zur Entwicklung eines integrierten Energiesystems* (Schriftenreihe Energiesysteme der Zukunft, 2017).
/// [4] **Zimmermann, H., & Wolf, V.** *Sechs Thesen zur Digitalisierung der Energiewende: Chancen, Risiken und Entwicklungen.* www.germanwatch.org/de/12556 (2016).
/// [5] **Weigel, P., & Fischedick, M.** *Rolle der Digitalisierung in der soziotechnischen Transformation des Energiesystems.* Energiewirtschaftliche Tagesfragen 68 (2018).
/// [6] **Bundesamt für Sicherheit in der Informationstechnik.** *Die Lage der IT-Sicherheit in Deutschland 2017.* https://www.bsi.bund.de/SharedDocs/Downloads/DE/BSI/Publikationen/Lageberichte/Lagebericht2017.pdf?__blob=publicationFile&v=4 (2017).
/// [7] **Hügel, S., & Meyer-Ebrecht, D.** *Cybercrime, Cybertrerrorism, Cyberwar – Panikmache oder unterschätzte Gefahren?* Vorgänge 209, 4–17 (2015).
/// [8] **Müller, K. J.** *Gewinnung von Verhaltensprofilen am intelligenten Stromzähler.* DuD 6, 359–364 (2010).
/// [9] **Ebd.**
/// [10] **Deutscher Bundestag.** *Achter Zwischenbericht der Enquete-Kommission ‹Internet und digitale Gesellschaft›: Wirtschaft, Arbeit, Green IT* BT-Drs 17/12505 (2013).
/// [11] **Santarius, T., & Lange, S.** *Smarte grüne Welt? Digitalisierung zwischen Überwachung, Konsum und Nachhaltigkeit* (oekom, 2018).
/// [12] **Beckedahl, M., & Lüke, F.** *Die Digitale Gesellschaft* (dtv, 2012).
/// [13] **Datenschutzbehörden. SDM.** *Das Standard-Datenschutzmodell. Version 1.1, 95.* Konferenz der unabhängigen Datenschutzbehörden des Bundes und der Länder. https://www.datenschutzzentrum.de/uploads/sdm/SDM-Methode_V1.1.pdf (2018).

Autoren: *Vlad C. Coroama & Friedemann Mattern*

DEBATTENBEITRAG

ZIELKONFLIKTE ZWISCHEN UMWELT- UND DATENSCHUTZ

Von der Möglichkeit, Daten preiszugeben, um die Umwelt zu retten

Die zunehmende Digitalisierung von mehr und mehr Bereichen des Alltagslebens lässt berechtigte Besorgnis aufkommen: Welche Daten werden über mich erhoben – bei Finanztransaktionen, in Geschäften, auf der Straße, während ich online bin oder indem mein Handy geortet wird? Wer wird Zugang zu diesen Informationen erhalten? Wie könnten meine persönlichen Daten von Organisationen verwendet oder gar missbraucht werden?

Aus diesen und vielen weiteren guten Gründen ist der Datenschutz ein Hauptanliegen an der Schnittstelle von Digitalisierung und Gesellschaft geworden, ob in der Wissenschaft, der Politik oder im gesellschaftlichen Diskurs. Dies zeigte sich auch im November 2018 in Berlin bei ‹Bits & Bäume›, der Konferenz für Digitalisierung und Nachhaltigkeit: Bei der Podiumsdiskussion ‹Energiewende & Datenschutz› etwa wurden zwar die Vorteile intelligenter Energiezähler für Strom oder Gas aufgezeigt; die regelmäßige Übertragung der Messdaten an das Versorgungsunternehmen wurde jedoch stark hinterfragt und mehrheitlich als unter keinen Umständen akzeptabel dargestellt.

Leider ist es jedoch nachweislich so, dass – entgegen dem anfänglichen Hype – smarte Energiezähler, für sich genommen, keinen nennenswerten Energiespareffekt bewirken.[1] Wenn jedoch die Daten beim Versorger zentralisiert werden und dieser beispiels-

GUT ZU WISSEN

JÄHRLICH PRODUZIEREN WIR DAS GEWICHT VON ETWA 4500 EIFFELTÜRMEN AN ELEKTROSCHROTT. TENDENZ: STEIGEND

Quelle: Balde, C. P., et al. E-waste statistics: Guidelines on classifications, reporting and indicators. United Nations University, IAS-SCYCLE, Bonn, Germany (2015).

weise Vergleiche erstellen und (anonym) informieren kann, wie der jeweilige Energiekonsum im Vergleich zu ähnlichen Haushalten abschneidet, dann kann dies zu einer Reduktion des Energiekonsums in Haushalten mit überdurchschnittlichem Verbrauch führen[2] – zumindest kurz- bis mittelfristig. Langzeitstudien hierzu sind nicht bekannt.

Ähnliche Effekte wurden bei smarten Duschzählern festgestellt. Diese können zwar auch autark zu einer substanziellen Ersparnis führen, indem sie während des Duschens den jeweiligen Warmwasserkonsum offenbaren;[3] in einer weiteren (noch nicht veröffentlichten) Studie konnten wir jedoch feststellen, dass ein Vergleich zu anderen Haushalten einen zusätzlichen Spareffekt mit sich bringt. Dabei kann die Privatsphäre durch Offenlegung der Duschdaten potenziell deutlich stärker verletzt werden als durch das Bekanntwerden von Stromverbrauchsdaten: Während Letztere unter Umständen auf einen Waschmaschinenvorgang oder eine Urlaubsabwesenheit schließen lassen, kann der Warmwasserverbrauch von Duschvorgängen etwa auf einen außergewöhnlichen Besuch hindeuten.

Ein weiteres bemerkenswertes Beispiel ist das sogenannte smarte Heizen. Es handelt sich dabei um Systeme, die die Präsenz von Personen automatisch feststellen und die Heizung herunterfahren, wenn alle die Wohnung verlassen haben, bzw. diese sofort wieder hochfahren, wenn jemand nach Hause zurückkehrt (beziehungsweise voraussichtlich bald zurückkommt). Smarte Heizungen wurden in den letzten Jahren intensiv erforscht. Über die Fachkreise hinaus bekannt wurden sie durch den groß angekündigten, aber offenbar unausgereiften Nest-Thermostat von Google. Trotz vollmundiger Versprechen von Einfachheit und Selbstlernfähigkeit löste er eher Verzweiflung oder gar Entrüstung aus, da man sich häufig der Technologie ausgeliefert fühlte. Prinzipiell brauchen smarte Heizsysteme zwar keine Daten nach außen weiterzuleiten; ihr Komfort und damit auch ihre Akzeptanz werden jedoch erheblich erhöht, wenn es

```
///<quote>
Datenschutz ist ein
Hauptanliegen
an der Schnittstelle
von Digitalisierung
und Gesellschaft
geworden.
///</quote>
```

nicht nur bei der Anwesenheitserkennung von Personen bleibt, sondern deren Rückkehr vorausgesagt werden und daher die Wohnung rechtzeitig vorgewärmt werden kann, sodass die Komforttemperatur praktisch punktgenau erreicht wird.[4] Zudem sollten sich smarte Heizsysteme in Mehrfamilienhäusern untereinander koordinieren, da sonst die Einsparung bei einer Wohnung vor allem auf Kosten der Nachbarwohnungen erfolgt, die durch den Wärmetransfer über die Wände für andere mitheizen.[5] Derartige vorausschauende – und, wenn nötig, kooperierende – smarte Heizungen können ohne Komfortverlust eine Ersparnis von etwa neun Prozent erzielen.[6] Allerdings braucht es dafür dann den Datenaustausch – zwischen benachbarten Heizsystemen und idealerweise zu den Handys der Abwesenden (um deren wahrscheinliche Rückkehr zur Wohnung frühzeitig zu erkennen) oder evtl. auch zum Heizungsdienstleister, der dann mit den statistischen und individuellen Daten das Prognosemodell optimieren kann. Informationsautarke Systeme sind denkbar, aber nicht so komfortabel und effizient – und daher weniger nützlich und rentabel.

Heiz- und Warmwasserenergie dominieren den Energieverbrauch von Haushalten viel mehr, als man gemeinhin annehmen würde: Laut Statistischem Bundesamt machen sie zusammen 85 Prozent des durchschnittlichen Energieverbrauchs eines Haushalts in Deutschland aus. Herd und Backofen, Kühlschrank, Wasch- und Spülmaschine, Lampen und alle anderen Geräte inklusive Fernseher und Internetzugang kommen zusammen auf lediglich etwa 15 Prozent. Hohe einstellige oder gar zweistellige Einsparungen beim Heizen oder Warmwasserverbrauch wären also eine wirklich effektive Maßnahme – hingegen zielen bislang die meisten öffentlich geförderten Energiesparmaßnahmen (etwa die Förderung von Energiesparlampen bei gleichzeitigem Verbot klassischer Glühbirnen oder die Pflicht zur Kennzeichnung der Energieeffizienz von Haushaltsgeräten) auf die verbleibenden 15 Prozent.

Was also, wenn ein ‹Eingriff› in die Privatsphäre nachweislich zu Energie- und CO_2-Einsparungen in diesen wichtigen Bereichen führt? Wie ist dieser Zielkonflikt zu lösen? Auch wegen des immer größeren Datenhungers von Unternehmen, der verständlicherweise Bedenken und Skepsis hervorruft, ist die deutsche und europäische Antwort oft: Der Schutz der Privatsphäre ist das höchste Gut und darf in keiner Weise infrage gestellt werden.

Können wir uns jedoch noch dieselbe kategorische Haltung leisten, wenn die Umwelt selbst unsere Daten braucht? Auch wenn dieser Bedarf ja nicht direkt gestillt werden kann, sondern indirekt über Unternehmen? Sind die klassischen Taxierungen vielleicht zu einfach und zu bequem? Ist es nicht vielleicht übertrieben ego- und anthropozentrisch, ein persönliches Gut stets höher zu bewerten als die Bedürfnisse unseres Planeten? Und dem Schutz unserer Privatsphäre heute also Priorität gegenüber der Umwelt oder den (eventuell deutlich grundlegenderen) Bedürfnissen künftiger Generationen einzuräumen? Die Antworten seien jedem selbst überlassen – und hoffentlich einer weiteren Diskussion bei der nächsten ‹Bits & Bäume›.

DIE AUTOREN

/// **Dr. Vlad C. Coroama** ist Dozent am Institut für Pervasive Computing im Departement Informatik an der ETH Zürich. Seine Themenschwerpunkte sind ICT und Nachhaltigkeit, Smart Energy, Ubiquitous Computing und IoT.

/// **Prof. Friedemann Mattern** ist Professor am Institut für Pervasive Computing im Departement Informatik der ETH Zürich. Seine Themenschwerpunkte sind Verteilte Systeme, Verteilte Algorithmen, Smart Energy, Ubiquitous Computing und IoT. http://vs.inf.ethz.ch/

LITERATUR

/// [1] **Malmodin, J., & Coroama V.** *Assessing ICT's Enabling Effect through Case Study Extrapolation – the Example of Smart Metering.* Electronics Goes Green Conference (2016).

/// [2] **Allcott, H.** *Social Norms and Energy Conservation.* Journal of Public Economics 95, 1082–1095 (2011).

/// [3] **Tiefenbeck, V., et al.** *Overcoming Salience Bias: How Real-Time Feedback Fosters Resource Conservation.* Management Science 64, 1458–1476 (2016).

/// [4] **Kleiminger, W., Mattern, F., & Santini S.** *Predicting Household Occupancy for Smart Heating Control: A Comparative Performance Analysis of State-of-the-Art Approaches.* Energy and Buildings 85, 493–505 (2014).

/// [5] **Bionda, D., & Domingo-Irigoyen S.** *Energy Saving Potential of Occupancy-based Heating Control in Residential Buildings.* Energy Procedia 122, 27–31 (2017).

/// [6] **Becker, V., et al.** *Estimating the Savings Potential of Occupancy-based Heating Strategies.* Energy Informatics 1, 35–54 (2018).

Autor: Rainer Rehak

WAS IST DAS EIGENTLICH?
METADATEN

Metadaten sind – einfach gesagt – Daten über Daten und finden sich in jedem Foto, jeder Nachricht und jedem Dokument, die wir erstellen. Ähnlich dem üblicherweise unsichtbaren Teil des Eisbergs stellen sie ein oft unterschätztes Risiko dar, da sie verborgen, aber sehr aussagekräftig und daher für Dritte oft von großem Interesse sind. Es folgt eine Aufzählung, was einfache Nachrichten trotz Ende-zu-Ende-Verschlüsselung üblicherweise preisgeben.

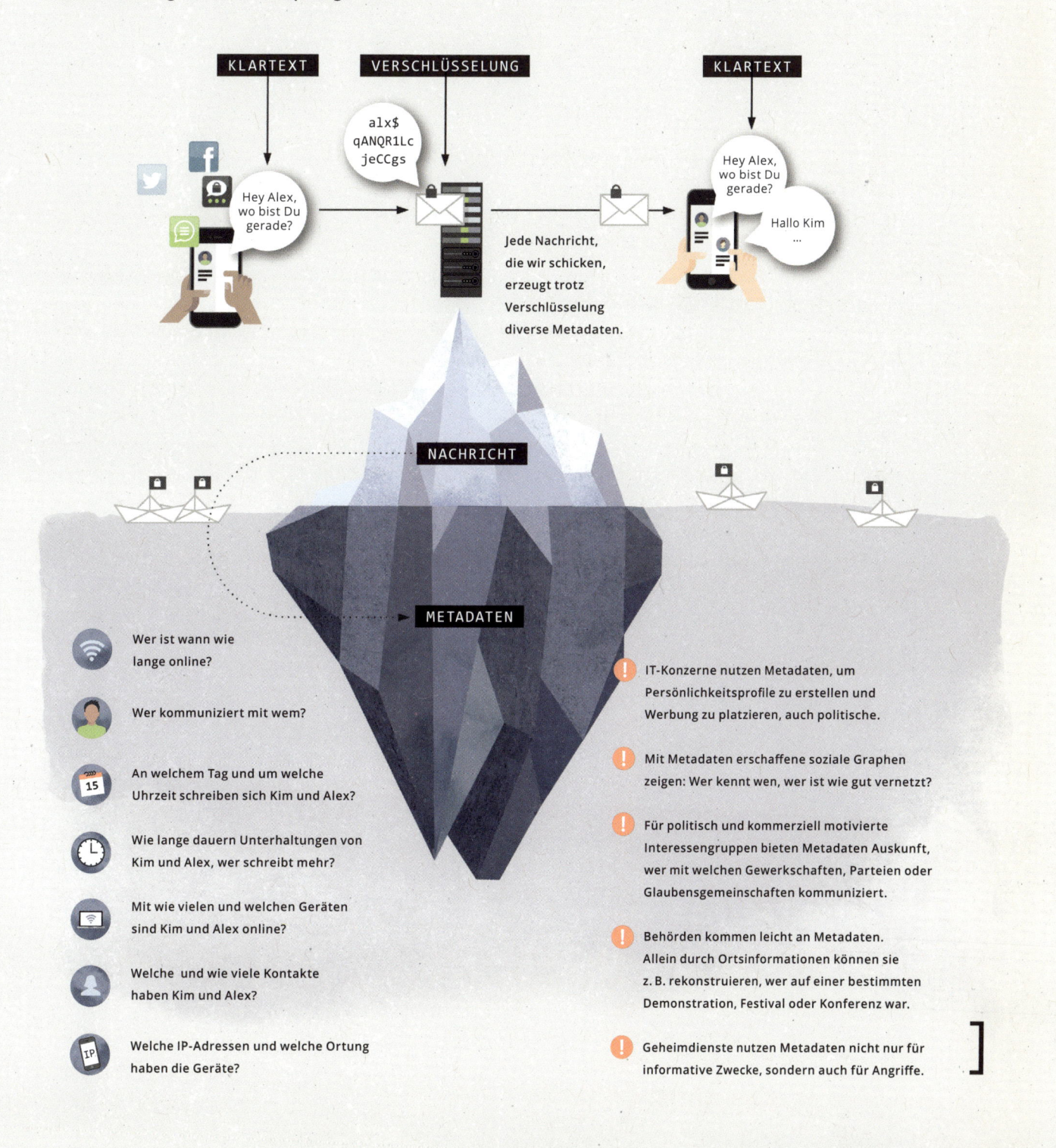

KLARTEXT → Hey Alex, wo bist Du gerade?

VERSCHLÜSSELUNG → alx$qANQR1LcjeCCgs

KLARTEXT → Hey Alex, wo bist Du gerade? / Hallo Kim ...

Jede Nachricht, die wir schicken, erzeugt trotz Verschlüsselung diverse Metadaten.

NACHRICHT

METADATEN

- Wer ist wann wie lange online?
- Wer kommuniziert mit wem?
- An welchem Tag und um welche Uhrzeit schreiben sich Kim und Alex?
- Wie lange dauern Unterhaltungen von Kim und Alex, wer schreibt mehr?
- Mit wie vielen und welchen Geräten sind Kim und Alex online?
- Welche und wie viele Kontakte haben Kim und Alex?
- Welche IP-Adressen und welche Ortung haben die Geräte?

- ! IT-Konzerne nutzen Metadaten, um Persönlichkeitsprofile zu erstellen und Werbung zu platzieren, auch politische.
- ! Mit Metadaten erschaffene soziale Graphen zeigen: Wer kennt wen, wer ist wie gut vernetzt?
- ! Für politisch und kommerziell motivierte Interessengruppen bieten Metadaten Auskunft, wer mit welchen Gewerkschaften, Parteien oder Glaubensgemeinschaften kommuniziert.
- ! Behörden kommen leicht an Metadaten. Allein durch Ortsinformationen können sie z. B. rekonstruieren, wer auf einer bestimmten Demonstration, Festival oder Konferenz war.
- ! Geheimdienste nutzen Metadaten nicht nur für informative Zwecke, sondern auch für Angriffe.

Autor*innen: Stefan Ullrich, Reinhard Messerschmidt, Romy Hilbig, Florian Butollo & Diana Serbanescu

DEBATTENBEITRAG

ENTZAUBERUNG VON IT-SYSTEMEN

Die Automatisierungsdemystifizierungsdiskursmaschine erklärt spielerisch Algorithmen

Die Stärke der Automatisierung liegt darin, dass sie die Rolle der Menschen in den Betriebsabläufen marginalisiert hat – das macht ihre Arbeitsweise allerdings auch schwer verständlich. Die Bauteile moderner dynamischer Systeme arbeiten im Verborgenen, sie sind also in einer Blackbox eingeschlossen. Die Automatisierungsdemystifizierungsdiskursmaschine (kurz: ADDM) ist eine interaktive Installation mit spielerischen Elementen, die diese Blackbox öffnen und Zusammenhänge erklären soll. Denn ohne diese Erklärung offenbart sich nur das Ergebnis, ein mystischer Vorgang, der zumeist Erstaunen hervorruft.

Der Computer ist mitnichten nur ein technisches System, er ist ein soziotechnisches, da die Bedienung und der Einsatzkontext mit dem physischen Objekt auf dem Schreibtisch oder in der Hosentasche verbunden ist. Dieses System besitzt unsichtbar arbeitende Software, die aufgetragene Probleme im Rahmen ihrer beschränkten Möglichkeiten lösen soll und dafür nach Protokollen handelt, die zuvor von einem Expert*innengremium ausgehandelt wurden. Ein Computer ist in jeder Hinsicht dumm, sodass der Begriff ‹Intelligenz› seine Potenziale nicht umschreiben kann. Er ist dafür aber so schnell im Rechnen, dass er uns als intelligent erscheint.

Die ADDM macht abstrakte Begriffe rund um die Automatisierung begreifbar, um einen Diskurs über Sinn und Zweck von Automatisierungstechnologien zu unterstützen. Die ADDM spannt dabei den Bogen von der Arbeitsteilung bis hin zu der Frage, ob eine dynamische Maschine auch geistige Tätigkeiten ausführen kann, die bislang nur Menschen zugetraut wurden, wie beispielsweise das ‹Lernen›. Sie unterstützt uns bei der drängenden Frage, in welcher Gesellschaft wir eigentlich leben wollen. Und falls sich die Menschheit für eine nachhaltige, inklusive und auf Menschenwürde basierende Lebensweise entscheiden sollte, möchte die ADDM Hinweise geben, wie Computersysteme dieser großen Transformation dienlich sind – und wo Technik sogar gegen diese Interessen arbeitet, insbesondere wenn große Firmen mit großem Budget über diese Techniken verfügen. Der Aufstieg der GAFAM – der großen Fünf, also Google, Amazon, Facebook, Apple und Microsoft – ist eine Erfolgsgeschichte auf Kosten anderer und vor allem der Umwelt. Anfang dieses Jahres schrieb Brian Merchant auf Gizmodo in seinem Artikel ‹How Google, Microsoft, and Big Tech Are Automating the Climate Crisis› darüber, wie große Firmen ihr Know-how dafür einsetzen, nicht nur die verbleibenden Ressourcen möglichst profitabel zu fördern, sondern gleichzeitig auch noch Arbeiter*innen wegrationalisieren.[1]

Die ADDM möchte die Machtverhältnisse in der postindustriellen Gesellschaft mit mehreren ‹ernsten Spielen› dekonstruieren. Diese Spiele sind ernsthaft in dem Sinne, dass sie nicht einfach nur für den Zeitvertrieb gedacht sind, sondern Teil eines Reflexionsprozesses rund um das Thema der Automatisierung sein sollen.

Denn auch heute, im postindustriellen Zeitalter, gibt eine Maschine den Takt an, auch wenn sie von ganz anderer Art ist als die Stahlgiganten des 19. Jahrhunderts. Es ist die Paper Machine (Alan Turing 1936, heute bekannt als Turing-Maschine), die mittels vernetzter Universalcomputer in der Hand mächtiger Konzerne und des Militärs die geistige Arbeit in ähnlicher Art unterwerfen möchte. Ein Beispiel für die Unterwerfung geistiger Arbeit sind Contentfilter. So sind Menschen beispielsweise sehr gut darin, Bilder zu erkennen und einzuordnen, Maschinen nicht. Es ist daher nicht verwunderlich (aber leider noch zu wenig bekannt), dass es Menschen sind, die bei der automatisierten Klassifikation von Bildern und Videos helfen. Was in Hochglanzbroschüren ‹Fully Automated Content Moderation› genannt wird, bedeutet nicht etwa, dass kein Mensch mehr am Prozess beteiligt ist, sondern lediglich, dass der Mensch ebendie ‹Digitale Drecksarbeit›[2] der Maschinen verrichtet. Bereits Joseph Weizenbaum mahnte in den 1970er-Jahren, dass wir dem Computer eine allgemeine Problemlösungskompetenz zuschreiben, die dieser nicht besitze und nie besitzen könne.

Ein Sortieralgorithmus kann schneller als jeder Mensch Zahlenreihen sortieren, wäre aber beim Sortieren der Wäsche überfordert. Es gab historisch den Versuch, einen General Problem Solver zu entwickeln, parallel zu dem ersten Künstliche-Intelligenz-Hype in den 1950er-Jahren. Dieser General Problem Solver löst allgemeine mathematische Probleme, er scheitert aber an sämtlichen Herausforderungen der Wirklichkeit.

Unter dem Begriff ‹künstliche Intelligenz› sammeln sich viele, zum Teil höchst unterschiedliche und sich widersprechende Forschungsrichtungen. Wir haben den Bereich des Maschinellen Lernens zur Demystifizierung auserkoren. Ein spielerisches Element der ADDM ist ein Machine-Learning-System, das in der Lage ist, Tic-Tac-Toe gegen einen Menschen zu spielen. Das Besondere daran ist, dass diese Maschine aus Streichholzschachteln besteht. Donald Michie nennt diese Maschine ‹MENACE›[3]. Sie besteht aus 304 Streichholzschachteln, die mit farbigen Perlen gefüllt sind, die den Feldern des Spielfelds entsprechen. Jede mögliche Spielkonstellation wird durch eine Schachtel repräsentiert. In jedem Zug zieht man eine farbige Perle aus der dem momentanen Spielstand entsprechenden Schachtel und setzt ihrer Farbe entsprechend ein Kreuz auf das Spielfeld. Wenn die Streichholzschachtelmaschine verliert, werden die von ihr gesetzten Perlen entfernt, wenn sie gewinnt, werden den jeweiligen Schachteln je drei Perlen der gespielten Farbe hinzugefügt. So ‹lernt› MENACE im Laufe der Zeit, Tic-Tac-Toe zu spielen. Dieses ‹Lernen› ist mit dem Begriff des Maschinellen Lernens gemeint, es hat also nichts mit Intelligenz zu tun oder mit Bewusstsein oder mit anderen Dingen, die wir hinreichend komplexen informationstechnischen Systemen zuschreiben, ohne dass dies gerechtfertigt wäre – wir sprechen hier ja von Streichholzschachteln!

Wir Wissenschaftler*innen haben alle die mahnenden Worte von Albert Einstein im Ohr, dass man Dinge so einfach wie möglich darstellen soll, aber nicht einfacher. Die ADDM möchte Bausteine für eine inklusive, nachhaltige und auf Menschenwürde ausgerichtete Gesellschaft möglichst niedrigschwellig und spielerisch vorstellen – dazu gehört leider die Demystifizierung von automatisierten Systemen. ‹Leider› schreiben wir, weil es natürlich großartig wäre, gäbe es eine Abkürzung auf dem Weg zur Erreichung der Sustainable Development Goals. Oder eine App. Oder einen General Problem Solver. So bleibt uns nur wieder die universelle Bauanleitung: Habe Mut, dich deines eigenen Verstandes zu bedienen.

DIE AUTOR*INNEN

/// **Dr. Stefan Ullrich, Dr. Romy Hilbig, Dr. Florian Butollo und Dr. Diana Serbanescu** erforschen als Forschungsgruppenleiter*innen am Weizenbaum-Institut in Berlin die vernetzte Gesellschaft interdisziplinär und grundlagenorientiert. Im Mittelpunkt stehen dabei die Gestaltung der Digitalisierung zum Wohle der Gesellschaft und der Schutz von Selbstbestimmung und Engagement. https://weizenbaum-institut.de/

/// **Dr. Reinhard Messerschmidt** ist Wissenschaftlicher Referent für Digitalisierung in der Berliner Geschäftsstelle des Wissenschaftlichen Beirats der Bundesregierung Globale Umweltveränderungen (WBGU), der 2019 sein Hauptgutachten *Unsere gemeinsame digitale Zukunft* veröffentlicht hat. https://www.wbgu.de/de/publikationen/publikation/unsere-gemeinsame-digitale-zukunft

LITERATUR

/// [1] **Merchant, B.** *How Google, Microsoft, and Big Tech Are Automating the Climate Crisis.* https://gizmodo.com/how-google-microsoft-and-big-tech-are-automating-the-1832790799 (2019).

/// [2] **Riesewieck, M.** *Digitale Drecksarbeit: Wie uns Facebook & Co. von dem Bösen erlösen* (dtv, 2017).

/// [3] **Michie, D.** *Trial and Error.* In: Barnett, S.A., & McLaren, A.: Science Survey, Part 2, 129–145 (Penguin Books Ltd., 1961).

Autorin: Julia Fink

PORTRÄT

HOSTSHARING EG

Unabhängig und ressourcenschonend – Webhosting mit genossenschaftlicher Energie

```
///<summary>
Initiative: Hostsharing eG,
Genossenschaft für Webhosting
Gründungsjahr: 2000
Standort: Hamburg
Mitarbeiter*innen: 9
Branche: Internetservice
Provider
Web: hostsharing.net
///</summary>
```

NACHHALTIG UND DIGITAL, WEIL ...
Hostsharing Ressourcen wie Energie und Hardware durch gemeinsame Nutzung besonders effizient einsetzt. Zudem wird Strom aus erneuerbaren Energien genutzt und die Lieferkette nach Nachhaltigkeitskriterien optimiert.

HINTERGRUND
Kaum eine Branche und kaum ein Unternehmen kommen heute ohne Informations- und Kommunikationstechnologien (IKT) aus – denn ohne Smartphone, Software und Server gibt es keine Digitalisierung. Doch wie lassen sich in der wachsenden IKT-Branche digitale ‹Rebounds› – vom Energie- und Ressourcenverbrauch bis zur Datensicherheit – beherrschen? Wie muss die digitale Infrastruktur für eine nachhaltige Digitalisierung beschaffen sein? Hostsharing hat es sich zur Aufgabe gemacht, unabhängig und zudem ökologisch, sozial und ökonomisch zu agieren, und dafür eine Genossenschaft gegründet.

WAS BIETET HOSTSHARING?
Die Mitglieder der Genossenschaft teilen sich die Kosten für den Hostingbetrieb mit eigenen Servern an drei Rechenzentrumsstandorten. Failover, tägliche Back-ups und mehrstufiger Schutz der gehosteten Daten sind ab dem kleinsten Einsteigerpaket Standard. Bei dem genossenschaftlichen Modell, auch für durch Hostharing gehostete Cloud-Lösungen, behalten die Unternehmer ihre Daten in den eigenen Händen. Hostsharing bietet die im Webhosting üblichen Services an und darüber hinaus besondere Dienstleistungen, wie zum Beispiel den Webmaster on Demand. Der ökologische Nutzen entsteht zunächst durch die Auswahl möglichst nachhaltig produzierter Hardware, außerdem durch den Infrastrukturbetrieb in energetisch optimierten Rechenzentren mit Strom aus 100 Prozent erneuerbaren Energien sowie durch die Nutzung einer Infrastruktur durch viele Mitglieder. Die gemeinschaftliche Nutzung verbraucht im Vergleich mit lokal betriebenen Unternehmensnetzen weniger Strom und Hardware. Darüber hinaus ist der Geschäftsbetrieb so ausgerichtet, dass Remote-Arbeitsplätze (zu Hause oder an einem anderen Ort) stark gefördert werden, was sich ebenfalls positiv auf die Energiebilanz auswirkt.

WAS IST NACHHALTIG BEI DER HOSTSHARING EG?
Im Managed Hosting können technische Ressourcen (Energie und Hardware) durch die gemeinsame Nutzung effizient eingesetzt werden. Die Rechenzentren arbeiten mit Strom aus erneuerbaren Energien. Außerdem wird die Lieferkette nach ökologischen und sozialen Gesichtspunkten optimiert. Beim Einkauf neuer Server wird zum Beispiel auf eine nachhaltige Produktion geachtet. Die Hostsharing eG beteiligt sich außerdem aktiv am sozial-ökologischen Bewusstseinswandel in der Gesellschaft.

Autor*innen: Kerstin Fritzsche, Silke Niehoff & Andreas Krug

DIGITALE TECHNOLOGIEN FÜR DEN UMWELTSCHUTZ

Wie künstliche Intelligenz und Big Data die Umweltgovernance verbessern können

Wirksame Lösungen für drängende globale Herausforderungen wie den Klimawandel, den Verlust der Artenvielfalt und die Verschmutzung der Meere scheinen in weiter Ferne. Die Fülle an Prozessen, Mechanismen und Organisationen, durch die Handelnde wie Staaten, Unternehmen und die Zivilgesellschaft umweltbezogene Belange regeln, erschwert ein gemeinsames Vorgehen. Die globale Umweltgovernance[1] gilt deshalb oft als zu langwierig. Gut aufeinander abgestimmtes Handeln und effektive wie legitimierte Instanzen zur Umsetzung und Kontrolle globaler Umweltschutzmaßnahmen fehlen häufig. Hinzu kommt, dass die Fragen im Bereich der Umweltgovernance nicht leicht zu beantworten sind: Wie lassen sich wirtschaftliche Entwicklung und der Verbrauch natürlicher Ressourcen in Einklang bringen? Wie kann das Erreichen globaler Kippunkte vermieden werden, deren Überschreiten beispielsweise einen abrupten und irreversiblen Temperaturanstieg zur Folge hätte?[2] Wie können knappe Finanzmittel effektiv und global gerecht für den Umweltschutz eingesetzt werden? Um diese Fragen zu beantworten, müssen komplexe Wechselwirkungen zwischen Umweltveränderungen und dem vielschichtigen Gefüge aus Gesellschaft, Wirtschaft und Politik bedacht werden. Wissenschaftliche Erkenntnisse sind für das Problemverständnis und die Entwicklung von Handlungsoptionen im Bereich der Umweltgovernance unverzichtbar.[3] Die Möglichkeiten der Menschheit, den Einfluss ihres Wirkens auf die natürliche Umwelt zu erfassen und zu analysieren, waren jedoch nie größer. Die Vermessung des Erdsystems mittels moderner Informations- und Kommunikationstechnologien (IKT) ist in vollem Gange. Wie können diese Technologien die Umweltgovernance unterstützen und dazu beitragen, tragfähige und gute Lösungen für die enormen Umweltprobleme unserer Zeit zu finden?

> ///<quote>
> Die Möglichkeiten der Menschheit, den Einfluss ihres Wirkens auf die natürliche Umwelt zu erfassen und zu analysieren, waren nie größer.
> ///</quote>

WIE INFORMATIONSTECHNOLOGIEN HELFEN, UMWELTPROBLEME ZU ERFASSEN

Bereits seit rund zwei Jahrzehnten werden moderne IKT in Kombination mit Satelliten und Sensortechnologien eingesetzt, um dem Erdsystem Informationen über seine Funktionsweise und Reaktionen auf Veränderungen zu entlocken.[4] Zudem kommt eine Vielzahl von Computerprogrammen zum Einsatz, um Vorgänge im Erdsystem zu modellieren, Einflussfaktoren besser zu verstehen und Aussagen über mögliche langfristige Entwicklungen zu treffen. Um nur wenige Beispiele zu nennen:

/// Komplexe Computermodelle erstellen Szenarien zu den Auswirkungen des Klimawandels, beispielsweise auf die globale Durchschnittstemperatur, Niederschläge und den Anstieg des Meeresspiegels. Dafür beziehen sie verschiedene Einflussfaktoren wie etwa die Konzentration von Treibhausgasen und Kleinstpartikeln in der Luft, sogenannte Aerosole, ein.[5] Die gewonnenen Erkenntnisse spielen in der Debatte um die Begrenzung des Klimawandels und seine Folgen auf internationaler und nationaler Ebene eine zentrale Rolle.

/// Sensoren erlauben das Sammeln großer Mengen an Daten, sei es über Meeresströmungen oder das Abschmelzen des Polareises, Temperaturveränderungen oder die Verschmutzungen von Böden und Gewässern. Die Auswertung dieser Daten liefert wichtige Informationen für Umweltmanagementsysteme. Sie ermöglicht es zudem, durch Modelle getroffene Aussagen zu bestätigen, zu korrigieren und zu verfeinern.

/// Durch Satellitenbilder und deren computergestützte Auswertung können Veränderungen in der Vegetation und der Landnutzung, also beispielsweise die Ausbreitung von urbanen und landwirtschaftlichen Flächen, festgestellt und nachverfolgt werden. Auch andere Umweltprobleme wie Bodenerosion oder der illegale Einschlag in tropischen Wäldern können durch Fernerkundung besser und oft kostengünstiger erkannt und kartiert werden.

All diese Anwendungen tragen dazu bei, Umweltprobleme lokal, regional und global über einen längeren Zeitraum zu beobachten, ihre Folgen abzuschätzen und häufig auch neue Herausforderungen überhaupt erst zu erkennen. Die Methoden des Umweltmonitorings werden dabei zusehends computergestützt, vernetzt, automatisiert und flächendeckend eingesetzt.[6] Damit stellen sie die Umweltgovernance auf eine immer breitere und ausdifferenziertere Wissensbasis.

NEUE ANSÄTZE DURCH DIGITALE INNOVATIONEN

Technologische Fortschritte, beispielsweise im Bereich der künstlichen Intelligenz (KI), sowie die sinkenden Kosten für technische Komponenten und die Verarbeitung großer Datenmengen beflügeln Überlegungen, wie IKT noch wirksamer eingesetzt und bisherige Ansätze für die Umweltgovernance revolutioniert werden können. Ein im Januar 2018 erschienener Bericht des Weltwirtschaftsforums skizziert eine Vision: «*Ein digitales georäumliches Dashboard für den Planeten, das in Echtzeit operiert und offene Programmierschnittstellen bietet, würde die Überwachung, Modellierung und das Management von Umweltsystemen in einem Maßstab und einer Geschwindigkeit erlauben, die noch nie zuvor möglich war*».[7] Diese Vorstellung vereint gleich mehrere Aspekte, die durch innovative digitale Technologien möglich werden:

///<quote>
Die Analyse von ‹Big Data› unterstützt ein vertieftes Verständnis der Umwelt und öffnet die Tür für neue Ansätze der Umweltgovernance.
///</quote>

/// Durch das Erfassen und Auswerten von Daten in Echtzeit wird es möglich, kurzfristig auf Veränderungen der natürlichen Umwelt zu reagieren. So könnten beispielsweise Bewohner einer Stadt innerhalb kürzester Zeit automatisch über plötzlich auftretende gesundheitsgefährdende Umweltrisiken informiert werden.[8]

/// Zudem erlauben digitale Technologien neben der Erzeugung auch die Verarbeitung von beispiellosen Mengen an Daten. Innovative Ansätze zur Erforschung der Interaktionen zwischen Mensch und Umwelt werden so möglich. So können beispielsweise große Mengen akustischer Sensordaten mithilfe maschinellen Lernens ausgewertet werden, um verschiedene Spezies in einem Gebiet zu identifizieren und ihr Verhalten zu studieren.[9] Die Analyse von ‹Big Data› unterstützt so ein vertieftes Verständnis der Umwelt und öffnet die Tür für neue Ansätze der Umweltgovernance.[10]

/// Umweltmanagementsysteme können als Plattformen fungieren, die durch offene Programmierschnittstellen und die Nutzung von Open-Source-Software für Anwendungen Dritter geöffnet werden. Unternehmen könnten diese Plattformen für das Management ihres ökologischen Fußabdrucks nutzen, aber auch eigene Daten zur Verbesserung der Systeme beitragen. Schon heute gibt es zudem eine Vielzahl von digitalen Plattformen, über die sich Bürgerforscher*innen am Sammeln von Umweltdaten beteiligen. In der wissenschaftlichen Literatur finden sich Hinweise, dass solche Plattformen auch helfen, natürliche Phänomene besser vorherzusagen.[11] Digitale Plattformen zum Teilen und Verarbeiten von Daten könnten zudem für neue Forschungsansätze und gemeinsame Experimente von Wissenschaftler*innen genutzt werden.[12] Die Weiterentwicklung bisheriger IKT-Lösungen und digitale Innovationen eröffnen eine Vielzahl neuer Möglichkeiten zum Erkenntnisgewinn und zur Interaktion zwischen verschiedenen Akteur*innen, durch die Umweltgovernance partizipativer und transparenter werden könnte. Diesen Chancen stehen jedoch auch Herausforderungen gegenüber.[13, 14]

HERAUSFORDERUNGEN DIGITALER UMWELTGOVERNANCE

Riesige Datenschätze werfen in der Praxis häufig noch immer eine Vielzahl an Problemen im Bereich von Datenmanagement und -verarbeitung auf, wie beispielsweise fehlende Rechenressourcen und die Integration unterschiedlicher Datenarten. Auch Fragen des Datenschutzes müssen im Vorfeld geklärt werden. Datensätze enthalten zudem oft Vorurteile und Tendenzen, den sogenannten Bias.[15] Dieser kann von selbstlernenden Systemen übernommen und verstärkt werden, also möglicherweise ein verzerrtes Bild ergeben. Die Verfügbarkeit von mehr und besseren Daten ist auch noch lange kein Garant dafür, dass diese zu nützlicheren Informationen und vor allem klügeren Entscheidungen in der Umweltgovernance führen.[16]

Bei der Nutzung von künstlicher Intelligenz für die Umweltgovernance stellen sich im Zusammenhang mit den zugrunde liegenden Modellen, Trainingsmethoden, Algorithmen und Datensätzen eine Vielzahl von Fragen. Welche Werte und Ziele bilden den Ausgangspunkt, wer war an der Erstellung der Algorithmen beteiligt und wer nicht – oder hat ein Modell selbstständig gelernt, Entscheidungen zu treffen? Transparenz über Algorithmen und Daten könnte demokratische und partizipative Ansätze für die Regelung von Umweltbelangen fördern. Transparenz ist jedoch kein Selbstzweck, sondern braucht ein kritisches und informiertes Publikum, um Rechenschaft und Verantwortlichkeit von Governance tatsächlich zu stärken.[17] Auch können Algorithmen trotz aller Komplexität nur schwer dazu beitragen, ethische Zielkonflikte aufzulösen.[18] Manche Forscher*innen befürchten zudem, dass eine stärker datengetriebene Umweltgovernance nicht beabsichtigte negative Konsequenzen haben könnte, wie beispielsweise die Fokussierung auf ein immer effizienteres Management natürlicher Ressourcen und Gemeinschaftsgüter.[19] Diese könnte die Kommerzialisierung der natürlichen Umwelt vorantreiben und eine nachhaltige Nutzung und die Be-

///<quote>
Algorithmen können nur schwer dazu beitragen, ethische Zielkonflikte aufzulösen.
///</quote>

grenzung menschlicher Eingriffe in die Natur in den Hintergrund treten lassen.[19] Schlussendlich ist anzumerken, dass die modernen IKT selbst über einen erheblichen ökologischen Fußabdruck verfügen *(siehe Kapitel ‹Wie schwer wiegt ein Bit›)*. Der Einsatz digitaler Technologien im Sinne einer nachhaltigen Entwicklung sollte daher das Prinzip der Sparsamkeit beachten.

FAZIT

Moderne IKT haben bereits in der Vergangenheit wichtige Dienste für die Bearbeitung von Umweltproblematiken geleistet. Digitale Innovationen können nun dazu beitragen, die Komplexität des Erdsystems noch besser zu verstehen und die Wissensbasis für zielgerichtetes Handeln weiter zu vergrößern. Mehr Wissen übersetzt sich jedoch nicht zwingend in schnelles Handeln, das zeigt etwa das jahrzehntelange Ringen um effektive und verbindliche Schritte für den globalen Klimaschutz. Eine Wunderwaffe gegen die oft langwierigen diplomatischen und bürokratischen Pfade der globalen Umweltgovernance stellen digitale Technologien trotz aller Erkenntnis- und Effizienzgewinne durch sie also nicht dar. Zudem sind sie mit Herausforderungen verbunden, die sorgfältig bedacht werden müssen. Jedoch eröffnen sie vielfältige Möglichkeiten, Umweltdaten gemeinschaftlich zu erstellen und auszuwerten und diese auch für ein fachfernes Publikum zu öffnen. Umweltgovernance könnte so partizipativer und transparenter werden und damit den gemeinschaftlichen Erhalt der natürlichen Umwelt stärken.

DIE AUTOR*INNEN

/// **Kerstin Fritzsche** ist wissenschaftliche Mitarbeiterin am Institut für transformative Nachhaltigkeitsforschung (IASS), Potsdam. Ihre Themenschwerpunkte sind Auswirkungen der Digitalisierung auf Nachhaltigkeitstransformationen und digitaler Wandel in Entwicklungs- und Schwellenländern. https://www.iass-potsdam.de/de/menschen/kerstin-fritzsche

/// **Silke Niehoff** ist wissenschaftliche Mitarbeiterin am IASS. Ihre Themenschwerpunkte sind Auswirkungen der Digitalisierung auf Nachhaltigkeit, Digitalisierung industrieller Produktion und Nachhaltigkeitsmanagement. https://www.iass-potsdam.de/de/menschen/silke-niehoff

/// **Andreas Krug** ist Doktorand im Bereich Machine Learning in Cognitive Science an der Universität Potsdam. Seine Themenschwerpunkte sind Interpretierbarkeit von künstlichen neuronalen Netzwerken und Explainable AI. https://www.uni-potsdam.de/mlcog/members.html

LITERATUR

/// [1] **Lemos, M. C., & Agrawal, A.** *Environmental Governance.* Annual Review of Environment and Resources 31, 297–325 (2006).
/// [2] **Rockström, J., et al.** *Planetary Boundaries: Exploring the Safe Operating Space for Humanity.* Ecology and Society 14 (2009).
/// [3] **Biermann, F.** *Institutions for Scientific Advice: Global Environmental Assessments and Their Influence in Developing Countries.* Global Governance 8, 195–219 (2002).
/// [4] **Bakker, K., & Ritts, M.** *Smart Earth. A Meta-review and Implications for Environmental Governance.* Global Environmental Change 52, 201–211(2018).
/// [5] **McSweeney, R., & Hausfather, Z.** *Q&A: How do climate models work?* https://www.carbonbrief.org/qa-how-do-climate-models-work (2017).
/// [6] **Gabrys, J.** *Program Earth: Environmental Sensing Technology and the Making of a Computational planet.* Electronic mediations Vol. 49. (University of Minnesota Press, 2016).
/// [7] **Economic Forum.** *Harnessing Artificial Intelligence for the Earth.* http://www3.weforum.org/docs/Harnessing_Artificial_Intelligence_for_the_Earth_report_2018.pdf (2018). Bei dem Zitat handelt es sich um eine Übersetzung der Autor*innen.
/// [8] **Morreale, P., et al.** *Real-Time Environmental Monitoring and Notification for Public Safety.* IEEE Multimedia 17, 4–11 (2010).
/// [9] **Ross, S. R. P.-J., et al.** *Listening to Ecosystems: Data-rich Acoustic Monitoring through Landscape-scale Sensor Network.* Ecological Research 33, 135–147 (2018).
/// [10] **Gale, F., Ascui, F., & Lovell, H.** *Sensing Reality? New Monitoring Technologies for Global Sustainability Standards.* Global Environmental Politics 17, 65–83 (2017).
/// [11] **Bakker et al.** (2018).
/// [12] **Vitolo, C., et al.** *Web Technologies for Environmental Big Data.* Environmental Modelling & Software 63, 185–198 (2015).
/// [13] **Bakker et al.** (2018).
/// [14] **Mol, A. P. J.** *Environmental Governance in the Information Age: The Emergence of Informational Governance.* Environment and Planning C: Government and Policy, 24, 497–514 (2016).
/// [15] **Hino, M., Benami, E., & Brooks, N.** *Machine Learning for Environmental Monitoring.* Nature Sustainability 1, 583–588 (2018).
/// [16] **Bakker et al.** (2018).
/// [17] **Kemper, J., & Kolkman, D.** *Transparent to Whom? No Algorithmic Accountability without a Critical Audience.* Information, Communication & Society 19, 1–16 (2018).
/// [18] **Bakker et al.** (2018).
/// [19] **Lemos et al.** (2006).

Autor: *Leon Kaiser*

PROJEKT
TDRM

Mit Bytes gegen Becquerel

```
///<summary>
Initiative: Tihange-Doel
Radiation Monitoring
Personen: 6
Start: 2016
Strategie: Bürgernetze
aufbauen
Taktik: Anti-AKW-
Bewegung und Open-Source-
Technik kombinieren
web: tdrm.fiff.de
///</summary>
```

Tausende Haarrisse in den Stahlwandungen. 65 bzw. 130 Kilometer von Aachen entfernt sind die maroden Reaktoren die Herzen der belgischen Atomkraftwerke Doel und Tihange. Wie schnell eine radioaktiv kontaminierte Atmosphäre bei einem GAU in der grenznahen Ingenieursstadt ankommt, hängt vom Wind ab, bei normalen Windstärken rechnet man mit zwei bis vier Stunden. Da ist keine Zeit zu verlieren.

Dabei gibt es allerdings Probleme. Die Betreiber der uralten Atommeiler haben nicht immer zeitnah und umfassend über Störfälle der Reaktoren informiert. Dass wir im Ernstfall zügig informiert werden, wird bezweifelt. Deshalb hat Dietrich Meyer-Ebrecht zusammen mit der Regionalgruppe des ‹Forum InformatikerInnen für Frieden und gesellschaftliche Verantwortung› (FIfF) in Aachen vor zwei Jahren ein eigenes Projekt gestartet. Wie in der Informatik üblich, ist der Name des Projekts eine Abkürzung: TDRM steht für ‹Tihange-Doel Radiation Monitoring›. Die Idee: Rund um die alten Atommeiler in der Region wird ein Netz von Radioaktivitätsmessstationen aufgebaut.

Unter dem Motto ‹Wir machen Strahlungen sichtbar› haben die Ingenieur*innen und Informatiker*innen die Sensorstationen selbst gebaut. Sie kosten etwa 250 Euro, sind damit günstiger als fertig gekaufte und werden über Spenden finanziert. Um die Sensoren auch rund um die Kraftwerke zu positionieren, haben sie Aktivist*innen auf der belgischen Seite der Grenze gesucht, die eine Station bei sich installieren. Mittlerweile sind 26 Stationen in Betrieb und melden ihre Messungen an den Server.

Ein Geiger-Müller-Zählrohr misst die Radioaktivität in der Umgebung. Angeschlossen an einen Raspberry Pi und am Aufstellungsort mit dem Internet verbunden, melden die Stationen ihre Messwerte im Minutentakt an einen vom FIfF betriebenen Server. Auf der Website TDRM.eu kann man die aktuellen Messungen ansehen und sich auf dem Laufenden halten.

«Wir erfüllen ein gesellschaftliches Informationsbedürfnis. Menschen interessiert, was um sie herum passiert. Und gerade wenn es um diese nicht greifbare Größe radioaktive Strahlung geht, dann ist die Unsicherheit sehr groß. Da geben wir dieser abstrakten Größe eine Gestalt, indem wir sie in Zahlen und Grafiken ausdrücken.» (Meyer-Ebrecht)

Die Aktivist*innen wollen mit dem bürgerbetriebenen Monitornetz nicht nur den Betreibern und Behörden auf die Finger schauen. Sie wollen auch ein Bedürfnis nach Information stillen und haben bereits viel Zuspruch und Dank aus der Gesellschaft bekommen. Eigene Notrufe wollen und dürfen die Betreiber des Netzes nicht herausgeben, das birgt rechtliche und organisatorische Gefahren. Stattdessen haben sie sich an den Katastrophenschutz in Aachen gewandt. Nach einigen Anlaufschwierigkeiten ist die Kooperation mittlerweile etabliert, und man ist dabei, eine automatische Meldestrategie für den Ernstfall auszuarbeiten. Klappt das, so sei das ein Beispiel für eine erfolgreiche Zusammenarbeit zwischen Zivilgesellschaft und Staat, sagt Meyer-Ebrecht. Das Verfahren könne dann – ebenso wie die Technik selbst, die Open Source ist – auf andere Orte übertragen werden.

Dafür brauche man vor allem Engagement und grenzübergreifende Zusammenarbeit: «Unser wichtigster Punkt ist, dass wir auch Menschen drüben in Belgien kennen, die uns zuarbeiten. Da ist es wichtig, dass man das Netzwerk der Bürgerbewegung in Gang setzt, um diese Beziehungen zu knüpfen.» So stützt sich ein neues bürgerbetriebenes Sensorennetz auf bereits geknüpfte Verbindungen der Bürgerbewegung – und reichert sie an, zur Minimierung bedrohlicher Gesundheitsrisiken, versteht sich.

Macht, Märkte, Monopole

1
2
3
4
5

WEM DIENEN DIGITALE TECHNOLOGIEN?

{ /// Viele digitale Technologien werden als ‹disruptiv› bezeichnet: Gemeinsam haben beispielsweise Smartphone und Internet gesellschaftliche Praktiken grundlegend verändert. Doch ging damit auch ein Wandel gesellschaftlicher Machtstrukturen und wirtschaftlicher Verteilungen einher? Nicht so wie erhofft, beschreibt Lorenz Hilty anhand der lange ersehnten, jedoch kaum eingetroffenen Dematerialisierung. Er fordert verbraucherseitige Selbstbestimmung und die Befreiung vom Wachstumszwang. Steffen Lange und Timo Daum teilen die wachstumskritische Perspektive. Sie stellen digitalen Wandel zwar fest, aber nicht immer zum Besseren: Das Internet ist in der Hand einiger weniger IT-Giganten, und große Onlinehändler genießen praktisch Monopolstellung. Diese Problematik greifen Vivian Frick und Rainer Rehak ebenfalls auf: Sie fordern einen Wandel des Internets, weg von der aktuell kommerziellen Ausrichtung hin zu einem öffentlichen Raum. Lena Michelsen teilt die Erfahrung sich verfestigender Machtverhältnisse, wenn es um die Zukunftsvisionen der Landwirtschaft geht. Eine Agrarindustrie 4.0 würde nicht zu ausgleichender Gerechtigkeit, sondern einer weiteren Vertiefung der ungerechten Verteilung zwischen großen Konzernen und Kleinbäuer*innen führen. Judith Enders und Amanda Groschke schließen sich aus Gender-Perspektive an. Eine Schließung vorhandener Klüfte zwischen Arm und Reich, Mann und Frau, Nord und Süd dank digitaler Informationszugänge und Vernetzung ist bisher nicht geschehen. Bislang hat die Einführung digitaler Technologien in das bestehende Marktsystem eher zu einer Verschärfung bestehender Verhältnisse als zu den erhofften Disruptionen geführt. }

Autor: *Lorenz M. Hilty*

DEBATTENBEITRAG

DEMATERIALISIERUNG DURCH DIGITALISIERUNG

Anspruch und Wirklichkeit

> Die Bedürfnisse von immer mehr Menschen zu befriedigen und gleichzeitig die Natur zu entlasten ist das zentrale Dilemma der nachhaltigen Entwicklung.

Schon vor 20 Jahren hoffte man dank digitaler Technologien weniger Material und Energie für die Befriedigung von Konsumbedürfnissen aufwenden zu müssen. Eine relative Dematerialisierung von Produktion und Konsum sollte das zentrale Dilemma der nachhaltigen Entwicklung lösen: die Bedürfnisse von immer mehr Menschen zu befriedigen und gleichzeitig die Natur zu entlasten. Diese mit der Digitalisierung verbundene Chance ist theoretisch noch intakt – praktisch sind bis heute jedoch kaum Fortschritte zu verzeichnen. Dieser Beitrag diskutiert mögliche Ursachen und Zukunftsperspektiven.

VIDEOCONFERENCING UND FLUGVERKEHR

In einer Umfrage unter Mitarbeitenden schwedischer Unternehmen gaben 45 Prozent der Befragten an, sie hätten schon einmal an virtuellen Meetings teilgenommen und dadurch Dienstreisen vermieden. Ein Unternehmen hatte sogar mehr als ein Drittel aller Flugreisen durch Videoconferencing ersetzt.

Ich zitiere diese Untersuchung von Peter Arnfalk deshalb, weil sie die Situation im Jahr 1999 widerspiegelt. Als Arnfalk die Ergebnisse auf der ‹EnviroInfo›-Konferenz in Wien vorstellte, interpretierte er sie durchaus vorsichtig. Er extrapolierte die Zahlen nicht einfach in die Zukunft, so als würden bald alle Firmen diesem Beispiel folgen. Er sprach auch von Hürden für Videoconferencing und davon, dass sich Menschen in vielen Fällen persönlich treffen wollen. Dennoch hoffte er, dass man zumindest einen Teil des Flugverkehrs durch virtuelle Meetings würde ersetzen können.[1]

Seither ist das Gegenteil dessen geschehen, was man mit vorsichtigem Optimismus erwartet hätte: Der weltweite Flugverkehr hat sich mehr als verdoppelt. Genau genommen hat die Zahl der beförderten Passagiere zwischen 1999 und 2017 um einen Faktor 2,55 zugenommen,[2] was einer durchschnittlichen jährlichen Wachstumsrate von 5,3 Prozent entspricht. Auch wenn etwas mehr als die Hälfte des Zuwachses auf den Freizeitverkehr zurückgeht und die Geschäftsflüge aufgrund der globalen Finanzkrise 2008 und 2009 vorübergehend eingebrochen sind, haben diese insgesamt ebenfalls deutlich zugenommen. Die Ausgaben für Geschäftsreisen stiegen im globalen Durchschnitt allein im Jahr 2017 um 5,8 Prozent.[3] Halten wir also fest: Die Möglichkeiten der digitalen Kommunikation haben nicht bewirkt, dass der Flugverkehr zurückgegangen wäre, er hat sogar massiv zugenommen.

Man könnte einwenden, dass auch virtuelle Meetings Energie verbrauchen und damit Emissionen verursachen. Hierzu ein Beispiel: Ein Flug von Zürich nach New York und zurück verursacht rund 2,5 Tonnen Emissionen pro Passagier, ausgedrückt in CO_2-Äquivalenten. Die Emissionen durch virtuelle Meetings betragen für Full-HD-Videoconferencing via Internet heute 160 bis 290 Gramm CO_2-Äquivalente pro Stunde – man könnte also rund 1000 Arbeitstage in perfekter Qualität virtuell konferieren, bis sich ein Flug nach New York stattdessen lohnen würde.[4]

Ob die Digitalisierung in Zukunft zu einem Rückgang des Flugverkehrs führt, hängt vom Verhalten jedes*r Einzelnen ab. Die Industrie jedenfalls plant mit anderen Zahlen: Die Internationale Luftverkehrsvereinigung geht von einer erneuten Verdoppelung des globalen Flugverkehrs bis 2037 aus. Ironischerweise hilft die Digitalisierung bei diesem Wachstum durch die Perfektionierung des Wettbewerbs – das Internet war und ist ein Katalysator für den Preiskampf im Billigflugsektor.[5]

LEBENSDAUER VON GEBRAUCHSGÜTERN

Die Arbeitsgruppe ‹Nachhaltige Informationsgesellschaft› der Gesellschaft für Informatik knüpfte im Jahr 2004 große Hoffnungen an die Digitalisierung. Anstelle von ‹Digitalisierung› sprach man damals von der Ausbreitung von Informations- und Kommunikationstechnologien (IKT, im Zitat ‹ICT›): «*Der Einsatz von ICT kann die Lebensdauer von Produkten verlängern, zum Beispiel durch elektronische Tauschbörsen oder durch ein effizienteres Management von Reparaturen. So ermöglicht ICT eine jahrzehntelange Bereitstellung von Ersatzteilen auch in kleinen Stückzahlen, indem (z.B. dank Internet) die technischen Daten der Ersatzteile und deren Fertigungsdaten verfügbar bleiben sowie eine globale Lagerhaltung organisiert werden kann. Über allgemein zugängliche Datenbanken könnte jederzeit Information über die Verfügbarkeit von Ersatzteilen oder die Möglichkeit einer Reparatur abgerufen werden.*»[6]

Dies ist teilweise eingetreten – dennoch dominiert im Gesamttrend die Zunahme der Material- und Energieflüsse durch kurzlebige Produkte. Die Dauerhaftigkeit von Gebrauchsgütern wird teilweise sogar durch Digitalisierung untergraben: Bei Produkten, die von Software gesteuert sind, bieten sich für den Hersteller vielfältige Möglichkeiten für Obsoleszenzstrategien, die auch genutzt werden (siehe auch den Beitrag von Gröger & Herterich). Die explizit geplante Obsoleszenz, die sich im Programmcode nachweisen ließe, ist aber nur ein Spezialfall. Wahrscheinlich trägt der generelle Mechanismus von Software-Updates, die immer neue Anforderungen an die Hardware stellen, mehr zur Entwertung von Material bei als die explizit geplante Obsoleszenz. Ich spreche deshalb allgemeiner von ‹Obsoleszenz durch Software›.

Obsoleszenz durch Software scheint zunächst nur IKT-Geräte zu betreffen, kann aber auf alle von Software abhängigen Güter übergreifen. Vor diesem Hintergrund muss die Vision eines ‹Internet der Dinge› bedenklich stimmen, weil damit eine wachsende Zahl von Gebrauchsgütern faktisch zu Peripheriegeräten eingebetteter Prozessoren wird. Schon heute kommt es vor, dass materialintensive Peripheriegeräte wie Drucker, Scanner oder Monitore obsolet werden, weil die neue Betriebssystemversion sie ‹nicht mehr unterstützt›. Nach der Vision des Internets der Dinge werden nun potenziell alle Alltagsgegenstände (also nicht nur IKT-Geräte) von Software-Updates abhängig. Damit besteht die Gefahr, dass das Prinzip der Entwertung von Material durch Software in immer mehr Lebensbereiche übergreift. Was mache ich, wenn mein Herd, mein Toaster, meine Waschmaschine, mein Rollladen oder das Kinderspielzeug vom Softwareanbieter ‹nicht mehr unterstützt› wird?

DAS GRUNDPRINZIP DER DIGITALISIERUNG IST DEMATERIALISIERUNG – NUR STELLEN WIR ES AUF DEN KOPF

Software ist eigentlich das perfekt nachhaltige Produkt. Ein Softwareprodukt ist auf die gleiche Weise immateriell wie ein Roman oder eine Partitur. Diese können allenfalls aus der Mode kommen, aber sie unterliegen keiner Abnutzung. Sie ändern sich nicht dadurch, dass sie gelesen bzw. gespielt werden.

Hardware nutzt sich ferner nicht dadurch ab, dass sie Software ausführt. So gesehen, ist Hardware erstaunlich haltbar. Eher sind äußere Beschädigungen für die Alterung von Hardware verantwortlich als die eigentliche Arbeit, welche die Prozessoren, Speicherchips und weiteren Elektronikbauteile verrichten. Falls die Hardware nicht die Funktion erfüllt, nach der man gerade verlangt, besorgt man sich neue Software, die man auf der gleichen Hardware ausführt. Die Universalität der Hardware ist der ursprüngliche und eigentliche Sinn der Trennung von Hardware und Software.[7]

Um den Energieverbrauch muss man sich normalerweise auch nicht sorgen, denn ein handelsüblicher Prozessor benötigt heute nur eine Kilowattstunde Energie, um unvorstellbare 10 Billiarden Rechenoperationen auszuführen. Die ersten Computer hatten diese Energie schon nach wenigen Tausend Operationen verbraucht. Und die Energieeffizienz der digitalen Technologie steigt weiter.[8]

///<quote>
Eine nachhaltige Wirtschaftsweise wird nicht realisierbar sein, solange wir die grundlegenden Mechanismen nicht infrage stellen, die uns zu Wachstum zwingen.
///</quote>

Bis zu diesem Punkt klingt das alles sehr material- und energieeffizient. Nun hat es sich aber seit den 1980er-Jahren bei Softwareherstellern eingebürgert, dass sie durch die sogenannte Softwareevolution den Fortschritt an Rechenleistung, Speicherdichte und Energieeffizienz im Hardwarebereich vollständig ‹aufsaugen›.[9]

Das Ergebnis ist, dass funktionierende Geräte systematisch zu Abfall werden, was weltweit zu einem steigenden Aufkommen von Elektronikschrott führt. Dies ist unter Nachhaltigkeitsaspekten besonders bedenklich, denn die heutige Hardware enthält 50 bis 60 Metalle, die zum Teil unter hohen Belastungen für Mensch und Umwelt gewonnen werden. Die Geringschätzung dieser materiellen Ressourcen durch ihren viel zu kurzen Einsatz in Geräten ist beispiellos. Recycling löst dieses Problem leider nicht *(siehe auch den Beitrag von Bax & Handke)*. Selbst unter optimalen industriellen Bedingungen werden im Recycling des besagten Elektronikschrotts maximal 17 Metalle zurückgewonnen, alle anderen verteilen sich so fein, dass es praktisch unmöglich ist, sie jemals wiederzugewinnen. Wir entziehen diese Metallmengen damit der Nutzung durch zukünftige Generationen. Hinzu kommt, dass zwischen den entstehenden und recycelten Mengen von Elektronikabfall ohnehin eine Lücke klafft, die in den meisten EU-Ländern weit über 50 Prozent liegt[10] und in der übrigen Welt noch größer sein dürfte.

Für eine nachhaltige Digitalisierung wäre es notwendig, das Prinzip zu rehabilitieren, dass Hardwarekomponenten bis zum Ende ihrer technischen Lebensdauer betrieben werden und der größte Teil der Wertschöpfung im immateriellen Bereich, also in der Software, stattfindet.

FAZIT UND AUSBLICK

Weder im Fall des Flugverkehrs noch im Fall der Lebensdauer von Gebrauchsgütern hat sich bisher die Hoffnung erfüllt, dass dank Digitalisierung die Material- und Energieintensität unserer Aktivitäten zurückgehen würde. Im digitalen Zeitalter ist es vielmehr selbstverständlich geworden, dass Anbieter das Prinzip der immateriellen Wertschöpfung durch Software in sein Gegenteil verkehren, indem sie materiellen Konsum durch Software stimulieren oder gar erzwingen.

Aus diesen und auch aus ethischen Gründen wird es unter anderem notwendig sein, die Rechte der Nutzer*innen zu stärken, um der Entwicklung entgegenzutreten, dass ihr Eigentum zunehmend unter externe Kontrolle durch Softwareanbieter gerät. Das Recht auf informationelle Selbstbestimmung wurde vom deutschen Bundesverfassungsgericht einst aus dem allgemeinen Persönlichkeitsrecht heraus entwickelt, um dem*r Einzelnen eine rechtliche Handhabe zu geben, über die Verwendung seiner oder ihrer persönlichen Daten zu bestimmen. Es stellt sich heute die Frage, ob angesichts der zunehmenden Fremdbestimmung unserer Gebrauchsgüter und Infrastrukturen nicht analog aus dem Eigentumsrecht ein Recht auf materielle Selbstbestimmung abzuleiten wäre, das dem*r Eigentümer*in eines (softwaregesteuerten) materiellen Gutes bessere

Möglichkeiten gibt, sich gegen die Untergrabung seiner*ihrer Verfügungsgewalt über dieses Gut zu schützen.

Ein denkbarer erster Ansatz hierfür wäre das in den USA für Autos geltende und für Elektronikprodukte derzeit geforderte ‹Right to Repair›.[11] Ein Recht auf Reparatur würde sich bei Produkten mit Softwareanteil auch auf die Software beziehen müssen, die folglich offengelegt werden müsste. Allein das könnte bestimmte Formen von softwarebedingter Obsoleszenz verhindern.

Unabhängig davon wird sich die Gesellschaft aber zur einfachen Tatsache verhalten müssen, dass durch Digitalisierung mit immer weniger Arbeit mehr Güter und Dienstleistungen hergestellt werden können, also die Arbeitsproduktivität weiter zunimmt. In naher Zukunft wird die derzeitige Welle der künstlichen Intelligenz (KI) den Arbeitsmarkt erfassen. Zwar haben sich die Konzepte und Methoden der KI in den vergangenen Jahrzehnten nur wenig verändert. Was sie aber heute zumindest vordergründig erfolgreich macht, ist die Verfügbarkeit billiger Hardwareleistung und zugleich riesiger Datenmengen aus dem Internet, mit denen man Lernalgorithmen versorgen kann. Viele Arbeitsplätze (auch im Dienstleistungssektor) werden durch Automatisierung wegfallen, weil man – zu Recht oder zu Unrecht – annehmen wird, KI-Systeme würden die Tätigkeiten besser und billiger verrichten.

Eine nachhaltige Wirtschaftsweise wird aber nicht realisierbar sein, solange wir die grundlegenden Mechanismen nicht infrage stellen, die uns zu Wachstum zwingen.

Einer dieser Mechanismen ist darin zu finden, dass der technische Fortschritt hauptsächlich für die Steigerung der Arbeitsproduktivität (aber kaum für die Steigerung der Ressourcenproduktivität) genutzt wird. Wenn sich diese Entwicklung fortsetzt, werden wir die Prinzipien überdenken müssen, nach denen unsere Gesellschaft heute Arbeit organisiert und Einkommen verteilt. Ohne grundlegende Veränderungen werden wir aus dem Teufelskreis von Produktivismus und Konsumismus nicht ausbrechen können: Je mehr die Arbeitsproduktivität steigt, desto mehr müssen wir konsumieren, um ausreichend arbeiten zu können.

DER AUTOR

/// **Prof. Dr. Lorenz M. Hilty** ist Professor am Institut für Informatik an der Universität Zürich und leitet die gemeinsame Forschungsgruppe ‹Informatik und Nachhaltigkeit› der Universität Zürich und der Empa (Eidgenössische Materialprüfungs- und Forschungsanstalt) in St. Gallen. Seine Schwerpunkte sind ökologische und gesellschaftliche Aspekte der Digitalisierung.

LITERATUR

/// [1] **Arnfalk, P.** *The Role of ICT Based Communication from a Pollution Prevention Perspective.* In: Environmental Communication in the Information Society – Proceedings of the 16th Conference (International Society for Environmental Protection, 2002).

/// [2] **World Bank.** *Air transport, passengers carried: Civil Aviation Statistics of the World and ICAO staff estimates.* https://data.worldbank.org/indicator/IS.AIR.PSGR (2019).

/// [3] **IATA – International Air Transport Association.** *IATA Forecast Predicts 8.2 billion Air Travelers in 2037.* https://iata.org/pressroom/pr/Pages/2018-10-24-02.aspx (2018).

/// [4] **Warland, L., et al.** *Factsheet: Dienstreisen.* https://sustainability.uzh.ch/dam/jcr:8949ac6f-f34e-4f73-97c5-483fa3130b70/2016-08-15_Factsheet_Dienstreisen.pdf (2016).

/// [5] **Moreno-Izquierdo, L., et al.** *The Impact of the Internet on the Pricing Strategies of the European Low Cost Airlines.* European Journal of Operational Research 246, 651–660 (2015).

/// [6] **Dompke, M., et al.** *Memorandum Nachhaltige Informationsgesellschaft.* https://publica.fhg.de/eprints/N-20549.pdf (Fraunhofer IRB Verlag, 2004).

/// [7] **Hilty, L. M.** *Grundlagenforschung in der Informatik? Perspektiven der Informatik und ihre Erkenntnisziele.* Vereinigung der Schweizerischen Hochschuldozierenden 43, 3–10 (2017).

/// [8] **Koomey, J., et al.** *Implications of Historical Trends in the Electrical Efficiency of Computing.* IEEE Annals of the History of Computing 33, 46–54 (2011).

/// [9] **Hilty, L. M., et al.** *Rebound Effects of Progress in Information Technology.* Poiesis & Praxis: International Journal of Technology Assessment and Ethics of Science 1, 19–38 (2006).

/// [10] **Huisman, J., et al.** *Prospecting Secondary raw materials in the Urban mine and Mining wastes* (ProSUM): Final Report (2017).

/// [11] **Reichwein, A., & Sydow, J.** *Wege aus der Reparaturkrise? Das US-amerikanische ‹Right to Repair›* (Germanwatch, 2018).

Autoren: Timo Daum & Steffen Lange

DIGITALER KAPITALISMUS IN GRÜN

Wunschtraum, Etappenziel oder Nebelkerze?

Die Digitalisierung tritt an, die Welt zu verändern. Und es stimmt: Mit rasantem Tempo haben sich die Vehikel der Digitalisierung in der Gesellschaft verbreitet. Smartphones kamen erst vor guten zehn Jahren auf den Markt! Auch überall sonst in der Gesellschaft – in den Unternehmen, Verwaltungen, in der Landwirtschaft, im Verkehr und sogar in Kunst und Musik – erhalten Sensoren, Prozessoren und vieles Digitale mehr Einzug. Ja, man kann mit Fug und Recht sagen, die Digitalisierung verändert die Welt.
Doch sie ist nicht irgendeine Technologie, die eben über die Welt strömt. Nein, sie soll nicht nur die Welt verändern, sie soll sie verbessern. So wird sie in jedem Fall von den Agierenden dargestellt, die sie antreiben – allen voran aus dem Silicon Valley. Auf diesen diskursiven Zug sind inzwischen Unternehmen aus aller Welt aufgesprungen, ebenso wie Regierungen und ein Großteil der medialen Berichterstattung.

Wen wundert es da, dass der Digitalisierung noch eine weitere Hoffnung zugeschrieben wird: den Planeten zu retten. Schon seit Jahren besteht die Erwartung, ökologische Probleme durch die Erhöhung der Effizienz – also weniger Energie und Ressourcen pro Produkt zu verbrauchen – zu lösen. Der Digitalisierung wird zugeschrieben, genau dies zu erreichen. Damit ist sie zu einem zentralen Instrument zur Bewältigung ökologischer Probleme geworden – zumindest in Worten und auf Papier.[1,2]
Dabei wird sie von Unternehmen, Regierungen, Ministerien und Medien natürlich nicht als Vehikel zur grundlegenden Veränderung des Kapitalismus oder gar zu dessen Überwindung gesehen.[3] Nein, digitale Technologien sollen und werden in das bestehende System integriert. So verändert sich zwar auch das System selbst – beispielsweise wird es beschleunigt –, es wird aber nicht grundlegend anders.

Die Hoffnung besteht vielerorts dennoch: Kann die Digitalisierung unsere Wirtschaft ökologisch werden lassen? Innerhalb des kapitalistischen Wirtschaftssystems? Mit anderen Worten: Ist die Digitalisierung das erhoffte Hilfsmittel, vom alten braunen zu einem neuen grünen Kapitalismus überzugehen?

GRÜNER KAPITALISMUS

Grüner Kapitalismus ist der Versuch, eine Abkehr vom fossilen Raubbau hin zu einer nachhaltigen Wirtschaft zu vollziehen, ohne die Grundprinzipien des Kapitalismus infrage zu stellen. Hendrik Sander zufolge ist es das zentrale Anliegen des grünen Kapitalismus, ‹alle gesellschaftlichen Energien auf das Ziel eines tief greifenden ökologischen Umbaus zu konzentrieren› und zum ‹hegemonialen Projekt›[4] zu werden. Ein Green New Deal soll – wie einst der New Deal – eine neue Ära einleiten, welche die Klimaveränderung stoppen kann und mit Marktmechanismen einen ökologischen Umbau realisiert.

Die Idee ist hierbei explizit, die fundamentalen Logiken des Kapitalismus nicht infrage zu stellen. Dies hat vor allem zwei Gründe, die mal allein, mal gemeinsam auftreten. Einige argumentieren, man könne die Dynamik und die ‹kreative Zerstörung› des Kapitalismus für die grüne Sache nutzen. Denn welches andere System könnte so gut neue Infrastrukturen schaffen und nachhaltige Produktions- und Konsummuster etablieren? Mit anderen Worten: Der Kapitalismus soll vor den grünen Karren gespannt werden. Der zweite Grund für das Festhalten am kapitalistischen System ist, dass wir keine Zeit haben, ihn zu überwinden. Beim Klimawandel bleiben nur wenige Jahre, höchstens Jahrzehnte – da kann man nicht parallel noch schnell den Kapitalismus überwinden. Wie das funktionieren kann oder eben nicht, schauen wir uns im Bereich Verkehr genauer an.

DIE ALTERNATIVE ZUM PRIVATAUTO: CARSHARING ODER BUS UND BAHN?

Die Unternehmen des Silicon Valley treten an, die Mobilität der Zukunft als IT-Service zu gestalten, und fordern damit die klassischen Industrien heraus. Ihre Vision ist ein ‹smarter› Verkehr, der mit Daten und Algorithmen gesteuert wird. Plattformkapitalistische Geschäftsmodelle rund um kostenlose Services und die Sammlung von Userdaten sollen die Nutzung fossiler Energieträger und den ‹dummen›, nicht vernetzten Verkehr ablösen. Die Akteure aus dem Silicon Valley versprechen uns eine smarte Zukunft, die Lösung ökologischer Probleme mithilfe von Algorithmen und Technologie, und das ganz ohne grundlegende gesellschaftliche Veränderung – ein generelles Charakteristikum der kalifornischen Ideologie. Der Einsatz von viel Kapital, gepaart mit dem Markt, soll es richten.

Plattformen dieses neuen Verkehrsmodells drängen auch in Deutschland auf den Markt: die Privatfahrtenvermittlung Uber, Taxi-Vermittlungs-Apps wie MyTaxi, Carsharinganbieter wie DriveNow und Plattformen für die Autovermietung zwischen Privatpersonen wie Tamyca und Drivy. All diesen Angeboten ist gemeinsam, dass der Zugriff auf einen Service den Besitz eines Produkts ablöst. Mit einer ‹Ökonomie des Teilens› oder ‹kollaborativem Wirtschaften› haben diese allerdings wenig zu tun – sie sind von Unternehmen betriebene neue Nutzungsformen, bei denen die Profitabilität der Plattform im Vordergrund steht.[5]

Von einer sinkenden Umweltbelastung der Städte Europas durch die Automobilflut ist allerdings noch nichts zu spüren. Im Gegenteil: Fahrten mit den neuen Flotten, insbesondere der Point-to-Point-Carsharingangebote, ersetzen eher Fahrten mit dem öffentlichen Personennahverkehr, als dass sie einen nachweisbaren Effekt auf die Anschaffung und den Betrieb von Privatfahrzeugen hätten.[6]

Das ist auch kein unerwünschter Nebeneffekt, sondern erklärtes Ziel: In einer einzigen Presseerklärung verkündete Uber, den Privatbesitz an PKWs überflüssig machen zu wollen – Traumszenario für die Verkehrswende. Im selben Atemzug drückte Ubers Chief Executive Officer Dara Khosrowshahi auch seine Absicht aus, den öffentlichen Personenverkehr durch seinen Service zu ersetzen: «*Ich möchte das Bus-System für eine Stadt betreiben.*»[7]

Die Wissenschaftler Brand und Wissen ziehen ein ernüchterndes Fazit über die Bestrebungen des digitalen Verkehrssystem: «*Im Kern handelt es sich bei den beschriebenen marktfähigen und technologiefixierten Strategien einer Ökologisierung der Automobilität also um den Versuch, die imperiale Lebensweise durch die selektive ökologische Modernisierung [...] auf Dauer zu stellen.*»[8] Doch das gilt wohl nicht nur für das derzeit entstehende digitale Verkehrssystem, sondern – wie wir im folgenden Abschnitt sehen werden – für auf Wirtschaftswachstum ausgerichteten digitalen Kapitalismus insgesamt.

DIE WACHSTUMSLOGIK BLEIBT ERHALTEN

In den 20er-Jahren des vergangenen Jahrhunderts gelang der amerikanischen Automobilindustrie inmitten der Weltwirtschaftskrise eine bahnbrechende Erfindung. Keine technische allerdings, sondern eine des Marketings: «*Jedes Jahr ein neues Auto!*» Alfred Sloan forderte, die «*Änderungen am neuen Modell sollten so neu und attraktiv sein, dass eine Nachfrage entsteht [...] bis zu einer gewissen Unzufriedenheit mit früheren [Modellen]*»[9] Der Chef von General Motors hatte damit die dynamische Obsoleszenz erfunden. Letztendlich sollte diese Strategie der Einführung von Produkten mit bewusst begrenzter Haltbarkeitsdauer zu einem Schlüsselelement der amerikanischen (und globalen) Konsumwirtschaft werden.

Diese Logik setzt sich in der digitalen Version des Kapitalismus fort. Heute ist es nicht nur ‹Jedes Jahr ein neues Auto›, sondern außerdem ‹Jedes Jahr ein neues Smartphone›. Genauer gesagt: Neben kontinuierlich neue Autos treten kontinuierlich neue Smartphones. Und selbst bei den Autos wirkt die Digitalisierung als Wachstumsbeschleuniger: Was aktuelle Autos von Versionen vor ein paar Jahren unterscheidet, hat immer auch etwas mit digitalen Möglichkeiten zu tun: Einparkhilfen, Ansätze autonomen Fahrens, Außenkameras und anderem mehr. Auch werden die Autos hierdurch immer schwieriger zu reparieren – was die Abhängigkeit von den Konzernen weiter steigen lässt.

Das gleiche Spiel sehen wir in anderen Sektoren: Theoretisch könnte das Smartphone als Multifunktionsgerät viele andere Geräte ablösen – stattdessen kaufen die Menschen zusätzlich neue internetfähige Fernseher, intelligente Saugroboter, Bluetooth-kompatible Stereoanlagen, smarte Sicherheitsanlagen und so weiter. Angesichts dieser Dynamiken ist zu fragen: Kann der digitale Kapitalismus trotz bestehender Ausrichtung auf Profitgenerierung und damit auf steigende Absatzzahlen und Wirtschaftswachstum doch noch nachhaltig werden? Sehen wir uns einige Zahlen an.

EINE ÖKOLOGISCHE BILANZ DER BISHERIGEN DIGITALISIERUNG

Im Zuge der Digitalisierung ist immer wieder von den positiven Effekten einer informationszentrierten Ökonomie die Rede, die bestehende nachhaltige Ressourcen effizienter einsetze. Die Zahlen erzählen bisher eine andere Geschichte. Generell kann man die ökologischen Effekte der Digitalisierung in drei Bereiche teilen: erstens die materielle Basis – die Menge der Energie, der Emissionen und der Verbrauch von Ressourcen, die der Digitalisierung zuzuordnen sind. Das ist noch am leichtesten zu schätzen. Beispielsweise entfallen inzwischen rund zehn Prozent des weltweiten Stromverbrauchs auf die Nutzung des Internets und der Geräte der Informations- und Kommunikationstechnologien (IKT) – und alle Prognosen sagen, dieser Anteil werde noch steigen.[10] Zweitens stehen dem die Energieeinsparungen gegenüber, die durch digitale Tools erreicht werden können. Wie viel Energie kann durch intelligente Robotik in der Industrie, durch precision farming, durch smarte Verkehrslenkung und so weiter, eingespart werden? Hier sind die Zahlen weniger einfach und klar. Es scheint jedoch sicher, dass die Effizienz steigt. In welchem Ausmaß, ist von Sektor zu Sektor unterschiedlich. Drittens wird die höhere Effizienz für Mehrverbrauch – sprich Wirtschaftswachstum – genutzt und setzt damit Reboundeffekte frei. Ein Beispiel ist das Streaming *(siehe Beitrag von Sühlmann-Faul)*. Insgesamt sind die ökologischen Auswirkungen der bisherigen Digitalisierung schwer zu messen und am Ende kaum zu bestimmen. Denn die Digitalisierung ist ein historisch einmaliges Phänomen und kann nicht von derzeit stattfindenden anderen Veränderungen getrennt werden. Eines ist jedoch glasklar: Bisher hat die Digitalisierung nicht dazu geführt, dass weltweit der CO_2-Ausstoß oder Ressourcenverbrauch gesunken wäre. Ganz im Gegenteil: Im Zeitalter der Digitalisierung steigen beide weiter an. Damit nicht genug: Um ökologische Ziele zu erreichen, bräuchten wir eigentlich eine rasante Reduktion der Umweltbelastung – davon sind wir im digitalen Zeitalter weit entfernt.

KEIN ENDE IN SICHT

Die Digitalisierung, wie sie derzeit stattfindet, verändert also weder die Grundprinzipien des Kapitalismus noch den Umstand, dass das derzeitige Wirtschaften ökologisch unhaltbar ist. Vielleicht ist der digitale Kapitalismus aus ökologischer Sicht das kleinere Übel. Vielleicht ist eine weitere Ausbreitung von Massenkonsum und westlichem Lebensstil über den Globus mithilfe digitaler Möglichkeiten sogar signifikant umweltgerechter, als sie es auf Grundlage des vorherigen Kapitalismus gewesen wäre. Allerdings führt diese Gegenüberstellung in die falsche Denkrichtung. Die Digitalisierung bringt keinen neuen Kapitalismus hervor, stattdessen bewirkt sie die Fortsetzung bestehender Dynamiken. Klar ist jedoch auch: Ökologisch nachhaltig ist das nicht. Auch der digitale Kapitalismus ist somit keine ökologische Alternative zum bestehenden, und die Suche und der Kampf um ein umweltgerechtes Wirtschaftssystem gehen weiter.

DIE AUTOREN

/// **Timo Daum** ist Dozent und Sachbuchautor. Sein Themenschwerpunkt ist Digitaler Kapitalismus. www.2pir.de

/// **Dr. Steffen Lange** arbeitet am Institut für ökologische Wirtschaftsforschung. Seine Themenschwerpunkte sind Digitalisierung, nachhaltiges Wirtschaften, Ökologie und Wirtschaftswachstum. https://www.ioew.de/das_ioew/mitarbeiter/dr-steffen-lange/

LITERATUR

/// [1] **Die Bundesregierung.** *Digitale Agenda 2014–2017* (2014).

/// [2] **GeSI & Accenture.** *Smarter 2030. ICT Solutions for 21st Century Challenges.* http://smarter2030.gesi.org/ (2015).

/// [3] **OECD.** *OECD Digital Economy Outlook 2015.* http://www.oecd-ilibrary.org/science-and-technology/oecd-digital-economy-outlook-2015_9789264232440-en (OECD Publishing, 2015).

/// [4] **Sander, H.** *Auf dem Weg zum grünen Kapitalismus? Die Energiewende nach Fukushima* (Bertz und Fischer, 2016).

/// [5] **Loske, R.** *Sharing Economy: Gutes Teilen, schlechtes Teilen?* Blätter für deutsche und internationale Politik 11, 89–98 (2015).

/// [6] **Steiner, J., & Graff, A.** *Kannibalisiert Car-Sharing den ÖPNV?* Kommentar in: Lehmann, H. Car-Sharing entlastet den Verkehr kaum: Der Tagesspiegel (2. Februar 2015).

/// [7] **Hook, L.** *Uber's new CEO plans expansion into buses, bikes.* https://www.ft.com/content/2d1116d6-120b-11e8-8cb6-b9ccc4c4dbbb (2018).

Autoren: Till Schäfer, Christian Nähle & Denis Kurz

WAS GEHT MICH DAS AN?
SAATGUT WIE SOFTWARE

Eine Frage der Lizenz

© Free Software Foundation Europe

© OpenSourceSeeds

Saatgut und Software könnten kaum verschieden sein. Saatgut ist analog, Software ist digital. Saatgut begleitet die Menschheitsgeschichte bereits sehr lange, Software ist, geschichtlich gesehen, noch jung. Saatgut kommt aus der Natur, Software entstammt der menschlichen Kultur. Was also haben Saatgut und Software gemeinsam?

Der jeweilige Gebrauch kann an Nutzungsbedingungen geknüpft sein, welche der Hersteller vorgibt. So kann zum Beispiel das Recht eingeschränkt werden, Software oder selbst geerntetes Saatgut weiterzugeben. Sind Saatgut oder Software auf solche Weise eingeschränkt, werden sie ‹unfrei› oder ‹proprietär›[1] genannt. Zudem wird unfreies Saatgut biologisch und unfreie Software technisch in der Regel auf eine Weise am Markt bereitgestellt, die eine Nachzüchtung von Saatgut oder eine Weiterentwicklung von Software unterbindet. Bei Freiem Saatgut und Freier Software[2] hingegen werden Nutzung und Weitergabe nicht eingeschränkt. Aus gesellschaftlicher Sicht können Saatgut und Software also entweder als Privateigentum oder als Gemeingut[3] bewirtschaftet werden. Wir wollen im Folgenden aufzeigen, dass mit dem freien oder proprietären Ansatz jeweils Vor- und Nachteile verbunden sind. Die folgende Betrachtung von Nutzungsrechten und Gemeingütern stellt gesellschaftliche Prinzipien heraus, die sich auf andere Themenfelder übertragen lassen. Saatgut und Software dienen dabei als Beispiele für unsere Betrachtungen.

FREIE LIZENZEN: SCHUTZ FÜR GEMEINGUT

Welche Rechte Hersteller von Saatgut oder Software einräumen und welche Pflichten sie einfordern, wird durch Lizenzen geregelt.

Um rechtliche Abhängigkeiten der Landwirtschaft von Saatgutproduzenten zu verhindern, hat die Initiative OpenSourceSeeds[4] die Freie Open-Source-Saatgut-Lizenz[5] mit den folgenden drei Regeln entwickelt:

REGEL 1:
Jede*r darf das Saatgut frei nutzen, es vermehren, weiterentwickeln, züchterisch bearbeiten und es im Rahmen bestehender Gesetze weitergeben.

REGEL 2:
Niemand darf das Saatgut und seine Weiterentwicklungen mit geistigen Eigentumsrechten wie Patenten belegen.

REGEL 3:
Jede*r Empfänger*in überträgt zukünftigen Nutzer*innen des Saatguts und seinen Weiterentwicklungen die gleichen Rechte und Pflichten.

Vorbild bei der Entwicklung dieser Lizenz waren die Freien Softwarelizenzen.[6] Die Free Software Foundation Europe formuliert deren Prinzipien wie folgt:

FREIHEIT 1:
Ein Programm für jeden Zweck auszuführen.

FREIHEIT 2:
Die Funktionsweise eines Programms zu untersuchen und es an seine Bedürfnisse anzupassen.

FREIHEIT 3:
Kopien weiterzugeben und damit seinen Mitmenschen zu helfen.

FREIHEIT 4:
Ein Programm zu verbessern und die Verbesserungen an die Öffentlichkeit weiterzugeben, sodass die gesamte Gesellschaft profitiert.

Freie Lizenzen sind eine Voraussetzung dafür, dass Menschen sich mit ihrer Umwelt auseinandersetzen können. Sie ermöglichen es ihnen, Saatgut und Software nach ihren Bedürfnissen zu verstehen, zu verbessern, zu verwenden und zu verbreiten.

FREIHEIT 1: VERSTEHEN
FREIHEIT 2: VERBESSERN

ERBGUT QUELLCODE
PRODUKT PROGRAMM

FREIHEIT 3: VERWENDEN
FREIHEIT 4: VERBREITEN

Diese Prinzipien werden durch konkrete Freie-Software-Lizenzen wie z. B. die GNU General Public License[7] ausgestaltet.

SAATGUT WIE SOFTWARE: UNGLEICH UND GLEICH ZUGLEICH

Proprietäre Lizenzen haben auf dem Software- und dem Saatgutmarkt sehr ähnliche Auswirkungen. So sieht man in beiden Märkten eine starke Monopolisierung. Im Softwarebereich entfallen bei Desktop-Computern über 80 Prozent der installierten Betriebssysteme auf Microsoft Windows.[8] Im Saatgutbereich beherrschen seit der Fusion von Bayer und Monsanto im Jahr 2018 nur noch drei Konzerne 60 Prozent des weltweiten Saatgutmarktes.[9] Das Ergebnis dieses Trends zur Machtkonzentration ist erschreckend: 75 Prozent der zu Beginn des 20. Jahrhunderts noch verfügbaren Sortenvielfalt sind heute verloren.[10]

Beiden Märkten ist wiederum gemein, dass häufig die Monopole dadurch aufrechterhalten werden, dass Kund*innen der Wechsel zu Alternativen erschwert wird. Im Softwarebereich führt das dazu, dass die Auswahl von Softwareprodukten sich nicht mehr nur an Sachgründen wie zum Beispiel einem starken Datenschutz orientiert. Somit ist die digitale Souveränität eingeschränkt.

Ob auf dem Acker oder am Bildschirm, das grundsätzlich Fatale an proprietären Strukturen ist, dass sie

→ **sozial abhängig machen**,
  denn sie führen zu Machtkonzentrationen bei wenigen,
→ **arm an Vielfalt sind**,
  denn es herrscht eine starke Tendenz zur Monokultur, und …
→ **kulturvernichtend wirken**,
  denn lokales Wissen kann sich nur schwer erhalten oder weiterentwickeln

Saatgut und Software sollten als Gemeingut behandelt, anstatt privat eingehegt werden.

Freie Lizenzen sind eine Voraussetzung dafür, dass Menschen sich mit ihrer Umwelt auseinandersetzen können. Sie ermöglichen es ihnen, Saatgut und Software nach ihren Bedürfnissen zu verwenden, zu verstehen, zu verbreiten und zu verbessern. Diese vier Freiheiten für Gemeingüter sind zentral für eine mündige Gesellschaft.

AUTOREN

/// **Till Schäfer** ist wissenschaftlicher Mitarbeiter an der TU Dortmund. Er ist Repräsentant von Do-FOSS, der Initiative für den Einsatz Freier und Quelloffener Software (Free and Open Source Software, kurz FOSS) bei der Stadt Dortmund. http://do-foss.de
/// **Christian Nähle** ist Verwaltungsfachwirt und Geschäftsführer von Do-FOSS.
/// **Dr. Denis Kurz** ist wissenschaftlicher Mitarbeiter an der TU Dortmund und arbeitet im Koordininationskreis von Do-FOSS.

LITERATUR

/// [1] **Wikipedia.** *Proprietäre Software.* https://de.wikipedia.org/wiki/Propriet%C3%A4re_Software (2019).
/// [2] **Wikipedia.** *Freie Software.* https://de.wikipedia.org/wiki/Freie_Software (2019).
/// [3] **Wikipedia.** *Gemeingut.* https://de.wikipedia.org/wiki/Gemeingut (2019).
/// [4] **Open Source Seeds.** *Machen Sie mit!* https://opensourceseeds.org (2019).
/// [5] **Kotschi, J., & Rapf, K.** *Befreiung des Saatguts durch Open-Source-Lizenzierung: Arbeitspapier* (AGRECOL, 2016).
/// [6] **Free Software Foundation.** *Was ist Freie Software.* https://fsfe.org/about/basics/freesoftware.de.html (2019).
/// [7] **Wikipedia.** *GNU General Public License.* https://de.wikipedia.org/wiki/GNU_General_Public_License (2019).
/// [8] **Wikipedia.** *Usage share of operating systems: Desktop and laptop computers.* https://en.wikipedia.org/wiki/Usage_share_of_operating_systems#Desktop_and_laptop_computers (2019).
/// [9] **Umweltinstitut München e. V.** *Offener Brief an die EU: Fusionen von Agrarkonzernen verhindern.* http://www.umweltinstitut.org/aktuelle-meldungen/meldungen/offener-brief-an-die-eu-fusionen-vonagrarkonzernen-verhindern.html (2017).
/// [10] **Bundesanstalt für Landwirtschaft und Ernährung.** *Pflanzengenetische Ressourcen in Deutschland.* https://pgrdeu.genres.de/information/intro (o.D.). http://www.ethlife.ethz.ch/archive_articles/130705_amphiro_studie_cn.html (letzter Aufruf: 23.01.2019).
/// [11] **Hintemann, R., & Hinterholzer, S.** (2018). *Smarte Rahmenbedingungen für Energie- und Ressourceneinsparungen* (Kurzstudie im Auftrag des Bundes für Umwelt und Naturschutz Deutschland e. V. (BUND) (S. 51). http://www.bund.net/kurzstudie_smarthome letzter Aufruf: 16.1.2019.

Autorin: Lena Michelsen

DEBATTENBEITRAG

AGRAR-INDUSTRIE 4.0 ZUKUNFTS-FÄHIGE LAND-WIRTSCHAFT?

Auswirkungen der Digitalisierung
auf Kleinbäuerinnen und Landarbeiter weltweit

Agrarkonzerne wie Bayer argumentieren, dass digitale Technik maßgeblich dazu beitragen könne die Landwirtschaft nachhaltiger zu machen. Dank Drohnen und Sensoren würden im Ackerbau Pflanzenkrankheiten und Schädlinge frühzeitig erkannt und könnten mit geringeren Pestizidmengen als bisher bekämpft werden. Farmmanagementsysteme sollen Verwaltungsabläufe für Landwirt*innen erleichtern, und die digital gestützte, präzisere Ausbringung von Dünger soll dazu beitragen, Nährstoffüberschüsse im Boden zu minimieren. Letztlich soll die wachsende Weltbevölkerung mit digitalen Lösungen besser ernährt werden können – dank steigender Erträge bei gleichzeitiger Schonung der Ressourcen. Doch im Kern geht es um ‹Big Data› – das massenhafte Sammeln und Auswerten von Daten:[2] Hersteller von Saatgut, Pestiziden, Düngemitteln und Landmaschinen wie Bayer oder John Deere kreieren seit einigen Jahren neue Geschäftsmodelle und wollen Landwirt*innen auf Basis der gesammelten und ausgewerteten Agrar- und Wetterdaten speziell zugeschnittene Lösungen über digitale Plattformen anbieten. Dabei sammeln sie aber nicht nur Agrardaten, sondern auch Daten über Verbraucher*innen, Landwirt*innen und Arbeiter*innen.

///<quote>
Hinter den Nachhaltigkeitsversprechen der Agrarkonzerne geht es im Kern um ‹Big Data›.
///</quote>

VON DROHNEN BIS ZU GENSCHEREN: WIE SICH DIE HARD- UND SOFTWARE IN DER LANDWIRTSCHAFT ÄNDERT

Ein zentraler Bereich der Digitalisierung in der Landwirtschaft ist die ‹Hardware›: autonom fahrende Traktoren, Sensoren an Landmaschinen, die relevante Informationen über Pflanzengesundheit, Böden und Wasserqualität sammeln, Melkroboter und mithilfe künstlicher Intelligenz programmierte Drohnen. Letztere können tief über Felder fliegen, dabei unerwünschte Wildpflanzen ausfindig machen und direkt besprühen, wodurch Treibstoff eingespart und die Menge ausgebrachter Agrargifte reduziert werden soll. Doch laut der Innovationsinitiative Landwirtschaft 4.0 des Leibniz-Forschungsverbunds ‹Nachhaltige Lebensmittelproduktion & gesunde Ernährung›, die auch vom Wissenschaftlichen Dienst des Bundestags zur Beurteilung der aktuellen Datenlage herangezogen wird, fehlen bisher grundlegende wissenschaftliche Erkenntnisse, die belegen, dass die Digitalisierung in der Landwirtschaft tatsächlich ‹zu einer Realisierung einer transparenten, nachhaltigen, umwelt-, tier- und verbrauchergerechten Produktion von Nahrungsmitteln und biobasierten Rohstoffen› führen kann.³ Neben der genannten ‹Hardware› sind die Entschlüsselung, Rekonstruktion und Veränderung der DNA von Pflanzen und Nutztieren – die ‹Software› – ein wichtiges Themenfeld bei der Digitalisierung in der Landwirtschaft. Durch die Digitalisierung etwa von Genomen, die in internationalen Saatgutbanken eingelagert sind, können heute genetische Informationen verfügbar gemacht werden, ohne dabei Saatgut physisch auszutauschen. Diese Entwicklung ist die Grundlage für die Nutzung sogenannter DNA-Synthesizer: Die vergleichsweise kostengünstigen Geräte können digitalisierte Gensequenzen rekonstruieren, die aus einer Onlinedatenbank heruntergeladen wurden. Diese rekonstruierten Gensequenzen können anschließend in eine Pflanze oder ein Tier eingesetzt werden. Dabei können sich Biolog*innen beispielsweise neuer Gentechnikverfahren wie etwa der ‹Genschere› CRISPR/Cas bedienen. Auch wenn neue Gentechnikverfahren in der Europäischen Union laut dem Urteil des Europäischen Gerichtshofs im Sommer 2018 ebenso wie die klassische Gentechnik reguliert werden müssen, bergen diese Entwicklungen weltweit enorme Risiken für die Umwelt und Landwirtschaft.⁴

> ///<quote>
> Die Digitalisierung wird voraussichtlich eine nie da gewesene Integration und Kooperation entlang der Agrarlieferkette vorantreiben.
> ///</quote>

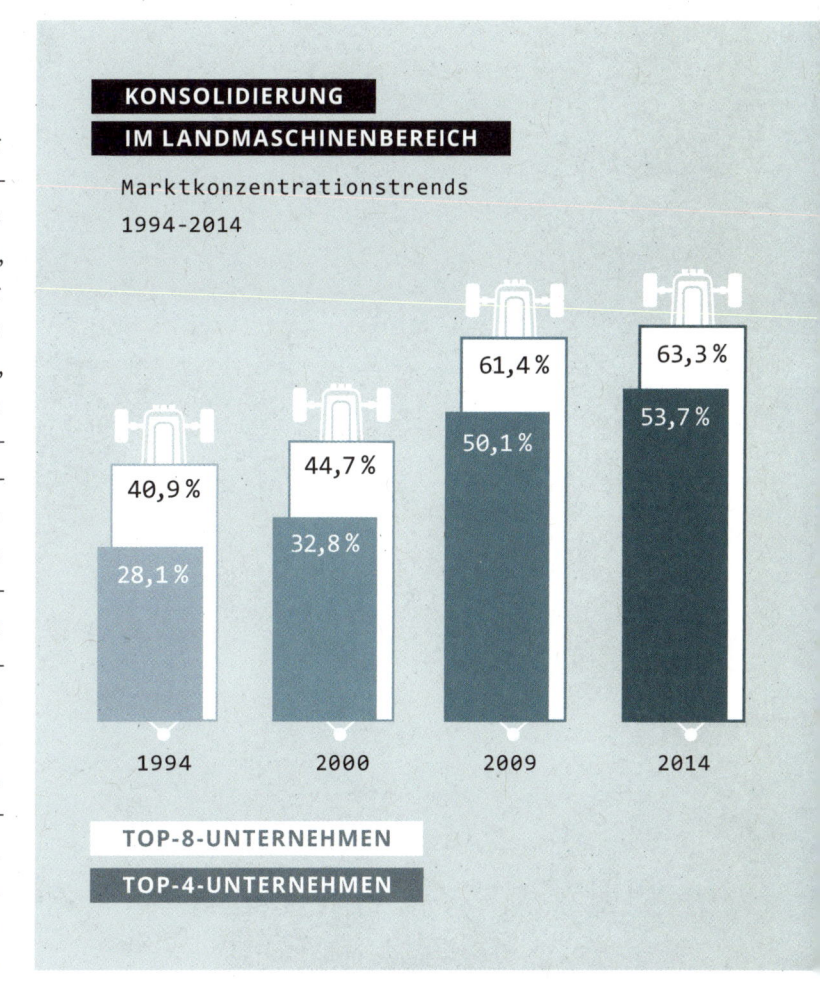

KONSOLIDIERUNG IM LANDMASCHINENBEREICH
Marktkonzentrationstrends 1994-2014

Jahr	TOP-8-UNTERNEHMEN	TOP-4-UNTERNEHMEN
1994	40,9 %	28,1 %
2000	44,7 %	32,8 %
2009	61,4 %	50,1 %
2014	63,3 %	53,7 %

Aus der Broschüre ‹Blocking the Chain›: webshop.inkota.de/node/1551

DIE DIGITALISIERUNG VERSTÄRKT MARKTMACHT

Die Digitalisierung wird voraussichtlich eine nie da gewesene Integration und Kooperation entlang der gesamten Agrarlieferkette vorantreiben. Im digitalen Zeitalter haben jene Konzerne die größte Macht, die über die meisten Informationen verfügen. Je mehr Daten in die digitalen Farmmanagementsysteme eingespeist werden, desto treffsicherer werden die Algorithmen. Um an möglichst viele Daten über den Anbau und äußere Faktoren wie das Wetter zu gelangen, sind die ‹klassischen› Akteure im Agribusiness – das heißt Saatgut-, Pestizid-, Düngemittel- und Landmaschinenhersteller – gezwungen, miteinander sowie mit Softwarefirmen zu kooperieren oder andere Unternehmen zu übernehmen. Aktuell wird dieses Wettrennen von den Landmaschinenunternehmen angeführt: So schlossen etwa John Deere und AGCO in den vergangenen Jahren Datenabkommen mit den wichtigsten Saatgut- und Pestizidunternehmen ab, investierten in Big-Data-Plattformen und gingen Partnerschaften mit diversen Drohnen- und Softwareunternehmen ein oder kauften diese teilweise auf. Durch die neu gewonnene Expertise können die Landmaschinenhersteller nun mithilfe von Sensoren an den verkauften Traktoren jeden Quadratzentimeter des Ackers überwachen. Sie wissen genau, welches Saatgut, welche Düngemittel und welche Pestizide verwendet werden und wie die Ernte ausfällt. Sowohl durch dieses wertvolle Wissen als auch durch die zunehmende Konzentration von Marktmacht (der Marktanteil der vier größten Landmaschinenhersteller weltweit ist zwischen 1994 und 2014 von rund 28 Prozent auf fast 54 Prozent angestiegen[5]) erlangen einzelne Agrarkonzerne immer mehr Macht und zunehmenden Einfluss auf die globale Landwirtschaft. Und derzeit ist kein Ende der Konzentrationsprozesse in Sicht.

GRAVIERENDE FOLGEN FÜR KLEINBAUERN UND -BÄUERINNEN SOWIE LANDARBEITER*INNEN

Während der Fokus großer Agrarkonzerne bisher auf Großbetrieben mit Massenproduktion lag, können mit neuartiger Technik wie Drohnen und angepassten Algorithmen nun auch kleinteilige Parzellen bearbeitet werden. Die Zielgruppe der Kleinbauern und -bäuerinnen, die vor allem in Ländern des Globalen Südens nach wie vor den Großteil der Erzeuger*innen ausmachen, kann durch die Digitalisierung potenziell besser erreicht werden, um letztlich den Absatz der Agrarkonzerne weiter zu steigern. Bayer hat schon heute kleinbäuerliche Erzeuger*innen im Fokus und will ihnen ‹maßgeschneiderte Lösungen› – auch in Form digitaler Technologien – zur Maximierung der Ernteerträge anbieten.[6] Werden bäuerliche Erzeuger*innen (gezwungenermaßen) Teil von den voraussichtlich nur wenigen digitalen Plattformen wie zum Beispiel ‹Climate FieldView›[7], dann bestimmen die Plattformbetreiber faktisch, was angebaut wird, welches Saatgut, welche Düngemittel und welche Pestizide verwendet werden und welche Maschinen zum Einsatz kommen. Denn im Fall von ‹Climate FieldView› hat Bayer deutlich gemacht, dass über die Plattform nur die eigenen Produkte – und nicht etwa die des Konkurrenten – angeboten werden. Außerdem kooperiert Climate Corporation als Plattformbetreiber neuerdings – zunächst nur in den USA – mit einer Ernteversicherungsfirma und versorgt diese mit aktuellen Daten.[8] Mit der Kontrolle der digitalen Plattformen durch wenige Großkonzerne sowie deren Bevorzugung von industriellem Saatgut verringern sich die Wahlmöglichkeiten für Bauern und Bäuerinnen, und sie werden stärker in die Abhängigkeit gedrängt. Auch für die Reparatur komplexer digital gesteuerter Landmaschinen werden Bauern und Bäuerinnen zunehmend von IT-Expert*innen abhängig sein. Mit dem Einsatz neuer Technologien besteht außerdem die Gefahr, dass bäuerliches Wissen und bäuerliche Praxis entwertet werden und verloren gehen. Nicht nur die kleinbäuerlichen Betriebe, sondern auch Landarbeiter*innen werden immer stärker überwacht. So setzt Cargill etwa Drohnen zur Überwachung von Palmölplantagen in Malaysia ein. Cargill gibt vor, dies in erster Linie zu tun, um sicherzustellen, dass keine illegale Abholzung geschieht. Tatsächlich werden die Drohnen aber auch dazu genutzt, die Arbeitsleistung der Landarbeiter*innen zu überwachen.[9]

POLITIK UND ZIVILGESELLSCHAFT MÜSSEN AKTIV DIE RAHMENBEDINGUNGEN GESTALTEN

Digitale Technologien sollten so eingesetzt werden, dass sie Kleinerzeuger*innen, Arbeitenden in der Landwirtschaft und Verbraucher*innen zugutekommen. Dafür gibt es vielfältige Möglichkeiten: Kleinbauern und -bäuerinnen könnten sich den erleichterten Informationsaustausch zunutze machen und sich vermehrt untereinander – über Apps und soziale Medien – etwa zu ökologischen Anbaumethoden oder Vermarktungsmöglichkeiten beraten. An anderen Orten können lokale Gemeinschaften wie die indigene Guajajara-Community in Brasilien Drohnen nutzen, um Fälle von Landraub oder Abholzung zu dokumentieren und so ihr Territorium zu schützen.[10]

Doch damit Kleinerzeuger*innen tatsächlich von neuen digitalen Technologien profitieren, müssen strikte Rahmenbedingungen geschaffen werden, die ihnen und ihren Organisationen den Zugang zu notwendigen Informationen und die Kontrolle über die Daten gewährleisten und gleichzeitig die Macht großer Agrar- und Big-Data-Konzerne einschränken. Ein erster geeigneter Versuch könnte der Vorschlag der Internationalen Agrarminister*innen-Konferenz vom Januar 2019 sein: Ein von der Landwirtschafts- und Ernährungsorganisation der Vereinten Nationen (FAO)

> ///<quote>
> Nicht nur die kleinbäuerlichen Betriebe, auch die Landarbeiter*innen werden immer stärker überwacht.
> ///</quote>

koordinierter Digitalrat soll die Regierungen und andere relevante Akteure beraten, den Austausch von Ideen und Erfahrungen vorantreiben und damit helfen, die Chancen der Digitalisierung für alle besser nutzbar zu machen.[11]

Wenn die landwirtschaftlichen Daten nur über wenige Plattformen verwaltet werden, muss sichergestellt werden, dass die Daten sowie die Plattformen nicht von einer Handvoll Großkonzerne, sondern demokratisch kontrolliert werden. Bei dieser Frage sollten Landwirt*innen genauso wie Vertreter*innen aus der Zivilgesellschaft mitdiskutieren und entscheiden. Auch bei der Entwicklung von neuen Technologien sollten nicht nur die Interessen industrieller Betriebe, sondern besonders die Bedürfnisse kleinbäuerlicher Erzeuger*innen sowie deren finanzielle Möglichkeiten beachtet werden. Hierbei ist es ebenso wichtig abzuschätzen, welche Effekte auf gesamte Gesellschaften zu erwarten sind. Im Sinne des Vorsorgeprinzips sollten neue Technologien erst dann großflächig angewandt werden, wenn negative Effekte für Menschen und Umwelt auf Basis unabhängiger wissenschaftlicher Studien ausgeschlossen werden können. Auch hier wird der Vorschlag der Agrarminister*innen-Konferenz begrüßt, unter dem Dach der FAO eine Technikfolgenabschätzung zu den Chancen und Risiken der Digitalisierung für die Landwirtschaft und ländliche Regionen zu erarbeiten.

Die Ursachen von Hunger und Armut sowie von ökologischen Krisen sind überaus komplex. Oft hängen sie mit der Diskriminierung von marginalisierten Bevölkerungsgruppen, der Kriminalisierung von Aktivist*innen oder dem ungerechten Zugang zu und der Kontrolle über (natürliche) Ressourcen – kurz: mit ungleichen Machtverhältnissen – zusammen. Die Digitalisierung der Landwirtschaft soll nun eine technische Lösung für diese vielschichtigen Probleme bieten. Ähnlich wie das Hungerproblem keineswegs mit Gentechnik gelöst werden konnte und die Ertragssteigerungen enorme Umweltschäden verursacht haben, wird auch das neue Megaprojekt der Digitalisierung scheitern, wenn gegenwärtige Entwicklungen und strukturelle Rahmenbedingungen fortgeschrieben werden. Zeit für ein Umdenken.

Hinweis: Dieser Beitrag basiert auf der 2018 von Pat Mooney verfassten und vom INKOTA-netzwerk, der ETC Group, GLOCON und der Rosa-Luxemburg-Stiftung herausgegebenen Studie ‹Blocking the chain – Konzernmacht und Big-Data-Plattformen im globalen Ernährungssystem› und gibt die zentralen Ergebnisse wieder. Die Studie kann bei INKOTA kostenlos (in der deutschen oder der englischen Fassung) bestellt werden und steht zum Download zur Verfügung: https://webshop.inkota.de/node/1551

DIE AUTORIN

/// **Lena Michelsen** ist Referentin für globale Landwirtschaft und Welternährung beim INKOTA-netzwerk e. V.
https://www.inkota.de/ueber-uns/team/

LITERATUR

/// [1] **Bayer AG.** *Der vernetzte Acker.* https://www.research.bayer.de/de/digital-farming-digitale-landwirtschaft.aspx (2017).

/// [2] **Sykuta, M. E.** *Big Data in Agriculture: Property Rights, Privacy and Competition in Data Services.* International Food and Agribusiness Management Review 19, 57–75 (2016).

/// [3] **Leibniz-Forschungsverbund ‹Nachhaltige Lebensmittelproduktion & gesunde Ernährung›.** *Positionspapier der Innovationsinitiative Landwirtschaft 4.0.* http://www.leibniz-lebensmittel-und-ernaehrung.de/fileadmin/user_upload/bilder/Ernaehrung/Presse/Positionspapier_Landwirtschaft_4_0_Final2.pdf (o. D.).

/// [4] **Volling, A., & Nürnberger, M.** *Wahlfreiheit und Vorsorgeprinzip vorerst gestärkt.* In: *Kritischer Agrarbericht*, Agrarbündnis e. V. https://www.kritischer-agrarbericht.de/fileadmin/Daten-KAB/KAB-2019/KAB2019_279_289_Volling_Nuernberger.pdf (ABL Verlag, 2019).

/// [5] **IPES FOOD.** *Too Big to Feed: Exploring the impacts of mega-mergers, consolidation and concentration of power in the agri-food sector.* http://www.ipes-food.org/_img/upload/files/Concentration_FullReport.pdf (2017).

/// [6] **Bayer AG.** *Smallholder Farming: Small Land, Large Impact.* https://www.cropscience.bayer.com/en/crop-science/smallholder-farming (o.D.).

/// [7] **Climate Fieldview.** *The Climate Corporation Partners with Farmers Mutual Hail, Simplifies Crop Insurance Reporting for U.S. Farmers.* https://climate.com/newsroom/climate-corporation-farmers-mutual-hail (2018).

/// [8] **Ebd.**

/// [9] **Cargill.** *Cargill issues new palm oil sustainability report.* Cargil News. https://www.cargill.com/story/cargill-issues-new-palm-oil-sustainability-report (6. April 2015).

/// [10] **Lazzeri, T.** *Guerreiras da Floresta enfrentam madeireiros em defesa de terra indígena.* Repórter Brasil. https://reporterbrasil.org.br/2018/03/desmatamento-indigena-guerreiras-da-floresta-enfrentam-madeireiros-maranhao (8. März 2018).

/// [11] **Global Forum for Food and Agriculture.** *Communiqué 2019: Agriculture Goes Digital – Smart Solutions for Future Farming.* https://www.gffa-berlin.de/en/deckblatt-communuque/ (2019).

Autor*innen: Clara Wolff, Magnus Wessel, Vivian Frick & Anja Höfner

WAS GEHT MICH DAS AN?
WARUM BRAUCHEN WIR VIELFALT?

WIR BRAUCHEN VIELFALT …

Anbietervielfalt
sorgt für innovative Produkte und verhindert systemrelevante Machtkonzentrationen.

Resilienz
von IT-Systemen leidet unter Zentralisierung, wie der Fall Wannacry zeigte.

Wahlfreiheit
Nutzer*innen müssen zwischen verschiedenen Anbietern wählen können.

Artenvielfalt
ist überlebenswichtig. Die Konsequenzen des Artensterbens sind unvorhersehbar, darum ist jede Art schützenswert.

Resilienz
ökologischer Systeme beruht auf genetischer Vielfalt. Nur dadurch können sie sich z. B. an den Klimawandel anpassen.

Generationengerechtigkeit
Nachfolgende Generationen sollen die Möglichkeit haben, aus einer reichen Sortenvielfalt schöpfen zu können.

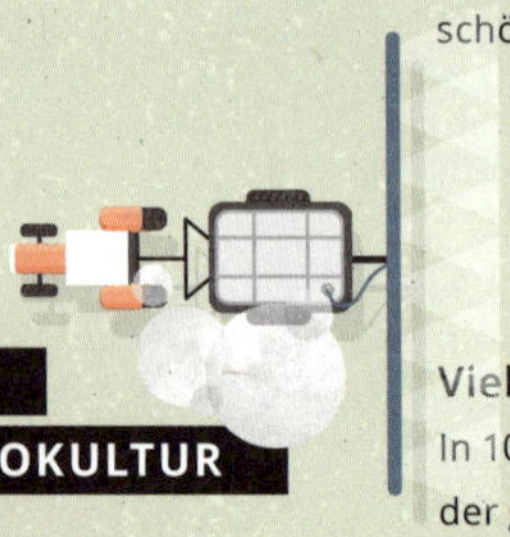

… ANSTELLE VON MONOPOLISIERUNG & MONOKULTUR

Vielfalt nimmt ab
2007 wurden 50 % des Datenverkehrs im Internet von über 1000 Webseiten generiert, 2014 waren es 35 Webseiten.

Datenakkumulation konzentriert Marktmacht
Datenerfassung ermöglicht es IT-Konzernen, gesellschaftliche Diskurse und Nutzer*innen-Präferenzen vorherzusagen und zu beeinflussen.

Konzerne machen abhängig
Plattformen wie Amazon bestimmen als zentrale Umschlagplätze Preise und Konditionen.

Vielfalt nimmt ab
In 100 Jahren sind ca. 75 Prozent der genetischen Vielfalt der wichtigsten Nutzpflanzensorten verloren gegangen.

Datenakkumulation konzentriert Marktmacht
Großkonzerne verfügen über digitale Plattformen und bestimmen so indirekt, was und mit welchem Saatgut angebaut wird.

Konzerne machen abhängig
Bäuer*innen müssen ihr (Hybrid-)Saatgut jedes Jahr neu von Saatgutkonzernen kaufen.

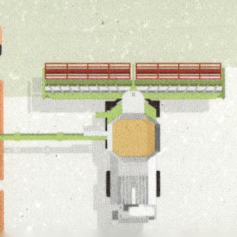

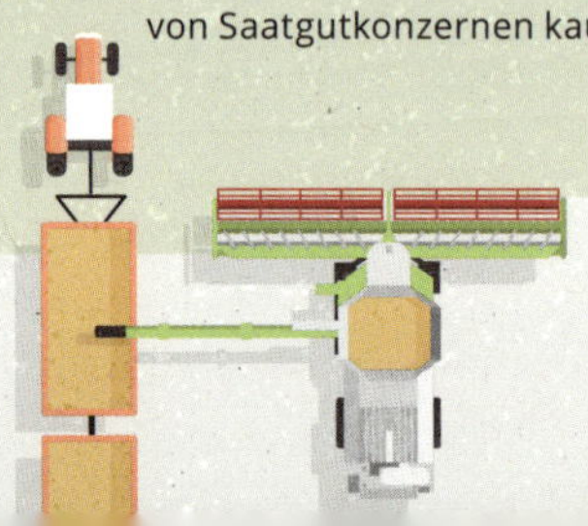

Autor*innen: Vivian Frick & Rainer Rehak

DEBATTENBEITRAG

VERKAUFTES INTERNET

Zur sozial-ökologischen Gestaltung digitaler Räume

Die Anfänge des Internets wurden von optimistischen Visionen einer nicht kommerziellen Informationsgesellschaft begleitet, in der Wissen ein öffentliches Gut und das Internet ein herrschaftsfreier Raum[1] ist, mit dem Zweck wissenschaftlichen Austauschs, Kommunikation, Vernetzung und Verbreitung von Informationen. In den 1990er-Jahren wurde das Internet dann für die kommerzielle Nutzung geöffnet. Knapp 30 Jahre später ist ein Großteil des Internets zum Marktplatz geworden: Onlineshops und kommerzielle Plattformen dienen dem Verkauf, die restlichen Webseiten als potenzielle Werbefläche. In diesen Räumen verbringen Menschen durchschnittlich drei Stunden pro Tag. Welche Folgen hat dies für ihr Konsumverhalten, Nachhaltigkeit und unser gesellschaftliches Wertesystem?

KOMMERZIELLE RÄUME VERÄNDERN DEN KONSUM

In digitalen Räumen geht es mal mehr, mal weniger eindeutig ums Verkaufen. Unabhängig von Ort und Uhrzeit stehen uns in Onlineshops unzählige Konsumoptionen aus allen Ecken der Welt offen. Und diese Möglichkeiten werden rege genutzt: 67 Prozent der Deutschen haben in den letzten drei Monaten online eingekauft, 91 Prozent haben online nach Informationen zu Waren oder Dienstleistungen gesucht.[2] Auch das digitale Marketing steigt rasant an. Mit Wachstumsraten im zweistelligen Bereich wurden 2018 weltweit über 240 Milliarden Euro für digitales Marketing ausgegeben, darunter am häufigsten Suchmaschinen-, Banner- und Social-Media-werbung.[3] Erste Forschungsergebnisse zeigen, dass diese Onlinewerbung zu mehr Käufen führt als traditionelle Werbeformate wie TV, Radio oder Plakatwerbung.[4] Eine neue Qualität erreicht die Personalisierung von Werbung und Angeboten – genannt Microtargeting – durch On- und Offlinetracking sowie Big-Data-Auswertungen.[5] Beim Onlinetracking werden Onlineaktivitäten nachverfolgt, beispielsweise die besuchten Webseiten oder auch der Mailverkehr. Offlinetracking hingegen bezieht auch physische Handlungen mit ein, es kann also z. B. per Smartphone-Standort oder Gesichtserkennung erfasst werden, wer wie lange welche Geschäfte oder Dienstleister besucht hat. Dementsprechend können passende Angebote an entsprechende Personen gesendet werden. Personalisierung von Werbung ist offensichtlich aus Datenschutzperspektive problematisch, jedoch auch aus Nachhaltigkeitsperspektive. Denn sie kann Kaufabsichten und impulsive Käufe noch stärker steigern als bisherige, analoge Werbeformate.[6]

Natürlich ließen sich Onlineshops, Webseiten und Marketing ebenso gut für die großflächige Förderung nachhaltigen Konsums nutzen *(siehe auch den Beitrag von Gossen & Kampffmeyer).* Bislang jedoch geschieht dies in einem ungleich kleineren Ausmaß. Der Anteil von Verbraucher*innen mit ethischen Konsumansprüchen ist nach wie vor gering,[7] ebenso wie der Marktanteil ökologischer Produkte mit etwa acht Prozent.[8] In ‹grünen Nischen› wie nachhaltigen Onlineshops geht es zudem überwiegend um die nachhaltige Produktwahl, beispielsweise durch die Setzung von Suchfiltern für Bioprodukte in Onlineshops.[9] Ein suffizientes, also den planetaren Grenzen angepasstes Konsumniveau wird dadurch jedoch kaum thematisiert.

WELCHE WERTE TRANSPORTIERT DAS NETZ?

Die Verhaltensforschung macht deutlich, wie die Gestaltung von Umwelten unsere Entscheidungen und Gewohnheiten beeinflusst. Besonders pointiert zeigt dies die Forschung zu ‹Nudging›.[10] Hier soll durch die Veränderung der Entscheidungsarchitektur, also durch besondere Darstellung und Anordnung von (Kauf-)Optionen, ‹positives› Verhalten hervorgerufen werden.[10] So kann die vorteilhafte Platzierung von Bioprodukten im (Online-)Handel deren Verkauf fördern. Die sogenannte Entscheidungsarchitektur hat demnach massive Auswirkungen auf das Konsumverhalten. Zudem wird durch die Nudging-Debatte deutlich, dass die Gestaltung von (digitalen) Umwelten nie neutral oder wertfrei ist. Jeder Umwelt liegt eine Architektur zugrunde, die bestimmte Verhaltensmuster ermöglicht und befördert, andere hingegen erschwert oder verhindert.[10] Gerade Internetplattformen und Webseiten sind in ihrem Auftritt sehr gut gestaltbar. So lassen sich besonders große Effekte erzielen. In Onlineshops, Such- und Bewertungsportalen lassen sich mühelos Produktanordnungen, Filter oder Empfehlungen anpassen. Aktuell bleibt weitgehend intransparent, welche Kriterien solche Anbieter bei Gestaltung und Darstellung anlegen. Die Eigentümer digitaler Räume bestimmen, ob, wie und in welcher Reihenfolge ihre Systeme und Algorithmen Konsumoptionen darstellen. Sieht man sich die Eigen-

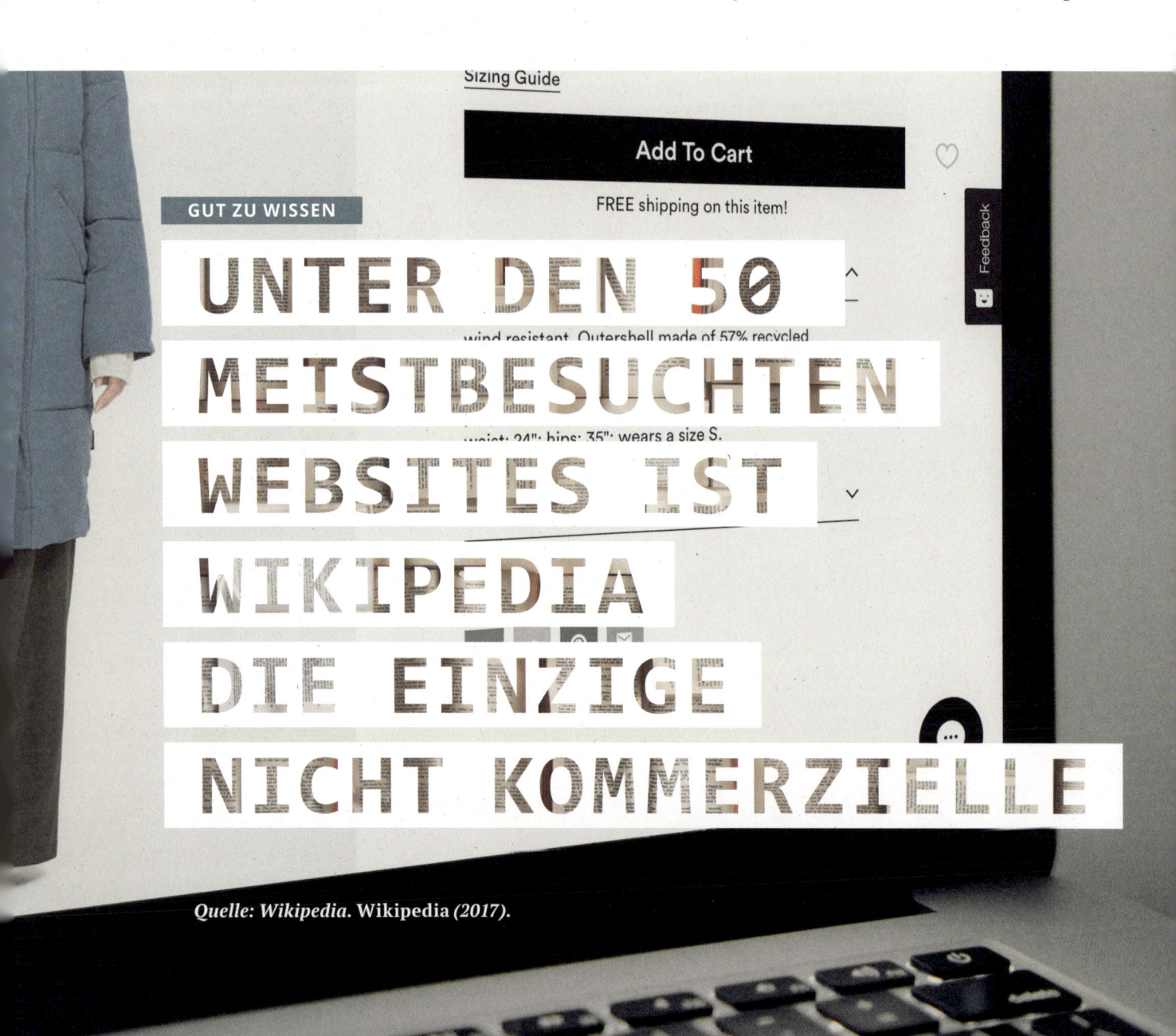

GUT ZU WISSEN

UNTER DEN 50 MEISTBESUCHTEN WEBSITES IST WIKIPEDIA DIE EINZIGE NICHT KOMMERZIELLE

Quelle: Wikipedia. Wikipedia (2017).

tümer genauer an, fällt die immense Monopolisierung auf. Die Diversität der nutzbaren und genutzten Websites, Onlineservices und Smartphonebetriebssysteme schrumpfte von einer vormals sehr heterogenen Landschaft zu einer überschaubaren Anzahl weniger, sehr mächtiger, auch gesamtwirtschaftlich führender Weltkonzerne zusammen.[11]

Zum Geschäftsmodell von Facebook oder Google gehört der Handel mit dem Zugang zu und der Aufmerksamkeit ihrer Besucher*innen. Je länger die Nutzung, desto mehr Verhaltensdaten, mehr Klicks auf Werbung und mehr persönliche Informationen können extrahiert werden. Das aktuelle ‹Netz› ist längst kein schlicht dargestelltes Informationsmedium mehr, vielmehr wurde und wird mit der Expertise von Werbe- und Informatikfachleuten so optimiert, dass Belohnungsmechanismen und Wunsch nach sozialer Nähe und Bestätigung genutzt werden.[12] Eine solche Gestaltung fördert keinen selbstbestimmten, geschweige denn einen nachhaltigen Konsum.

AM DIGITALEN FÜHRT KEIN WEG VORBEI

Aber können sich Menschen dem Verkaufstrubel in der digitalen Welt nicht einfach entziehen? Aus zwei Gründen gestaltet sich dies immer schwieriger: Zum einen hält das Internet in immer mehr Lebensbereiche Einzug; Menschen verbringen mittlerweile durchschnittlich über drei Stunden täglich ‹im Netz›.[13] Das Internet wird für gesellschaftliche Teilhabe zunehmend unabdingbar, sei es bei der Arbeit, der Kommunikation in kommerziellen sozialen und professionellen Netzwerken oder konkret bei der Buchung von Reisen oder bei Bankgeschäften.

Zum anderen verschmelzen digitale und analoge Welten zusehends. Ist die Joggerin mit Internetradio im Ohr ‹online› oder Teenager, die sich unterwegs via Instant-Messenger verabreden? Sind Angestellte, die kollaborativ Dokumente bearbeiten, oder Journalist*innen, die E-Mail-Interviews führen, gerade ‹im Netz›? Rein ‹digitale› oder ‹analoge› Orte werden zusehends seltener, vielmehr durchdringen und formen digitale Artefakte unsere Welt. Gerade aufgrund dieser unentrinnbaren Wirkmächtigkeit ist es essenziell, sich mit den Dynamiken, Logiken und Mechanismen dieser digitalen und – wie oben argumentiert – kommerziellen Einflüsse zu beschäftigen und sie zu verändern, wo sie einer nachhaltigen Gesellschaft zuwiderlaufen.

DIGITALE RÄUME FÜR MÜNDIGE BÜRGER*INNEN UND NACHHALTIGE LEBENSSTILE

Sollen digitale Räume einer sozial-ökologischen Gesellschaft zumindest nicht im Wege stehen, so kommen wir um eine gemeinwohlorientierte Gestaltung dieser Systeme nicht herum. Das gilt insbesondere bei den digitalen Anwendungen, die unabdingbar für die Gesellschaft geworden sind. Inhärente Entscheidungsarchitekturen digitaler Räume müssen transparent gemacht und diskutiert und deren Besitz und Gestaltungsmacht gesellschaftlich und politisch neu ausgehandelt werden.

Viele Alternativansätze sind bereits seit Jahrzehnten in der Techie-Szene zu finden *(siehe dazu auch den Beitrag von Vetter & Guenot)*, oftmals jedoch ohne externe Unterstützung und in Konkurrenz zu globalen Konzernen. Diese Projekte gilt es zu fördern, neben den bereits erwähnten sozial-ökologischen Nischenangeboten auch gemeinschaftliche Wissenssammlungen und Softwareprojekte mit Freien Lizenzen – wie etwa Wikipedia, die WaybackMachine oder auch das GNU/Linux-Projekt. So kann aus einem konkurrierend-kommerziellen ein kooperatives Modell der Softwarewelt werden. Auch dezentrale Softwarearchitekturen und freie Standards, wie etwa beim Nextcloud-Projekt, können sinnvoll Monopolbildung und Fremdbestimmung entgegenwirken, auch wenn dafür technisch noch so einiges zu erforschen ist. Eine obligatorische Ende-zu-Ende-Verschlüsselung mit Metadatenvermeidung, wie beispielsweise beim Signal-Messenger, dem XMPP-Protokoll oder dem GNUsocial-Projekt, wehrt nicht nur Geheimdienste und neugierige Provider ab, sondern auch Plattformen, die Datenschutz bisher nicht ernsthaft umsetzen.

Zudem müssen dem im Netz aktuell allgegenwärtigen Tracking und der zentralisierten Anhäufung personenbezogener Daten gesetzliche Schranken auferlegt werden sowie Geschäftsmodelle ohne werbeunterstützende Komplettprotokollierung des

Nutzungsverhaltens gefördert werden. Dies sollte mit fairer Bezahlung der Beteiligten geschehen, denn nicht kommerziell heißt nicht immer kostenfrei, sondern nur dass Werte wie Ressourcenschonung, Gemeinwohlorientierung oder Datenschutzfreundlichkeit Vorrang haben. Dadurch wird Datenhandel substituiert, und derartige Projekte stehen dann auch nicht mehr nur auf den Schultern von Freiwilligen. Nur so können schwache Akteure vor grundrechtswidriger Manipulation, Willkür und Verdatung[14] geschützt und nachhaltige technische Infrastrukturen gebaut werden. Durch ein ‹kommerzfreies› Netz können sich Diversität, Dezentralisierung und Selbstbestimmung durchsetzen, da sich die Gestaltung nicht nur auf zu generierenden Profit ausrichten muss. Das Internet ist mittlerweile gesellschaftlich so zentral, dass es nicht länger primär wirtschaftlich, sondern als Allgemeingut gesehen werden muss. In ‹analogen› öffentlichen Räumen wird schon länger für eine Eindämmung der Kommerzialisierung gekämpft. In der Stadt Grenoble etwa wurde Werbung an öffentlichen Plätzen komplett verbannt. In Deutschland thematisiert die Initiative ‹Werbefrei.org› die steigende Dichte kommerzieller Kommunikation im Außenraum. Sie fordert eine Demokratisierung der Flächen und eine offene Kommunikationspolitik mit einer festgelegten Quote für nicht kommerzielle Informationen darin. Sollten solche Forderungen nicht auch für digitale Räume gelten? Zusätzlich benötigen wir nicht kommerzielle Inhalte- und Medieninfrastrukturen, etwa Videoplattformen nach dem Modell des öffentlich-rechtlichen Rundfunks, eine Art nicht kommerzielles, teilweise kuratiertes ‹YouTube›.

Digitale Systeme zur Umsetzung eines sozial-ökologischen Internets sind vorhanden oder können gebaut werden. Da schon die wesentlichen Technologien des Internets und heutiger Smartphones mit öffentlichen Mitteln entwickelt wurden,[15] spricht also nichts gegen eine primär an Nachhaltigkeitskriterien ausgerichtete Weiter- und Umentwicklung dieser Technologien. Nun braucht es gesellschaftliche Willensbildung und politisches Handeln, um das Netz neu zu gestalten. Es wird Zeit, die idealistischen Visionen der Internetpioniere wiederzubeleben und sie, gerade auch im Sinne der Nachhaltigkeit, umzusetzen.

DIE AUTOR*INNEN

/// **Vivian Frick** arbeitet am Zentrum Technik und Gesellschaft der TU Berlin und am Institut für ökologische Wirtschaftsforschung in der Nachwuchsgruppe ‹Digitalisierung und sozial-ökologische Transformation›. Sie befasst sich aus umweltpsychologischer Sicht mit Digitalisierung und nachhaltigem Konsum. www.nachhaltige-digitalisierung.de

/// **Rainer Rehak** ist kritischer Informatiker und Wissenschaftler am Weizenbaum-Institut für die vernetzte Gesellschaft. Er forscht u. a. zu Datenschutz und Datensicherheit und engagiert sich im Vorstand des Forum InformatikerInnen für Frieden und gesellschaftliche Verantwortung (FIfF).

LITERATUR

/// [1] **Barlow, J. P.** *A Declaration of the Independence of Cyberspace.* Electronic Frontier Foundation. https://www.eff.org/cyberspace-independence (1996).

/// [2] **Statistisches Bundesamt.** *Einkommen, Konsum, Lebensbedingungen. – Private Haushalte in der Informationsgesellschaft* (IKT) (2018).

/// [3] **Statista.** *Digitale Werbung – weltweit.* https://de.statista.com/outlook/216/100/digitale-werbung/weltweit (2019).

/// [4] **Dinner, I. M., et al.** *Driving Online and Offline Sales: The Cross-Channel Effects of Traditional, Online Display, and Paid Search Advertising.* Journal of Marketing Research 51, 527–545 (2014).

/// [5] **Zuboff, S.** *Das Zeitalter des Überwachungskapitalismus.* (Campus Verlag, 2018).

/// [6] **Bleier, A., & Eisenbeiss, M.** *Personalized Online Advertising Effectiveness: The Interplay of What, When, and Where.* Marketing Science 34, 669–688 (2015).

/// [7] **Statista.** *Anteil der Verbraucher mit ethischer Konsumhaltung in Deutschland.* https://de.statista.com/statistik/daten/studie/270686/umfrage/haushalte-mit-umwelt-und-sozialethischer-konsumhaltung-in-deutschland/ (2018).

/// [8] **UBA.** *Grüne Produkte in Deutschland 2017: Marktbeobachtungen für die Umweltpolitik* (Umweltbundesamt, 2017).

/// [9] **Hanss, D., & Böhm, G.** *Promoting Purchases of Sustainable Groceries: An Intervention Study.* Journal of Environmental Psychology 33, 53–67 (2013).

/// [10] **Thaler, R. H., & Sunstein, C. R.** *Nudge: Improving Decisions about Health, Health, and Happiness.* Const Polit Econ 19, 356–360 (2008).

/// [11] **Statista.** *Teuerste und wertvollste Marken weltweit 2018.* https://de.statista.com/statistik/daten/studie/6003/umfrage/die-wertvollsten-marken-weltweit/ (2019).

/// [12] **Mühlhoff, R.** *Immersive Macht: Affekttheorie nach Spinoza und Foucault* (Campus Verlag, 2018).

/// [13] **Statista.** *Internetnutzung – Durchschnittliche Nutzungsdauer pro Tag in Deutschland 2018.* https://de.statista.com/statistik/daten/studie/1388/umfrage/taegliche-nutzung-des-internets-in-minuten/ (2019).

/// [14] **Steinmüller, W., et al.** *Grundfragen des Datenschutzes: Gutachten im Auftrag des Bundesministeriums des Inneren.* BT-Drs. VI/3826, 5ff (1971).

/// [15] **Mazzucato, M.** *The Entrepreneurial State: Debunking Public Vs. Private Sector Myths* (Anthem Press, 2015).

Autor: Caspar Armster

PORTRÄT
FREIE NETZWERKER
Mehr als ein digitaler Ortsverschönerungsverein

```
///<summary>
Initiative: Freie Netzwerker e. V.
Personen: 5 (+5)
Start/Dauer: 2015
Ziel: offene Infrastruktur
schaffen (Freifunk und Internet
of Things) und durch Bildung
verbreiten
(Calliope mini, FabLab)
Strategie: ‹Infrastruktur
gehört in die öffentliche Hand!›
‹Unabhängig von den Tele-
kommunikationsriesen sein›
Web: freie-netzwerker.de
///</summary>
```

Die ‹Freien Netzwerker› aus Hennef, gegründet 2015 als gemeinnütziger Verein, bezeichnen sich gerne als ‹digitalen Ortsverschönerungsverein›: Wo andere lokale Vereine eine Parkbank aufstellen, hängen sie einen offenen WLAN-Router (Freifunk) daneben. Seit 2016 bauen sie nicht nur an Netzwerken für Menschen, sondern auch an Netzwerken für Dinge – einer Infrastruktur für das Internet der Dinge (Internet of Things), organisiert von der Zivilgesellschaft und komplett offen. Die Idee des Projekts ‹The Things Network› stammt aus Amsterdam, und es gibt mittlerweile über 6.000 Zugangspunkte weltweit, um die herum in einem Radius von bis zu 20 Kilometern Sensoren auf Batterie- oder Akkubasis betrieben werden können.

Der Verein kooperiert mit der Stadt Hennef, agiert aber unabhängig. Für die Verwaltung ist der Verein mittlerweile ein bewährter Ansprechpartner und Berater für die unterschiedlichen Herausforderungen der Digitalisierung und Transformation. Zum Beispiel stellt der Verein Schulen in Hennef Technologie wie etwa die Minicomputer ‹Calliope mini› zur Verfügung und bietet Workshops für Multiplikator*innen an, um das entsprechende Know-how zu vermitteln. Und er ergänzt direkt vor Ort das Angebot der städtischen und offenen Kinder- und Jugendeinrichtungen sowie der Stadtbibliothek mit Workshops zum Thema Coding.

Eine weitere Aktivität des Vereins ist die Vernetzung des Hennefer Jugendparks. Hier konnten die Spendengelder eines anderen Vereins mithilfe des Know-hows des ‹Freien Netzwerks› in die passende Hardware investiert werden. Die Stadt Hennef stellt dabei den Internetzugang bereit. Das hört sich einfach an. Wenn man aber bedenkt, dass dieser Zugang eine verwaltungsinterne Glasfaser im nebenliegenden Parkhaus ist, wird die besonders vertrauensvolle Zusammenarbeit deutlich: Wo darf schon eine Gruppe ‹Nerds› Daten über ein verwaltungsinternes Netzwerk leiten? In Hennef ist das möglich dank der dörflichen Strukturen und des langjährig aufgebauten Vertrauens.

Mittlerweile wurde ein weiterer gemeinnütziger Verein (Machwerk e. V.) gegründet, der sich speziell um den Betrieb einer offenen Bürgerwerkstatt / FabLab / MakerSpace kümmert. Im ländlichen Raum bieten solche ‹dritten Orte› den Raum für Vernetzung. Andere Vereine, Bürger*innen und Communities können das Know-how und die Technologie vor Ort nutzen und werden in ihrer Arbeit und im gegenseitigen Austausch unterstützt.

Überregional sind die Aktiven zum Beispiel über das OK Lab (Open Knowledge Lab) in Bonn, die OK NRW (Offenen Kommunen Nordrhein-Westfalen) in Wuppertal, den Freifunk Rheinland und die IoT (Internet of Things)-Usergroup Deutschland vernetzt. Dort werden die Ideen und Projekte diskutiert, reflektiert und weitergetragen. Speziell das Thema ‹öffentliche Netzinfrastruktur›, sei es Freifunk / WLAN für Menschen oder IoT / LoRaWAN (Internet of Things / Long Range Wide Area Network) für Maschinen, liegt den Freien Netzwerker*innen am Herzen. Hier wünschen sie sich gerade im ländlichen Raum noch mehr Nachahmer*innen und eine stärkere Verbreitung.

DER AUTOR
/// **Caspar Armster** ist Vorstandsmitglied des digitalen Ortsverschönerungsvereins ‹Freie Netzwerker e. V.› und setzt sich auf unterschiedliche Weise für die Digitalisierung seiner regionalen Umgebung ein.

Autor*innen: Martha Löffler, Rainer Rehak & Vivian Frick

WAS GEHT MICH DAS AN?
DIGITALE NOTWEHR

Weil Selbstverteidigung kaum noch möglich ist

Mach dich nicht ungewollt nackt! Nahezu alle IT-Produkte bieten unzureichenden Datenschutz. Einzelne können sich und ihr Umfeld nur eingeschränkt vor fremden (meist kommerziellen) Zugriffen schützen – selbst mit viel IT-Expertise. Echter Datenschutz kann nur durch politische Maßnahmen gelingen. Doch mit zunehmender Vernetzung im Alltag können viele nicht auf diese Produkte verzichten – daher bieten folgende Tipps schon mal erste Hilfe:

KOMMUNIZIEREN

Chatten: **signal.org/de** und **delta.chat/de/**
E-Mails schreiben: **posteo.de**
Mit Video telefonieren: **jitsi.org/jitsi-meet/**
Daten teilen in der Cloud: **nextcloud.com**

SICH INFORMIEREN

Im Internet browsen:
mozilla.org/de/firefox/ und **torproject.org/**
Informationen im Internet suchen:
duckduckgo.com und **startpage.com**

NAVIGIEREN

openstreetmap.org
transportr.app

ZUGRIFF VERHINDERN

Werbung blockieren:
wikipedia.org/wiki/UBlock_Origin
eff.org/privacybadger
Passworte sicher managen: **keepassxc.org**
Smartphone-Betriebssystem frei von Google nutzen: **lineageos.org** und **f-droid.org/de**

Weitere Informationen: Analog bei einer Cryptoparty in deiner Nähe – digital bei **cryptoparty.in/learn/tools**

Autorin: Katja George

PORTRÄT

<3 OF CODE

~~Frauen~~ Menschen und Technik

///<summary>
Initiative: Heart of Code
Personen: 16+
Ziel: Hackspace für den freien Austausch von Frauen im Programmierbereich
Strategie: Verein gründen, Raum finden, einladendes Umfeld schaffen
Web: heartofcode.org
///<summary>

An einem Donnerstagabend kraxele ich die Leiter zum Hackspace hoch. Heute ist Damensalon in der Heart of Code, und ich bin nervös. Ob ich hier richtig bin? Eigentlich verstehe ich nichts vom Programmieren. Oben angekommen, ein rascher Blick durch den Raum: ein flimmernder Ofen, eine Lötstation und Glitzer. Das an der Seite ist wohl ein 3D-Drucker. Langsam trudeln mehr Leute ein. Der Damensalon ist für den lockeren Austausch gedacht, und neue Interessentinnen können die Heart of Code kennenlernen. Meine Nervosität schwindet. Schnell merke ich, dass es hier keine falschen Fragen gibt. Wir lachen, mümmeln Kekse und sprechen über Datensicherheit. Ich ertappe mich dabei, dass ich beeindruckt bin von diesen IT-Expertinnen. Wie überflüssig, denn wie Marie von der Heart of Code es ausdrückt: «‹Frauen und Technik› werden ja oft als Schenkelklopfer zusammen genannt. Hier ist es das Normalste der Welt. Eben wie Menschen und Technik.»

Das Ziel, dieses Bild weiter zu normalisieren, trifft auf hohe Resonanz in der Berliner Tech-Szene. Als Cat, eine der Gründerinnen, erstmals die Idee von Heart of Code über einen Newsletter schickte, kamen gleich hunderte Zusprüche. Zwar gibt es in Berlin schon einige Angebote für Frauen im Programmierbereich. Doch verfügen Gruppen wie Women of Code oder die Rails Girls über keinen festen Ort. Zusammentreffen und Vernetzung finden vereinzelt statt, meist auf Konferenzen. Aus dem Bedürfnis heraus, einen eigenen Treffpunkt für den steten Austausch zu haben, entstand Ende 2015 Heart of Code. 2017 fand die Gruppe einen geeigneten Raum in Kreuzberg und richtete dort den Hackspace ‹Baumschiff› ein. Außerdem wurde ein Verein gegründet. So kann die Finanzierung über Mitgliedsbeiträge gesichert werden. Kommen und beteiligen können sich alle, die sich hauptsächlich als Frauen identifizieren. Der Hackspace ist somit das Angebot eines Raumes, in dem die technische Kompetenz weiblich gelesener Personen nicht erst bewiesen werden muss.

Inzwischen passiert viel im Heart of Code-Umfeld. Am Montag wird 3D gedruckt, gebastelt und gelötet. Der Dienstag ist für das Programmieren und Programmierenlernen vorgesehen. Mittwoch ist der feste Abend für IT-Security. Donnerstags findet der Damensalon statt, und jeden 2. Donnerstag im Monat ist ‹Heart of N00bs›, der ‹Abend für Neu(gierig)e!›. Regelmäßig werden Hackdays organisiert, an denen die Mitglieder gemeinsam an einem Projekt arbeiten, zum Beispiel an einer neuen Website. Ein Langzeitprojekt einiger Mitglieder ist die Entwicklung von drip, einer freien Zyklus-App, auffindbar unter ‹bloodyhealth.gitlab.io›. Bei dieser Open-Source-Anwendung verlassen die eingegebenen Daten nie das eigene Gerät. Und das Design kommt auf genderinklusive Art völlig ohne Schmetterlingsschnickschnack aus. Marie, die die App mitentwickelt, meint: «Ich weiß nicht, ob ich dieses Projekt ohne das Umfeld der Heart of Code überhaupt angefangen hätte. Hier wurde nie hinterfragt, ob ich hier richtig bin oder nicht.»

Am Ende des Abends bin ich angefixt. Ich habe Lust, noch mal an einem Dienstag vorbeizukommen, um mir gemeinsam mit anderen die Programmiersprache Python anzuschauen. Ein Gefühl der Dankbarkeit macht sich in mir breit. Schön, dass es diesen ermächtigenden Raum in Berlin gibt! Mögen solche Räume wie Pilze aus dem Boden schießen und uns allen mehr digitale Handlungsmöglichkeiten geben! Wie wäre es zum Beispiel mit einem Hackspace für Rentner*innen oder Umweltaktivist*innen?

Autorinnen: Judith C. Enders & Amanda Groschke

GESCHLECHTER-VERHÄLTNISSE IM DIGITALEN

Welche Denkanstöße, Kritiken und Potenziale ins Zentrum der Debatte gehören

Die Idee und der Begriff der Nachhaltigkeit haben ein zutiefst menschliches Anliegen: Gerechtigkeit, verantwortungsvoller Umgang mit Mensch, Natur und Ressourcen und eine Vorstellung von einer positiven Zukunft.[1] Versucht man den Begriff der Nachhaltigkeit sozial zu interpretieren, ist auch die Frage der Geschlechtergerechtigkeit ein Teil dieser Zukunftsprojektion. Wir begleiten die Entwicklung der Digitalisierung als kritische Nachhaltigkeits- und Genderaktivistinnen und möchten auf Risiken und Chancen gleichermaßen hinweisen. Wir fokussieren uns dabei auf die Veränderung der Geschlechterverhältnisse, welche zutiefst mit der abendländischen Kultur und auch den stereotypen Rollenvorstellungen bezüglich Erwerbs- und Sorgearbeit verbunden sind und die persönliche Lebensgestaltung und Wertvorstellungen prägen.

In unserem zweistündigen Workshop auf der ‹Bits & Bäume› Konferenz im November 2018 haben wir versucht, Wissen, Ideen, Gedanken, Zukunftsvorstellungen und Emotionen der Workshop-Teilnehmer*innen zum Themenfeld Digitalisierung, Geschlechterverhältnisse und Nachhaltigkeit in einem angeleiteten Gruppenprozess aufzuzeigen und zu verbinden. Die Systemische Organisationsaufstellung diente uns als Methode, um ein erstes dynamisches Bild zum Verhältnis Digitalisierung, Gender und Nachhaltigkeit zu erhalten. Anschließend gingen wir gemeinsam der Frage nach, welche althergebrachten Muster sowie Veränderungen und Chancen bezüglich des Geschlechterverhältnisses und der Nachhaltigkeit in der Digitalisierung liegen. Es war aufschlussreich und vielfältig, welche Visionen und Vorstellungen sich diesbezüglich zeigten und von uns visualisiert werden konnten.

DIE DIGITALISIERUNG WIRD PATRIARCHALISCHE STRUKTUREN VERÄNDERN

Ergänzend zu diesen Erkenntnissen und unseren allgemeinen gesellschaftspolitischen Beobachtungen, nehmen wir Bezug auf eine eigene qualitative empirische Studie,[2] bei der wir Frauen aus den neuen Medien zu ihrer Rolle in der digitalisierten (Arbeits-)Welt befragten. Den aktuellen Hintergrund bildet die politische Debatte um Digitalisierung und die Begriffe Industrie 4.0 und Arbeit 4.0. Wir gehen davon aus, dass die Digitalisierung von Arbeits- und Kommunikationsprozessen die althergebrachten Strukturen der Lebens- und Arbeitswelt mit ihren geschlechtsspezifischen, meist noch patriarchal geprägten Implikationen verändert. Doch ist noch nicht ausgemacht, in welche Richtung: emanzipatorisch oder restriktiv? Wird die digitale Transformation eine Veränderung der gesellschaftlichen Strukturen auch in Hinblick auf ein modernisiertes Geschlechterarrangement bewirken und gleichermaßen eine Wende hin zu einer sozial-ökologischen Gesellschaftsstruktur befördern? Oder werden traditionelle

Rollen- und Konsummuster erhalten bleiben und sich mit einem ‹neuen Gesicht› reproduzieren? Hier gilt es eine kritisch-konstruktive Aufmerksamkeit der ‹Community› zu schaffen und voranzutreiben. Insgesamt gibt es bislang allenfalls eine lückenhafte Forschung zur Digitalisierung im Bereich Gender.[3] Dabei bewegt die Frage der Geschlechterverhältnisse die Menschen in ihrem Zusammenleben schon seit Langem. Politisch tritt dies besonders in den letzten 100 Jahren zutage. Wir denken beispielsweise an 100 Jahre Frauenwahlrecht in Deutschland und an die erste Frauenbewegung zu Beginn des 20. Jahrhunderts mit Persönlichkeiten wie Rosa Luxemburg, Käthe Kollwitz und Marie Juchacz.[4] Im Folgenden an die zweite Frauenbewegung der 1970er-Jahre sowie die dritte Welle der Frauenbewegung der 2000er-Jahre. Hier wird eine klare Ausdifferenzierung in verschiedene Interessengruppen und Theoriezweige sichtbar. Denken wir beispielsweise an diskursanalytische Ansätze, queerfeministische Theoriebildung, an Arbeiten zu Klassismus oder die Kritik neuer Arbeits- und Technikstrukturen (Care-Debatte, Cyborgforschung etc.). Eine Auseinandersetzung mit der Digitalisierung ist jedoch nur in Nischen verbreitet und siedelt sich meist in der Arbeitssoziologie an.[5] Wir wollen auf dieses Phänomen aufmerksam machen und dazu anregen, den Feminismus bzw. die Genderfrage mit den Themen Nachhaltigkeit und der Digitalisierung zu verbinden.

///<quote>
Wir wollen dazu anregen, den Feminismus und die Genderfrage mit den Themen Nachhaltigkeit und Digitalisierung zu verbinden.
///</quote>

WIE FORSCHER*INNEN DIE THEMEN
DIGITALISIERUNG UND GENDER VERKNÜPFEN

Bisher setzen sich Forscher*innen in drei Bereichen mit den Themen Digitalisierung und Gender auseinander:[6] Der Fokus ‹Digital (Gender) Divide› beschäftigt sich mit der digitalen Teilhabe. Der durch soziale Ungleichheit erschwerte Zugang zum Internet ist auch geschlechtsspezifisch konnotiert. Bildungsstand, Einkommen und Alter sind hier von Relevanz und spiegeln Geschlechterungleichheiten (global schwankend) im jeweiligen Land wieder. Ebenso sind geschlechtsspezifische Nutzungsweisen des Internets zu beobachten, wobei neben unterschiedlichen Interessen auch ungleiche Zeitkapazitäten in der Freizeit durch ungleiche Verteilung von Care-Arbeit eine Rolle spielen. In unseren Interviews hat sich gezeigt, dass sich die Hoffnung, durch die Digitalisierung die Vereinbarkeit von Familie und Beruf zu verbessern, nicht erfüllt hat. Durch Homeoffice und digitale Anwendungen wird mancher Arbeitsprozess von Frauen vielleicht effizienter, und es wird Zeit eingespart. Das Volumen und die Dichte der Arbeit steigen aber meist an, und die Verteilung von nicht entgoltener Care-Arbeit zwischen den Geschlechtern wird durch Digitalisierung nicht berührt (dieses Phänomen zeigt sich im Nachhaltigkeitsbereich als Reboundeffekt). Wikipedia wird beispielsweise mehrheitlich von Männern bearbeitet: sicherlich aus persönlichem Interesse, aber auch aus Zeitgründen, die mit der Verteilung von Sorgearbeit zwischen den Geschlechtern korrespondieren.[7]

///<quote>
Es muss insgesamt von wenig Geschlechtsneutralität in der technischen Umsetzung von Digitalisierung ausgegangen werden.
///</quote>

Ein weiterer Forschungsstrang nimmt das Thema der Geschlechtsneutralität in der technischen Umsetzung von Digitalisierung in den Blick. Vor diesem Hintergrund kritisieren vor allem neuere Studien, dass die IT-Entwicklung von Stereotypen und einem starken Androzentrismus, also der gesellschaftlichen Fixierung auf das ‹Männliche›, geprägt ist. Ein Beispiel ist die Robotikentwicklung: Hier werden oft Geschlechterstereotypen genutzt, um die Akzeptanz von Robotern zu erhöhen. So werden Roboter im Pflegebereich vorwiegend von Männern entwickelt, aber mit dezidiert weiblichen Attributen designt.[8] Geschlechterstereotypen werden unreflektiert reproduziert und verstärkt. Es muss insgesamt von wenig Geschlechtsneutralität in der technischen Umsetzung von Digitalisierung ausgegangen werden. Selbst wenn Frauen in der Internet- und Programmierbranche tätig sind, sind sie doch eher für gestalterische (weibliche) ‹Front-End-Aufgaben› als für technische (männliche) programmrelevante ‹Back-End-Aufgaben› zuständig. Hier muss noch mehr durch Initiativen wie die ‹Rails Girls› (www.railsgirlsberlin.de) gegengesteuert werden, eine weltweite Community, die Workshops für Frauen organisiert, um Ruby on Rails zu lernen.

IN ‹VIRTUELLEN› RÄUMEN
GIBT ES KEINE NETZNEUTRALITÄT

Mit dem Aufkommen des Internets, seinen vielseitigen Zugängen zu Informationen und dem dahinterliegenden Potenzial des globalen Austausches, der Kommunikation und Vernetzung setzt sich der dritte Forschungsstrang mit der Digitalisierung als feministischem Handlungsraum auseinander. Etliche Webseiten und Blogs haben sich etabliert, auf denen selbstbestimmt feministische Politik betrieben wird und auf denen sich feministische Communities austauschen. Vor allem der Hashtag #Aufschrei (2013) zeigte erstmals, dass das Medium Internet als Sprachrohr genutzt werden kann, um gesamtgesellschaftlich breite Debatten anzustoßen. Allerdings muss in der aktuellen Debatte um feministische Netzpolitiken festgestellt werden, dass der Antifeminismus erstarkt und sich teils aggressiv in sozialen Netzwerken und Kommentarspalten der Onlinemedien zu Wort meldet. Die Hoffnungen einer ‹entkörperten› Welt jenseits von Diskriminierung und Geschlecht, die die sogenannten Cyberfeministinnen Anfang der 1990er-Jahre postulierten, erweisen sich als illusorisch. Die Netzneutralität in ‹virtuellen› Räumen ist nicht gegeben, sondern hängt nach wie vor stark von der Entwicklung gesellschaftlicher Herrschaftsverhältnisse ab. Die Strukturen der Technik selbst – genauso wie die sozialen Prozesse, die darauf aufbauen – sind durch vorherrschende Identitätskategorien wie Geschlecht, ‹race› und Klasse geprägt.[9] So bleibt die digitale Welt ein Abbild der analogen (Macht-)Verhältnisse.

DIGITALISIERUNG, GESCHLECHTERFRAGEN UND NACHHALTIGKEIT GANZHEITLICH DENKEN

Hieraus schlussfolgern wir, dass eine positive Begleitung der Digitalisierung Geschlechter- und Nachhaltigkeitsfragen ganzheitlich berücksichtigen muss. Die Natur zeigt durch endliche Ressourcen Grenzen auf, die zu respektieren sind. Auch die sozialen Grenzen sind mit ihren geschlechtsspezifischen Ausprägungen zu erkennen und zu beachten. Trotz unserer kritischen Diagnose möchten wir dazu aufrufen, zu einer reflektierenden und gleichzeitig hoffnungsvollen Haltung im Umgang mit der Digitalisierung in Verknüpfung mit Gender- und Nachhaltigkeitsfragen zu kommen und diese strategisch zu nutzen. Noch sind Gestaltungsspielräume vorhanden. Nutzen wir sie mithilfe kluger Analysen und entschlossenem Handeln.

DIE AUTORINNEN

/// **Dr. Judith Christine Enders** ist Politikwissenschaftlerin, freiberufliche Sozialwissenschaftlerin und Dozentin an der Alice-Salomon-Hochschule Berlin mit den Schwerpunkten Gender, Internationale Beziehungen und Nachhaltigkeit. Sie ist Mediatorin und systemischer Coach sowie Mitbegründerin der Initiative ‹Dritte Generation Ostdeutschland› und des Vereins ‹Perspektive hoch 3 e. V.›.
https://www.ash-berlin.eu/hochschule/lehrende/lehrbeauftragte/dr-judith-c-enders/

/// **Amanda Groschke** ist freiberufliche Sozialwissenschaftlerin, Familien- und Organisationsaufstellerin und Dozentin an der Alice-Salomon-Hochschule Berlin. Schwerpunkt ihrer Arbeit ist die Auseinandersetzung von Gestaltungsspielräumen für gesellschaftlichen Wandel. Ihr Fokus in der Lehre umfasst Bildung für Nachhaltige Entwicklung (BNE), Nachhaltigkeit, Ästhetische Forschung sowie Medienkompetenz.
www.amanda-groschke.de

LITERATUR

/// [1] **Enders, J. C., & Groschke, A.** *Die Idee der Verantwortung als Voraussetzung für den Erfolg von BNE – Bildung für Nachhaltige Entwicklung im Spiegel von Verantwortungsethik und Handlungsfähigkeit bei Max Weber und Hans Jonas.* In: *Bildung für Nachhaltige Entwicklung. Interdisziplinäre Perspektiven.* Sozialwissenschaftliche Forschungswerkstatt (Hrsg. Brodowski, M.) Bd. 4, 33–58 (Logos, 2017).

/// [2] **Enders, J. C., & Groschke, A.** *Medien und Geschlechterverhältnisse – Frauen als Schlüsselfiguren in der digitalen Transformation* (i.E.).

/// [3] **Oliveira, D.** *Gender und Digitalisierung. Wie Technik allein die Geschlechterfrage nicht lösen wird.* Working Paper Forschungsförderung 37 (Hans Böckler Stiftung, 2017).

/// [4] **Hörner, U.** *1919 – Das Jahr der Frauen* (Ebersbach & Simon, 2018).

/// [5] **Carstensen, T., et al.** (Hrsg.) *care | sex | net | work. Feministische Kämpfe und Kritiken der Gegenwart* (Unrast, 2016).

/// [6] **Ahlers, E., et al.** *Genderaspekte der Digitalisierung der Arbeitswelt.* Reihe: Arbeitspapier, Bd. 311 Düsseldorf. (2018).

/// [7] **Ulmi, N.** *Wikipédia fait-elle fuir les femmes? Une conférence et des ateliers pour combler le ‹gender gap›.* Le Temps.
https://www.letemps.ch/societe/wikipedia-faitelle fuir-femmes (28. September 2015).

/// [8] **Voss, G.** *The Second Shift in the Second Machine Age: Automation, Gender and the Future of Work.* In: *Our Work here is Done – Visions of a Robot Economy,* Hrsg: Westlake. S. (Nesta, 2014).

/// [9] **Freudenschuss, M.** *Digitalisierung: Eine feministische Baustelle – Einleitung.* Femina Politica – Zeitschrift für feministische Politikwissenschaft 2 (2014).

Autorin: Katja George

PORTRÄT FCZB

Closing the Digital Gender Gap

```
///<summary>
Initiative:
FrauenComputerZentrumBerlin e. V.
Personen: 28
Start/Dauer: seit 1984
Ziel: Frauen zum digitalen
Selbstlernen ermächtigen
Strategie: Kursangebote
mit wenigen Teilnehmerinnen
für spezifische Zielgruppen
Web: fczb.de
///</summary>
```

Das FrauenComputerZentrumBerlin e. V. (FCZB) blickt auf eine reiche 35-jährige Erfahrungsgeschichte zurück. Sie begann, als in den 1980er-Jahren erstmals PCs in Büros eingeführt wurden. Die damals stark politisierte Frauenbewegung wollte sich auch zu dieser neuen Entwicklung auf dem Arbeitsmarkt positionieren. Während manche eine defensive Haltung einnahmen, entschieden sich die zukünftigen Gründerinnen des FCZB anders: «Wenn wir das schon ablehnen, müssen wir es wenigstens qualifiziert ablehnen», war ihr Motto. So reisten sie in die USA, um sich dort an Colleges speziell für Frauen zu informieren. Sie kamen begeistert wieder und starteten die erste Fortbildung ‹Keine Angst vor Computern›. Die Weiterbildung für Berufsrückkehrerinnen aus Büroberufen wird bis heute bei ständiger Aktualisierung zweimal jährlich unter dem Namen ‹IT-Know-how für den Wiedereinstieg› angeboten. Noch immer ist das grundlegende Ziel des Zentrums, Frauen Zugänge zu digitalisierten Berufsfeldern und Lebenswelten zu eröffnen. Statt mit unpersönlicher Massenabfertigung wird das in kleinen Kursen mit 10–18 Teilnehmerinnen und individuellen Beratungs- und Lernangeboten erreicht. Die Teilnehmerinnen unterstützen sich gegenseitig und sollen lernen, sich selbst zu helfen. Dr. Karin Reichel, Geschäftsführerin des FCZB, meint dazu: «Bei uns gibt es nie ein reines Techniktraining. Das Training ist so angelegt, dass die Frauen lernen, wie Programme aufgebaut sind, damit sie sich selbstständig Neues erschließen können. Es geht also nicht um punktuelle Informationen, sondern um nachhaltige Kompetenzentwicklung und Selbstermächtigung.»

Die Adressatinnen und Kurse sind divers. So gibt es eine Fortbildung im Blended-Learning-Format ‹Social Media, Online-PR und Marketing› für berufstätige Frauen u. a. aus der Gründerinnenszene und Zivilgesellschaft. Für geflüchtete Frauen in Berlin gibt es das kostenlose Angebot ‹Digital Empowerment›. Hier geht es neben dem längerfristigen Ziel der Arbeitsmarktintegration auch um grundlegende Ermöglichung gesellschaftlicher Teilhabe. Die Frauen erweitern ihre Deutschkenntnisse, lernen den Umgang mit Computer und Internet und recherchieren Informationen zu Sprach-, Beratungs- und anderen für sie nützlichen Angeboten rund ums tägliche Leben in Deutschland. Auch gemeinsam organisierte Exkursionen stehen auf dem Programm, um das Gemeinschaftsgefühl und die Selbstständigkeit der Teilnehmerinnen in der für sie neuen Stadt zu stärken.

Im Gegensatz zu anderen Lernräumen hat das FCZB eine klar gesellschaftspolitische, feministische Ausrichtung: Die Frauen wollen, dass bei der Digitalisierungsdebatte alle mitmischen, nicht nur weiße, junge Männer mit hohem Bildungsniveau. Und wie schon zu den Anfangszeiten des Zentrums in den 1980er-Jahren sind sie davon überzeugt, dass es darum geht, jetzt auf breiter Basis (technische) Kompetenzen für die digitalisierte Welt zu entwickeln. Dr. Karin Reichel sendet daher auch einen Appell an die Politik: «Es wird zwar darüber geredet, dass wir alle mitnehmen müssen. Aber wie wir das machen, bleibt häufig auf der Strecke. In unserer täglichen Arbeit merken wir, das ist ein mühsames Geschäft. Daher wünsche ich mir, dass mehr Mittel für die Weiterbildung erwachsener Frauen zur Verfügung gestellt werden. Damit könnte ein stärkerer feministisch-emanzipatorischer Impuls in die gesellschaftliche Digitalisierungsdebatte gegeben und den Stimmen der weiblichen Hälfte der Bevölkerung ein größeres Gewicht verliehen werden.» Dazu will sich das FCZB z. B. mit anderen Akteur*innen in einem feministischen Netzwerk ‹Frauen und digitale Bildung› #FemHubBerlin vernetzen.

Alternativ
wirtschaften

1
2
3
4
5

EINE ANDERE DIGITALI-SIERUNG IST MÖGLICH!

{ /// Unabhängig davon, wie digital sie ist: Eine nachhaltige Ökonomie muss globale Gerechtigkeit, Menschenrechte, Umwelt- und Klimaschutz unterstützen. In diesem Kapitel werden Wege skizziert, wie ein solches Wirtschaften im Digitalen zur Realität werden kann. Wie ganzheitlich sozial-ökologische Technik aussehen kann, beschreiben Andrea Vetter und Nicolas Guenot. Santje Kludas und ihre Mitautor*innen betonen die steigende Relevanz digitaler Plattformen und plädieren für deren gemeinwohlorientierte Gestaltung. Diese großen Plattformen müssen nachhaltiger und nachhaltigkeitsorientierte Anbieter gefördert werden, finden Maike Gossen und Nele Kampffmeyer. Steffen Lange, Tilman Santarius und Angelika Zahrnt betonen: Um Naturverbrauch zu reduzieren, muss Effizienz flankiert werden von Zielen der Suffizienz. Sie begreifen Suffizienz als ein Konzept, das sowohl Werte der Ökoszene wie auch der Tech-Szene widerspiegelt. Um ein Gutes Leben für alle zu ermöglichen, muss im Globalen Norden weniger konsumiert werden. Ein guter Code wiederum ist reduktiv. Denn eine weitere Leidenschaft verbindet ‹Ökos› und ‹Techies›: das Werkeln, Entwickeln, Selbermachen. Diese Kompetenzen im Sinne der Subsistenz und zivilgesellschaftlichen Ermächtigung braucht es, um eine andere Digitalisierung zu realisieren. Gute Ideen und Kompetenzen sind beiderseits vorhanden, nun wollen wir gemeinsam tätig werden. }

Autor*innen: Andrea Vetter & Nicolas Guenot

DIGITAL KONVIVIAL

Digitale Technologien für eine Postwachstumsgesellschaft

///<quote>
Eine Transformation hin zu einer Postwachstumsgesellschaft bietet die Möglichkeit für sehr viel gerechtere, lebensfreundlichere und wachstumsunabhängige Institutionen und Infrastrukturen.
///</quote>

Wie soll eine künftige Gesellschaft aussehen, in der die Ressourcen nicht übernutzt werden und dennoch alle Menschen ein gutes Leben führen können? Mit dieser Frage beschäftigt sich die Diskussion um Postwachstumsgesellschaften. Sie geht von der Prämisse aus, dass Wirtschaftswachstum und Materialverbrauch nicht absolut entkoppelt werden können. Wenn wir also die ökologische Tragfähigkeit des Planeten nicht übernutzen wollen, dann muss die Größe der Volkswirtschaften zumindest des Globalen Nordens zurückgehen. Die Postwachstumsperspektive macht jedoch auch deutlich, dass das kein Nachteil für die Menschen ist, im Gegenteil: Eine Transformation hin zu einer Postwachstumsgesellschaft bietet die Möglichkeit für sehr viel gerechtere, lebensfreundlichere und wachstumsunabhängige Institutionen und Infrastrukturen. Ein zentrales Konzept ist hier ‹das Gute Leben›.

Erst seit wenigen Jahren wird in Zusammenhang mit Postwachstum auch über die Rolle digitaler Technologien systematisch nachgedacht,[1] vor allem auf den alle zwei Jahre stattfindenden internationalen Degrowth-Konferenzen. In der Tech-Szene lohnt ein Blick auf die Werte der frühen Technikentwicklung der 1980er- und 90er-Jahre mit ihrem Bezug zur Hackerethik. Was können sie zu konvivialen Infrastrukturen beitragen? Gerade für digitale Anwendungen kann konviviale Technikgestaltung ein vielversprechender Ansatz sein, wie dieser Artikel überlegt.

IMPERIALE UND KONVIVIALE TECHNIK

Das global vorherrschende, auf Wachstum basierende kapitalistische Wirtschaftssystem bringt für die Profiteure vor allem im Globalen Norden, aber auch die Mittelschichten und Eliten im Süden eine ‹imperiale Lebensweise› mit sich.[2] Imperial deshalb, weil sie für ihren Alltag auf die Ausbeutung von Arbeitskraft und Ressourcen anderswo angewiesen ist und die Kosten für diese Lebensweise auf andere Menschen in Raum und Zeit auslagert. Mit dieser imperialen Lebensweise, so könnte man argumentieren, geht notwendig eine ‹imperiale Technik› einher, die von Smartphones über Autos, Produktionsmaschinen für billige

///<quote>
Konviviale Technik lässt sich anhand von fünf Dimensionen definieren: Verbundenheit, Zugänglichkeit, Anpassungsfähigkeit, Bio-Interaktion und Angemessenheit.
///</quote>

Kleidung oder Möbel bis hin zur Kunststoffproduktion für Verpackungsmüll usw. das Rückgrat dieser Lebensweise bildet. Dem gegenüber hat bereits in den 1970er-Jahren der Historiker und Theologe Ivan Illich den Begriff des ‹konvivialen Werkzeugs› entwickelt – eine Technik oder Institution, die der Entfaltung jedes einzelnen Menschen in lebendigen Beziehungen miteinander dient.[3] Diese Idee wurde im Kontext der Postwachstumsdebatten zum Konzept der ‹konvivialen Technik› weiterentwickelt.[4]

Konviviale Technik lässt sich anhand von fünf Dimensionen definieren: Verbundenheit, Zugänglichkeit, Anpassungsfähigkeit, Bio-Interaktion und Angemessenheit. Diese Dimensionen haben sich in einer qualitativen empirischen Studie als Werte gezeigt, die für Projektentwicklungen wie Open Source Ecology, Permakulturdesign und andere offene Technikprojekte arbeitsleitend sind.[5]

Jede der Dimensionen kann dabei auf die vier Ebenen der Materialien, der Herstellung, der Nutzung und der Infrastruktur eines spezifischen Geräts oder einer bestimmten Technik angewendet werden. An jeder Stelle kann die Frage gestellt werden, welche Auswirkung durch die Technik selbst bedingt ist und welche sich auch gesellschaftlich anders organisieren ließe. Beispielhaft lässt sich das an einem durchschnittlichen Smartphone zeigen *(siehe dazu die Infografik Konviviale Technik).*

VERBUNDENHEIT stellt die Frage, wie die Technik zwischenmenschliche Beziehungen und Machtverhältnisse beeinflusst – im Tantalbergbau, der Chipfabrik oder auch in der alltäglichen Nutzung eines Smartphones. **ZUGÄNGLICHKEIT** fragt, wer eine Technik wie und wo nutzen kann. **ANPASSUNGSFÄHIGKEIT** ist die Frage danach, wie anschlussfähig eine Technik ist, aber auch wie selbstbestimmt sie hergestellt oder genutzt werden kann. **BIO-INTERAKTION** fragt nach den Wechselwirkungen mit dem Lebendigen. Welche Schadstoffe entstehen im Bergbau, welche Gesundheitsgefährdungen verursacht die Aluminiumproduktion? **ANGEMESSENHEIT** schließlich stellt eine Technik in einen größeren Kontext. Ist es

1
1
0
0
1
0
1

GUT ZU WISSEN

IN EINEM SMARTPHONE SIND MEHR ALS 60 ELEMENTE VERBAUT

Quelle: Greenpeace. From Smart To Senseless: The Global Impact of 10 Years of Smartphone (2017).

Autorinnen: Andrea Vetter & Anja Höfner

WIE KONVIVIAL IST DAS EIGENTLICH?
MEIN SMARTPHONE

Anhand dieser Matrix lässt sich einschätzen, wie konvivial eine Technik ist. Am Beispiel des Smartphones – in kürzester Zeit zu einem unerlässlichen Begleiter im Alltag der meisten Menschen geworden – kannst du hier selbst eine Bewertung vornehmen.

Lege dein Smartphone auf die dafür vorgesehene Stelle, und ordne es jeweils bei den rechts aufgeführten Unterpunkten ein, indem du ein Kreuz an der ‹gefühlt› richtigen Stelle machst. Zähle dann am Ende alle Punkte zusammen, und trage sie pro Dimension in die Blütenblätter im Smartphone ein. Wenn du alle Punkte zusammenrechnest, gibt dir die Einteilung unten eine Orientierung, wie lebensfreundlich du dein Smartphone eingeschätzt hast.

endlich-wachstum.de/wp-content/uploads/2017/06/B_Welche-Technik-wollen-wir_Arbeitsbl%C3%A4tter.pdf

	5	4	3	2	1
VERBUNDENHEIT					
Verbindet Menschen	☹	🙁	😐	🙂	😊
Entwicklung ist bedarfsorientiert					
Fördert Kooperation					
Gute Arbeit in der Produktion					
Vielfältig nutzbar					
ZUGÄNGLICHKEIT	5	4	3	2	1
Herstellung ist einfach zu lernen	☹	🙁	😐	🙂	😊
Nutzung für alle verallgemeinerbar					
Technikwissen ist offen					
Kostet wenig Geld					
Geschlechtergerecht					
ANPASSUNGSFÄHIGKEIT	5	4	3	2	1
Selbst reparierbar	☹	🙁	😐	🙂	😊
Modular / erweiterbar					
Eigenbau ist möglich					
Datenströme sind kontrollierbar					
Software ist quelloffen					
BIO-INTERAKTION	5	4	3	2	1
Fördert Wasserqualität	☹	🙁	😐	🙂	😊
Fördert Reinheit der Luft					
Erhöht Wissen über Ökosysteme					
Fördert menschliche Gesundheit					
Schützt Tier- und Pflanzenarten					
ANGEMESSENHEIT	5	4	3	2	1
Recyclingfähig	☹	🙁	😐	🙂	😊
Nutzt erneuerbare Energien					
Aus nachwachsenden Rohstoffen					
Effizient in der Nutzung					
Nutzt lokale Materialien					

TRAGE HIER DEIN ERGEBNIS EIN

Du kannst diese Bewertung auch für andere technische Geräte durchführen und gemeinsam mit Freund*innen darüber diskutieren.

25–50 Punkte: Eine Technik, die alle Dimensionen zufriedenstellend erfüllt, wird es kaum geben.
51–75 Punkte: Das kommt einer ressourcensparsamen und lebensfreundlichen Technik schon recht nahe.
76–100 Punkte: Welche Dimensionen schneiden besonders schlecht ab? Vielleicht kannst du selbst über Verbesserungsmöglichkeiten nachdenken.
101–125 Punkte: Dein Smartphone macht keinen besonders lebensfreundlichen Eindruck – vielleicht ist es in dieser Form doch nicht der richtige ständige Begleiter?

angemessen, so viele Ressourcen zu nutzen, um ein minimal schnelleres Gerät zu besitzen oder dass Arbeitende in einer Telefonfabrik für einen Hungerlohn schuften, damit sich andere Menschen per Chat über Fußball unterhalten können? Oder dass wir dafür alle Millionen persönlicher Daten preisgeben?

Die Dimensionen konvivialer Technik bieten einen ethischen Kompass aus einer Postwachstumsperspektive, um eine strukturierte technikethische Debatte zu führen. Es wird keine einzelne Technik geben, von der gesagt werden kann, sie erfüllt alle Dimensionen zufriedenstellend und ist 100 Prozent konvivial. Doch wenn wir Konvivialität als Maßstab nehmen, werden in einer Diskussion andere Fragen gestellt, als wenn nur der ökologische Fußabdruck bewertet wird oder ausschließlich die Wirtschaftlichkeit eines Gerätes.

KONVIVIALE SOFTWARE VOR UND
JENSEITS DES DIGITALEN KAPITALISMUS

Derzeit weist bei der Herstellung elektronischer Geräte nichts in Richtung Konvivialität. Im Gegensatz zur Hardware hat aber die Software durchaus konviviale Aspekte.

Diese Geschichte kann auf das um 1970 entwickelte UNIX-Betriebssystem zurückgeführt werden. Dieses neue System war viel einfacher als bereits existierende Systeme, ermöglichte mehreren Benutzer*innen, eine einzige Maschine zu teilen, und förderte seine eigene Entwicklung innerhalb einer größeren Community. In den folgenden Jahrzehnten vergrößerte die Verbreitung von PCs diese Community, in der viele Benutzer*innen gleichzeitig Programmierer*innen waren. Ab 1983 wurde mit dem GNU-Projekt und später der General Public Licence Freie Software[6] *(siehe hierzu auch den Beitrag von Nähle)* geboren. Die Hackergemeinschaft nahm durch die Bestrebung nach zugänglichem Quellcode und selbstbestimmter Systemverwaltung eine politische Wende hin zu kollaborativer Arbeit und Autonomie. Diese Bewegung und ihre reiche Subkultur erreichten ihren Höhepunkt in den 1990ern nach der Vollendung des GNU-Projekts mit dem Linux Kernel – also der Entstehung dessen, was heute Linux-Betriebssysteme sind.

Das Internet eröffnete auch Menschen außerhalb von Forschungsinstituten die Möglichkeit zur Teilhabe bei der Entwicklung neuer digitaler Technologien. Es basiert selbst auf einem dezentralen, nicht hierarchischen Modell. Neue Technologien wurden organisch entwickelt und verbreiteten sich durch die Definition von Standards, die Kooperation fördern.

Bis zum Ende des letzten Jahrhunderts hatten nur die ökonomisch Privilegierten Zugang zu Computern. Doch innerhalb dieser Blase, gefördert von der Hacker-Community, erstarkten Werte wie Kostenlosigkeit, Autonomie und Zusammenarbeit. Mit der großflächigen Integration von PCs in die Wirtschaft übernahmen zur Jahrhundertwende Konzerne und Risikokapitalgebende die digitale Ökonomie und führten sie sowohl zum Höhepunkt als auch zum Absturz in der Dotcom-Blase. Digitaler Kapitalismus, wie wir ihn heute am Beispiel von Google kennen, wurde in dieser Krise geboren. Dieser löste das Problem, indem das Geschäftsmodell geändert wurde: Statt mit Software Geld zu verdienen, integrierte er manche Free-Software-Werte (wie offenen Quellcode) und fokussiert sich auf die essenzielle, von Software produzierter Ressource: Daten.

Diese Verschiebung von Software hin zu Daten und datenmanipulierenden Algorithmen widerspricht den Bestrebungen der Freien-Software-Bewegung. Es schafft Ausbeutungsmechanismen, welche die konvivialen Elemente der Hackerkultur zerstören. Die Hackercommunity ist noch stark, obwohl sie ihre Hegemonie der 90er-Jahre verloren hat. Logischerweise führt sie heute den Kampf gegen die imperiale Nutzung unserer Daten an. Der Weg zu konvivialer Software in einer digitalen Gesellschaft ist noch nicht klar umrissen, er beinhaltet aber die Dezentralisierung von Onlinediensten, allen die Möglichkeit zur Kontrolle der eigenen Softwarenutzung zu geben und einige Daten ungenutzt zu lassen.

DIGITALE TECHNIK
FREI UND KONVIVIAL WEITERDENKEN

Wie könnten also konviviale digitale Technologien für eine Postwachstumsgesellschaft aussehen, die aus der Geschichte der Freien Software lernen könnten?

In Bezug auf die Dimensionen Zugänglichkeit und Anpassungsfähigkeit ist deutlich, dass Digitaltechnologien nur in Richtung Konvivialität tendieren können, wenn sie quelloffen und frei sind – wenn Menschen also Software als Werkzeug für eigene Zwecke nutzen können, anstatt von Software benutzt zu werden, um Daten zu produzieren. Dafür spielt der Rahmen, in dem die Entwicklung und der Einsatz von Software stattfinden, eine wichtige

Rolle. Software sollte offene Standards implementieren, die von der Gemeinschaft der Entwickelnden und Nutzenden definiert werden. Sie sollte dezentral eingesetzt werden, sodass sie von ihren Benutzenden gesteuert werden kann.

Die Dimensionen Verbundenheit und Bio-Interaktion können insbesondere in Bezug auf Hardware Gedankenanstöße liefern. Statt Hightech sind dabei zum einen Lowtech, aber auch etwas, was man ‹Old-Tech› nennen könnte, entscheidende Stichworte. Die Wiederverwendbarkeit von alter Hardware wird mit offenen Systemen erheblich verbessert, die Nutzungsdauer verlängert. Alte Geräte in Kombination mit offener, zum Beispiel Linux-basierter Software zu nutzen ist dabei ein relativ einfaches Einstiegsprojekt für alle, die am gesellschaftlichen Wandel arbeiten. Das hebt die Bedeutung von Long-Term-Support für Software hervor, die an die reale Hardwarelebenserwartung angepasst ist, die nicht nur zwei Jahre beträgt.

Schließlich stellt sich die Frage der Angemessenheit: Welche Vorgänge und Prozesse sollten sinnvollerweise digitalisiert werden und welche nicht? Digitalisierung von Arbeitsprozessen bedeutet häufig Effizienzsteigerung, die jedoch nicht selten mit höherem Stress und Entfremdung in der Arbeit einhergeht. Besonders fragwürdig ist die Digitalisierung der Freizeit, da hier Effizienz eigentlich keine Rolle spielen sollte. Eine Frage der Angemessenheit, gerade wenn ‹Old-Tech› verwendet wird, ist die Frage, ob es statt neuer Features nicht angemessener wäre, die Sicherheit einer verwendeten Software zu erhöhen. Wenn bei jedem Problem kontextabhängig nach der Sinnhaftigkeit von technischem Einsatz gefragt wird, sollte die Regel dabei erst No-Tech, dann Old-Tech oder Lowtech heißen, statt sofort mit Rohstoff- und energieintensiven digitalen Hightechlösungen Probleme scheinbar zu lösen und dabei an anderer Stelle neue zu schaffen.

Wie kann der Weg hin zu einer solchen Zukunft des maßvollen Digitaleinsatzes aussehen? Für den Wandel hin zu einer Postwachstumsgesellschaft kann von drei sich ergänzenden Transformationsstrategien gesprochen werden: 1. Freiräume ausbauen, 2. revolutionäre Reformen, 3. Widerstand gegen zerstörerische Wirtschaftsaktivitäten.[7] Freiräume könnte dabei in Bezug auf digitale Technik bedeuten, dass Repaircafés mit Hackerspaces fusionieren und in jedem Dorf und Stadtteil zur Normalität gehören. Revolutionäre Reformen wären, öffentliches Geld (wie in der Wissenschaft, in Verwaltungen und kommunalen Betrieben) nur für Freie Software und für Menschenrechte und Ökostandards beachtende Hardware auszugeben – also in der Regel für gebrauchte Geräte. Widerstand bedeutet schließlich, Kämpfe gegen Extraktivismus vor allem im Globalen Süden zu unterstützen. Im Globalen Norden heißt es vor allem, aktiv zu werden gegen kommerzielle Plattformen und Datenkontrolle.

Die Technik für eine Postwachstumsgesellschaft kann einiges von den Anfängen des Internets und von den PCs in den 1990er-Jahren lernen. Freiheit und Konvivialität sind auch technisch möglich, zum Beispiel durch kollaborative Softwareentwicklung und eine nachhaltige Nutzung von existierender und wiederverwerteter Hardware.

> ///<quote>
> Schließlich stellt sich die Frage der Angemessenheit: Welche Vorgänge und Prozesse sollten sinnvollerweise digitalisiert werden und welche nicht?
> ///</quote>

DIE AUTOR*INNEN

/// **Andrea Vetter** ist Wissenschaftlerin, Aktivistin und Journalistin für eine Wirtschaft nach den Bedürfnissen und Fähigkeiten aller. Sie arbeitet für das Konzeptwerk Neue Ökonomie e. V. und die Zeitschrift Oya: enkeltauglich leben.

/// **Dr. Nicolas Guenot** ist promovierter Informatiker, der die Wissenschaft hinter sich gelassen hat, um sich auf zivilgesellschaftlicher Seite für einen emanzipatorischen Umgang mit digitalen Technologien einzusetzen. Er arbeitet beim Konzeptwerk Neue Ökonomie zu Digitalisierung und ist in der Klimagerechtigkeitsbewegung aktiv.

LITERATUR

/// [1] **Kerschner, C., et al.** Special issue: *Technology and Degrowth*. Journal of Cleaner Production 197, 1619–1886 (2018).

/// [2] **Brand, U., & Wissen, M.** *Imperiale Lebensweise: Zur Ausbeutung von Mensch und Natur in Zeiten des globalen Kapitalismus* (oekom, 2017).

/// [3] **Illich, I.** *Selbstbegrenzung. Eine politische Kritik der Technik* (Rowohlt, 1975).

/// [4] **Vetter, A.** *The Matrix of Convivial Technology – Assessing Technologies for Degrowth*. Journal of Cleaner Production 197, 1778–86 (2018).

/// [5] **Ebd.**

/// [6] **Free Software Foundation.** *Freie Software – Was ist das?* https://gnu.org/philosophy/free-sw.html (2018).

/// [7] **Schmelzer, M., & Vetter A.** *Degrowth / Postwachstum zur Einführung* (Junius, 2019).

Autor*innen: Nina Treu & Matthias Schmelzer

WIE PASST DAS ZUSAMMEN?
DIGITALISIERUNG UND POSTWACHSTUM

Wirtschaftswachstum und Materialverbrauch können nicht absolut entkoppelt werden. Wenn wir die ökologische Tragfähigkeit des Planeten nicht übernutzen wollen, dann muss die Größe der Volkswirtschaften zumindest des Globalen Nordens zurückgehen. Die Infografik zeigt, wie Digitalisierung in einer Postwachstumsgesellschaft eingesetzt werden kann.

KONVIVIALE TECHNIKNUTZUNG
Erst No-Tech, dann Old-Tech und dann erst Hightechlösungen, lautet die suffiziente Daumenregel. Denn rohstoff- und energieintensive digitale Lösungen erschaffen oft neue Probleme an anderer Stelle.

AUSBAU VON FREIRÄUMEN
Repaircafés fusionieren mit Hackerspaces und gehören in jedem Dorf und Stadtteil zur Normalität.

WIDERSTAND LEISTEN
Widerstand gegen zerstörerische Wirtschaftsaktivitäten. Aktiv werden gegen kommerzielle Plattformen und Datenkontrolle im Norden und ...

… Kämpfe gegen Extraktivismus im Süden der Erde.

REVOLUTIONÄRE REFORMEN
Öffentliches Geld wird nur für Freie Software und für Menschenrechte und Ökostandards beachtende Hardware ausgegeben – also in der Regel für gebrauchte Geräte.

LITERATUR
/// **Schmelzer, M. & Vetter A.** *Degrowth / Postwachstum zur Einführung* (Junius, 2019).

Autorin: Katja George

PORTRÄT

OPEN SOURCE ECOLOGY

Technologie, die allen gehört

///<summary>
Initiative: Open Source Ecology Germany e. V.
Personen: 30 Vereinsmitglieder, circa 100 Aktive in der Community
Gründungsjahr: weltweite Bewegung, seit 2016 gemeinnütziger eingetragener Verein in Deutschland
Ziel: Kreislaufwirtschaft
Strategie: Anleitungen und Baupläne offen zur Verfügung stellen
Web: opensourceecology.de
///<summary>

Einen 3D-Drucker reparieren? Das Design eines Solarmoduls verbessern? Einen Webstuhl konstruieren und eigene Stoffe herstellen? Das klingt allenfalls für industrielle Dienstleister durchführbar. Doch dank Open Source Ecology (OSE) könnte genau dies in Zukunft für uns alle möglich sein. OSE ist eine weltweite Bewegung, die in den 2000er-Jahren in den USA entstand und sich für die Entwicklung Freier-Open-Source-Hardware einsetzt. Die OSE-Community entwickelt technische Werkzeuge und stellt dabei sämtliche Bestandteile des Lebenszyklus, von der Forschung über die Baupläne bis hin zum Recycling, öffentlich und frei zur Verfügung. Der Aufbau soll leicht verständlich sein. Einfach zu beschaffende, umweltfreundliche Materialien werden verwendet. Gestaltungs-, Bau- und Reparaturprozesse können so von vielen unterschiedlichen Nutzer*innen selbst durchgeführt und an die eigenen Bedürfnisse angepasst werden.

«*Wir wollen das Rad nicht neu erfinden, aber wenn wir es tun, dann zum allerletzten Mal. Nach uns muss es niemand mehr machen. Dann sind alle Schritte frei zugänglich für jeden, und es geht nur noch darum voranzukommen*», fasst Martin Häuer die Herangehensweise von Open Source Ecology Germany zusammen. In Deutschland hat die Bewegung seit etwa drei Jahren einen Verein.

Wie das Wort ‹Ecology› im Namen impliziert, ist Nachhaltigkeit ein zentraler Gedanke für OSE. So ermöglicht die Offenheit von Bauplänen eine Perspektive für Kreislaufwirtschaft. Denn nur wenn wir wissen, welche Materialien in unseren Geräten verbaut sind, haben wir die Möglichkeit, diese wiederzuverwenden oder in anderen Stoffkreisläufen zu verwerten. Die deutsche Community entwickelt außerdem klimafreundliche Technologien im Bereich der erneuerbaren Energien. Ein Beispiel ist die Libre Solar Box, welche die Verwaltung unabhängiger Stromerzeugung und Stromspeicherung im Haus sowie E-Mobilität kostengünstig und einfach ermöglichen soll.

Grundlegend denkt die OSE Wirtschaften in einer anderen Art und Weise. Unser gegenwärtiges ökonomisches System beruht auf der Knappheit von Ressourcen und der Konkurrenz zwischen Menschen. Eine Open Source Economy hingegen würde bedeuten, dass Wissen und der Zugang zu diesem gemeinschaftlich geteilt werden und nicht nur für wenige privatisiert sind. So ist es für alle möglich, die Produktionsmittel für ein gutes Leben selbst und neu zu erschaffen. Statt Knappheit als Voraussetzung der Produktionsverhältnisse existiert eine Fülle von Problemlösungen unabhängig von Ressourcenknappheit – statt sozialer Exklusion gibt es soziale Kooperation. OSE Germany will soziale Nachhaltigkeit konkret umsetzen und arbeitet daher mit einer dezentralen Organisationsstruktur mit wenig Hierarchien, «*wie ein Organismus*», veranschaulicht es Martin. Florian Rabis lädt herzlich und offen zum Mitmachen bei OSE ein, insbesondere die Nicht-Techles: «*Falls die Bewegung wirklich etwas verändern will, braucht es mehr Leute. Das muss nicht unbedingt bei der technischen Entwicklung sein. Ein Anfang ist es schon, an einer Diskussion in unserem Forum teilzunehmen oder allgemein zu verfolgen, was entwickelt wird. Wir wollen, dass man uns auf die Hände schaut, also schaut hin!*»

Autorinnen: Maike Gossen & Nele Kampffmeyer

NACHHALTIGER ONLINEHANDEL

Wie grüne Nischenanbieter gestärkt und Mainstreamportale begrünt werden können

Die Digitalisierung transformiert Wirtschaft, Gesellschaft und unsere Konsum- und Lebenswelten. Der Konsum von Produkten und Dienstleistungen verschiebt sich zunehmend ins Internet. So wächst der Onlinemarkt mit 10,5 Prozent kontinuierlich und generiert mittlerweile etwa zehn Prozent des Umsatzvolumens im deutschen Einzelhandel.[1] Wir kaufen aber nicht nur zunehmend online ein, sondern nutzen das Internet für die Informationssuche zu Produkteigenschaften und Preisen, erstellen digitale Wunschlisten, lassen uns von den Empfehlungen und Erfahrungen anderer in Foren und Social-Media-Angeboten wie Facebook oder Instagram inspirieren oder verwenden Apps auf dem Smartphone für den Produktvergleich. Digitaler Konsum zeichnet sich also vor allem durch verbesserte Vernetzungs- und Austauschmöglichkeiten sowie den verbesserten Zugang zu Informationen und Konsumoptionen aus.

///<quote>
Durch die Digitalisierung entstehen vielfältige Chancen für einen nachhaltigen Konsum.
///</quote>

CHANCEN UND RISIKEN FÜR NACHHALTIGEN KONSUM IM E-COMMERCE

Durch die Digitalisierung entstehen vielfältige Chancen für einen nachhaltigen Konsum. Digitale Plattformen und Apps erleichtern die Informationsbeschaffung zu nachhaltigen Verhaltensweisen, den Kauf umwelt- und sozialverträglicher Waren, die Suche nach Alternativen zu ressourcenintensiven Anschaffungen oder Sharing und Wiederverkauf. Auch minimalistische Konsumstile wie etwa Teilen, Tauschen, Secondhand und letztlich auch den Verzicht auf Neukäufe (diese Verhaltensweisen werden auch als ‹suffizienter Konsum› bezeichnet) können durch die Digitalisierung gefördert werden, wenn etwa die Reflexion über Konsumbedürfnisse und immaterielle Befriedigung von Bedürfnissen angeregt wird.[2] Darüber hinaus kann die Dematerialisierung (also die Neugestaltung von Produkten mit dem Ziel der Reduzierung von Stoffströmen) zum Beispiel von Unterhaltungsangeboten, wie Musik oder Filmen, mittels Streaming zu Ressourceneinsparungen führen. Entwicklungen, die Chancen versprechen, bergen oft auch Risiken. Beispielsweise kann durch die Möglichkeit des orts- und zeitunabhängigen Shoppings oder durch personalisierte Werbung und Produktangebote der Konsum gesteigert werden. Auch die Tatsache, dass Plattformen wie Amazon ihr Angebot stark ausbauen und bündeln und damit eine zunehmende Monopolstellung im Onlinehandel erreichen, ist wirtschafts- und gesellschaftspolitisch nachteilig.

Wie nachhaltig digitaler Konsum ist, hängt also letztlich von der Frage ab, ob die dort gekauften Produkte selbst mehr oder weniger nachhaltig sind, ob dort mehr oder weniger konsumiert wird und wie ökologisch und sozial vorteilhaft die Vertriebswege sind. Wie kann also das Potenzial der Digitalisierung für die Verbreitung von nachhaltigem Konsum besser genutzt und negative Ausprägungen verhindert werden? Eine Möglichkeit besteht darin, Onlineangebote für nachhaltigen Konsum bekannter zu machen und damit den Kauf und die Nutzung nachhaltiger Alternativen zu erhöhen. Gleichzeitig können kommerzielle Marktführer ihr nachhaltiges Sortiment ausbauen und ihre Prozesse nachhaltiger gestalten. In diesem Beitrag stellen wir beide Strategien – ‹die grüne Nische stärken› und ‹den Mainstream begrünen› – am Beispiel des Onlinemarktplatzes Avocadostore und des Onlinehändlers Amazon vor. Abschließend diskutieren wir, was die Politik unternehmen kann, um beide Strategien zu unterstützen, und welche Fragen aus Forschungssicht offengeblieben sind.

///<quote>
Für seine Positionierung gegen den Konsumwahn wird der Onlinemarktplatz Avocadostore von seinen Kund*innen honoriert.
///</quote>

#1: NACHHALTIGE NISCHENANGEBOTE STÄRKEN

Avocadostore ist ein Onlinemarktplatz für Eco Fashion und Green Lifestyle, der in vielen Produktkategorien eine nachhaltige Alternative zum herkömmlichen Angebot offeriert. Um mehr Transparenz zu schaffen, muss jedes bei Avocadostore verkaufte Produkt mindestens eines von zehn Nachhaltigkeitskriterien erfüllen, zu denen zum Beispiel Haltbarkeit und Recyclingfähigkeit des Produkts, Rohstoffe aus biologischem Anbau oder faire und soziale Herstellungsbedingungen zählen.

Im Avocadostore kann also umwelt- und sozialverträglich eingekauft werden. Doch der Onlinemarktplatz geht weiter und hat sich zum Ziel gesetzt, das Bewusstsein und die Akzeptanz von suffizienten Konsumstilen zu unterstützen. Zum Beispiel werden mithilfe von digitalen Tools zur Information und Kommunikation mit Kund*innen, wie etwa ein Onlinenewsletter und Postings auf Facebook oder Instagram, bewusst Alternativen zum Neukauf in den Mittelpunkt gestellt oder zur Reflexion über Konsumbedürfnisse angeregt. Ein Beispiel für Suffizienzkommunikation: An dem weltweit wichtigsten Einkaufstag vor Weihnachten, dem ‹Black Friday›, der normalerweise für Rabattaktionen genutzt wird, postete Avocadostore auf Instagram unter dem Hashtag #noblackfriday eine Anleitung zur Konsumreflexion.

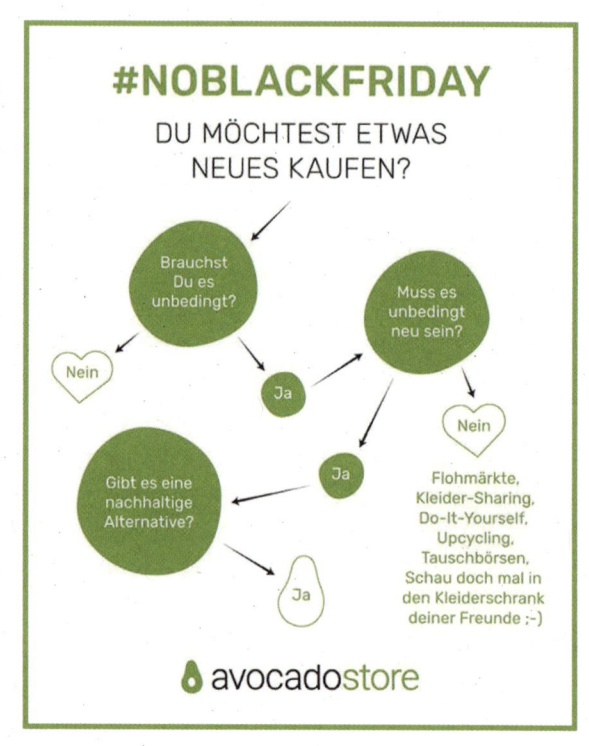

Instagram-Posting #noblackfriday von Avocadostore

Für diese Positionierung gegen den Konsumwahn wird der Onlinemarktplatz von seinen Kund*innen honoriert. Eine Umfrage zur Wahrnehmung des Avocadostore als Absender von suffizienzfördernder Kommunikation ergab, dass sowohl die Inhalte der Postings und Anzeigen wie auch die Glaubwürdigkeit und die Motive des Unternehmens als sehr positiv bewertet werden. Die Befragten gaben zudem an, dass sich die Kommunikation begünstigend auf die Motivation zu suffizientem Konsumverhalten auswirkt.[3]

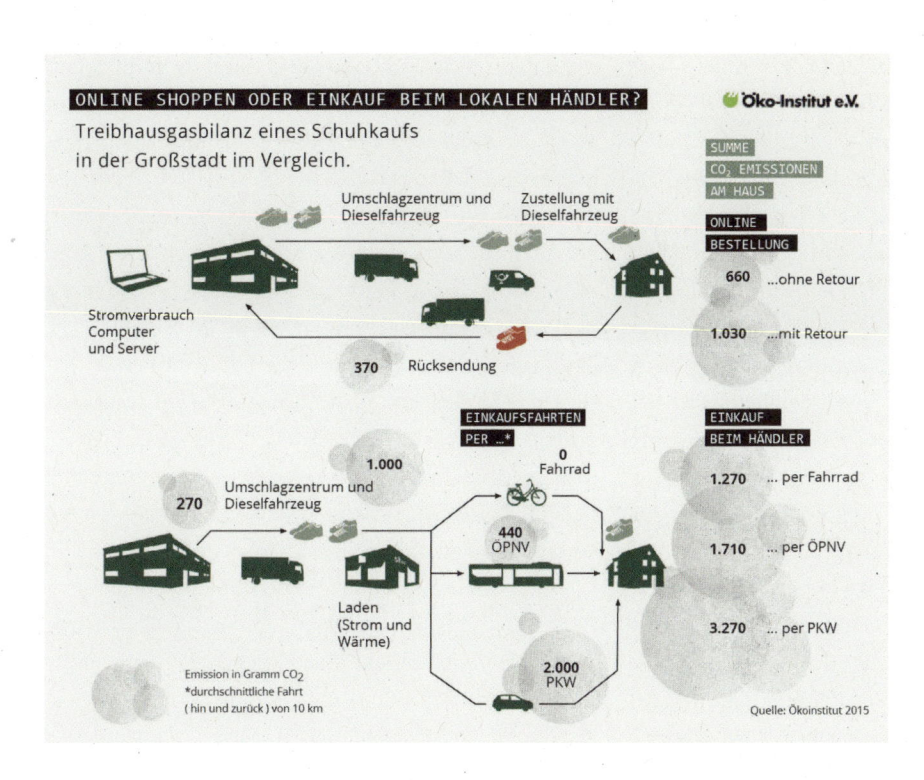

CO₂-Emissionen im E-Commerce und im stationären Handel

#2: GROSSE MARKTFÜHRER BEGRÜNEN

Hingegen ist die Vision der konventionellen Anbieter im E-Commerce, alle möglichen und unmöglichen Kundenbedürfnisse, die gerne auch von den Anbietern selbst erst geweckt werden, am besten in Echtzeit zu befriedigen. Gleichzeitig soll die Hemmschwelle zur Kaufentscheidung so niedrig wie möglich sein, was beispielsweise durch Abo-Modelle oder die Option zur kostenlosen Rücksendung erreicht wird.

Der mit Abstand größte Anbieter im E-Commerce ist Amazon. Amazons Handelsumsatz macht rund 30 Prozent des Onlinehandels in Deutschland aus. Rechnet man den Umsatz auf Amazon Marketplace hinzu, so liegt der Anteil bei ungefähr 50 Prozent.[4] Amazons Marktmacht besteht zu großen Teilen aus einem privilegierten Zugang zu Nutzerdaten, mittels derer Amazon erkennen kann, welche Produkte und Geschäftsmodelle auf besonders großes Kundeninteresse stoßen. Diese Marktmacht und die erheblichen finanziellen Mittel werden unter anderem dazu genutzt, neue Geschäftsfelder zu erschließen oder auch selbst in den stationären Handel zu investieren oder eine eigene Lieferinfrastruktur aufzubauen. So ist Amazon in Deutschland beispielsweise auch der größte Streaminganbieter.[5]

Daher setzt Amazon auch in Deutschland die Standards im E-Commerce, denen sich andere Anbieter nur schwer entziehen können. Entscheidungen des Unternehmens sind also maßgeblich für die Frage, ob Onlineshopping nachhaltig(er) wird – oder nicht. Beispielhaft wird dies hier in Bezug auf den Versand erläutert. Zunächst kann man feststellen, dass Onlineeinkäufe weniger CO_2-Emissionen verursachen als solche im stationären Handel – selbst dann, wenn Retouren eingerechnet werden *(siehe Abbildung oben)*.

Allerdings sieht diese Bilanz bei Instant Delivery-Angeboten wie Amazon Prime Now gleich ganz anders aus, da ein Großteil der Vorteile, die sich aus einer optimierten Routenplanung ergeben, bei sehr kurzfristigen Lieferzeiten kaum noch zu realisieren sind. Weiterhin verursacht der Raumbedarf des Lieferverkehrs in Innenstädten zunehmend Probleme. Darüber hinaus stehen immer wieder die Arbeitsbedingungen und die Entlohnung in den Versandzentren von Amazon und bei den Paketversendern und Logistikdienstleistern in der Kritik. Um den Versand nachhaltiger zu machen, könnte Amazon zum Beispiel eine Art ‹Grünen Lieferbutton› als Default Setting einführen, bei dem nicht nur die CO_2-Emissionen kompensiert, sondern auch die Routen optimiert werden. Des Weiteren sollte das Unternehmen Strategien zur Reduktion der Retourenquoten entwickeln, da diese nicht nur zu erhöhten CO_2-Emissionen, sondern häufig auch zum Downcycling oder zur Vernichtung von Neuware führen.

DEN NACHHALTIGEN KONSUM IM E-COMMERCE MIT POLITISCHER FÖRDERUNG UND WISSENSCHAFTLICHER EXPERTISE VORANBRINGEN

Beide Beispiele zeigen, welche Chancen und Risiken es im E-Commerce für einen nachhaltigen Konsum gibt. Neben nachhaltigkeitsorientierten Unternehmen und bewusst konsumierenden Verbraucher*innen sind deswegen insbesondere politische Rahmenbedingungen zur Steuerung dieser Transformation notwendig. Dazu gehört für alle Bereiche der Digitalisierung eine Aktualisierung des Kartell- und Wettbewerbsrechts, um angemessen auf die Risiken durch neue und mit der Digitalisierung einhergehende Formen von Marktmacht zu reagieren. Dies betrifft beispielsweise die Möglichkeit, Daten aus unterschiedlichen Geschäftsbereichen zu verschneiden. Es betrifft aber auch die vergleichsweise einfache Möglichkeit, von einer quasimonopolistischen Plattform aus in andere Geschäftsfelder zu expandieren, und natürlich auch die ungleich größere Bedeutung von Skalen- und Netzwerkeffekten in der digitalen Ökonomie. Zugleich muss die Arbeitsgesetzgebung angepasst werden, um die in der Plattformökonomie verbreiteten Formen der (Schein-)Selbstständigkeit besser zu regulieren. Außerdem sollten rechtliche Regelungen entwickelt werden, die die Vernichtung oder das Downcycling von Retouren verbieten oder zumindest den Umfang verringern.

Weiterhin könnten E-Commerce-Plattformen zu einer Ausweitung der Informationen über Umwelt- und Nachhaltigkeitsaspekte ihres Angebots verpflichtet werden. Dies betrifft auch die Produktpräsentation, denn mit Suchmöglichkeiten und Filterfunktionen wären nachhaltige Alternativen besser auffindbar. Diese Informationspflicht sollte Hand in Hand gehen mit strengen Regeln für die Produkte selbst – von einer Ausweitung der Öko-Design-Richtlinie über höhere gesetzliche Standards in der Tierhaltung bis hin zu verbindlichen menschenrechtlichen Sorgfaltspflichten für die gesamte Wertschöpfungskette. Zum besseren Wissen gehört auch die Selbstbestimmung, insbesondere angesichts der Menge an Algorithmen, die das Ziel haben, aus Internetnutzer*innen in erster Linie Käufer*innen zu machen. Derzeit traut sich nur ein Drittel der Bevölkerung zu, Werbeanzeigen im Internet sicher identifizieren zu können[6] – und dabei handelt es sich hier um die offensichtlichste Form der Verbraucherbeeinflussung.

Nicht zuletzt deshalb bleiben spannende Fragen für die zukünftige Forschung offen. Welche neuen Möglichkeiten der Beeinflussung von Konsument*innen ergeben sich durch die Digitalisierung, und wie können diese Möglichkeiten für die Förderung von nachhaltigen und suffizienten Konsumstilen eingesetzt werden? Wie bewerten Kund*innen die Ansätze zur nachhaltigen Gestaltung des E-Commerce, und welche weiteren Maßnahmen sind denkbar und akzeptiert? Welche Formen der politischen Steuerung sind sowohl notwendig als auch realistisch umsetzbar?

Die hier vorgestellten Strategien bieten praktische Ansatzpunkte und Inspirationen für die nachhaltige Gestaltung des E-Commerce. Das Beispiel Avocadostore zeigt, dass selbst gewinnorientierte Unternehmen glaubwürdig Verantwortung für minimalistischen und reduzierten Konsum übernehmen können, ohne dadurch Kund*innen zu verlieren oder Reputationsrisiken einzugehen. Das Beispiel Amazon zeigt, dass auch die konventionellen Anbieter nachhaltiger werden müssen, da sie rein quantitativ den größten Einfluss auf das Ausmaß der ökologischen und sozialen Auswirkungen haben.

> Zum besseren Wissen gehört auch die Selbstbestimmung.

DIE AUTORINNEN

/// **Maike Gossen** ist Wissenschaftliche Mitarbeiterin am Institut für ökologische Wirtschaftsforschung und an der TU Berlin. https://ioew.de
/// **Dr. Nele Kampffmeyer** ist Wissenschaftliche Mitarbeiterin am Öko-Institut im Bereich Umweltrecht und Governance. https://oeko.de/

LITERATUR

/// [1] **HDE** (Handelsverband Deutschland). *Handel digital: Online-Monitor 2018*. https://einzelhandel.de/index.php?option=com_attachments&task=download&id=9449 (2018).
/// [2] **Gossen, M., & Schrader U.** *Welche Potenziale die Digitalisierung für ein suffizienzförderndes Marketing bringt.* Ökologisches Wirtschaften 33, 8–9 (2018).
/// [3] **Gossen, M., & Frick V.** *Brauchst du das wirklich? Wahrnehmung und Wirkung suffizienzfördernder Unternehmenskommunikation.* Umweltpsychologie 22(2), 11–32 (2018).
/// [4] **HDE** (2018).
/// [5] **Statista.** *Marktanteile der VoD-Anbieter in Deutschland.* https://de.statista.com/infografik/12214/marktanteile-der-vod-anbieter-in-deutschland/ (2017).
/// [6] **Kantar TNS.** *D 21 Digitalindex 2017/2018.* Jährliches Lagebild zur Digitalen Gesellschaft (2018).

Autorin: Julia Fink

PORTRÄT
VAUDE

Online leihen und reparieren statt neu kaufen

///<summary>
Institution:
VAUDE Sport GmbH & Co. KG
Gründungsjahr: 1974
Standort: Tettnang
Mitarbeiter*innen: 500
Branche: Industrie, Sport, Outdoorausrüstung
Web: vaude.com/de
///</summary>

NACHHALTIG UND DIGITAL, WEIL ...
VAUDE langjährige Erfahrungen hat, mit den Spannungsfeldern Ökonomie, Ökologie und Soziales umzugehen, und den Ansatz verfolgt, aktiv Lösungen für Herausforderungen zu entwickeln.

WAS MACHT VAUDE?
VAUDE bietet funktionelle und innovative Bekleidung und Ausrüstung für Berg- und Bikesportler*innen. Unternehmertum wird als Verpflichtung verstanden, einen Beitrag zum Gemeinwohl zu leisten. Als nachhaltig handelndes Unternehmen orientiert es sich an langfristigen, zukunftsfähigen, ökologischen, sozialen und wirtschaftlichen Zielen. Nachhaltigkeit ist sowohl mit einem großen Transparenzanspruch verbunden als auch mit dem Ziel, neue Konzepte für die Bedürfnisse der Kund*innen anzubieten. Um diese Anforderungen zu erfüllen, setzt das Unternehmen schon seit Jahren aktiv digitale Unterstützungsmöglichkeiten aus allen Bereichen ein, die VAUDE zum Teil auch mitentwickelt hat. Ein Beispiel: das innovative Mietkonzept für Outdoorausrüstung ‹iRentit›.

WIE VERÄNDERT DIE DIGITALISIERUNG DAS GESCHÄFTSMODELL VON VAUDE?
Für das Unternehmen bietet die Digitalisierung das Potenzial, mit vielen Menschen in den Dialog zu treten. Dem liegt der Gedanke zugrunde, Lösungen für Konsument*innen und ihre Bedürfnisse zu finden und mit ihnen auf Augenhöhe zu kommunizieren. Somit ist das Unternehmen nicht mehr reiner Produkthersteller, bietet also nicht nur Outdoorprodukte an, sondern auch Outdoorgenuss sowie Lösungen für Themen unserer Zeit. Damit die Produkte möglichst lange genutzt werden, bietet VAUDE seinen Kund*innen verschiedene Services an wie beispielsweise Reparaturanleitungen und Ersatzteile über die Onlineplattform ‹iFixit›. Durch die Digitalisierung stehen Dienstleistung und Produktnutzung stärker im Fokus.

WELCHE CHANCEN SIEHT VAUDE IN DER DIGITALISIERUNG FÜR EINE NACHHALTIGE ZUKUNFT?
Von Dewitz: *«Durch die Nutzung von Technologien wie Blockchain für die Dokumentation von Zertifizierungen in der Lieferkette lassen sich die Authentizität und Rechenschaftspflicht stärken. Digitale Möglichkeiten können außerdem als Katalysator für neue Geschäftsmodelle wirken, die Lösungen für Konsument*innen und ihre Bedürfnisse bieten.»*

Autor*innen: *Steffen Lange, Tilman Santarius & Angelika Zahrnt*

VON DER EFFIZIENZ ZUR DIGITALEN SUFFIZIENZ

Warum schlanke Codes und eine reflektierte Nutzung unerlässlich sind

Digitale Geräte und Anwendungen eröffnen unzählige neue Möglichkeiten. Aber wie steht es um die Folgen für Umwelt und Gerechtigkeit? Zum Thema ökologische Nachhaltigkeit haben vor allem drei Aspekte der Digitalisierung weitreichende Auswirkungen auf den Energie- und Ressourcenverbrauch.

Erstens geht der Aufbau digitaler Geräte und Infrastrukturen zunächst mit einem erheblichen Energie- und Ressourcenverbrauch einher – für die Endgeräte, aber auch die Router, Server, Rechenzentren, Übertragungsnetzwerke, Unterseekabel usw. Hinzu kommt der Energieverbrauch in der Nutzungsphase, der bereits 10 Prozent der weltweiten Stromnachfrage ausmacht.[1] Zweitens wirkt Digitalisierung als Effizienzmaschine. Doch zu einem merklichen Rückgang von Energie- und Ressourcenverbräuchen hat die Digitalisierung der letzten Jahrzehnte aufgrund von Reboundeffekten nicht beigetragen *(siehe den Beitrag von Hilty)*. Und drittens wird erkennbar, dass Digitalisierung neue Chancen für eine Transformation von Konsum- und Produktionsweisen in Richtung Nachhaltigkeit bietet *(siehe die Beiträge von Kludas u. a. sowie Gossen & Kampffmeyer)*.

Wie viel zusätzliche Digitalisierung können wir uns auf dem begrenzten Planeten Erde also noch leisten? Genau an dieser Frage setzt die Idee der Digitalen Suffizienz an. Wie Suffizienz zu mehr Nachhaltigkeit führt und wie das spezifische Prinzip der digitalen Suffizienz ausbuchstabiert werden kann, zeigen wir im Folgenden.

///<quote>
Es geht bei der Suffizienz um die Frage nach dem rechten Maß und ‹das Gute Leben›, individuell und in globaler Verantwortung.
///</quote>

SUFFIZIENZ – DIE BEDEUTUNG DES BEGRIFFS IN DER NACHHALTIGKEITSDISKUSSION

Der Begriff ‹Suffizienz› kommt vom Lateinischen ‹sufficere›, was so viel wie ‹ausreichen› bedeutet. Es geht bei der Suffizienz um die Frage nach dem rechten Maß und ‹das Gute Leben›, individuell und in globaler Verantwortung.[2] Bisher galt Suffizienz als individuelle Aufgabe und allein als persönliche Wertentscheidung. So wichtig die Ansätze Einzelner sind, individuelles Handeln ist immer in institutionelle und gesellschaftliche Kontexte eingebunden. Suffizienzpolitik will diese so gestalten, dass es einfacher wird, nachhaltige Lebensstile zu praktizieren.

In der Nachhaltigkeitsdebatte wurde schon in den 1980er-Jahren die Bedeutung der drei Prinzipien Effizienz, Suffizienz, Konsistenz herausgearbeitet. Das technikkonzentrierte Prinzip der Effizienz etablierte sich schnell zum zentralen und politisch allseits anerkannten Instrument der Einsparung von Energie und Ressourcen. Damit war die Hoffnung verbunden, den ‹Way of Life› beibehalten zu können, denn durch neue ‹grüne› Technologien sollten Chancen für weiteres Wirtschaftswachstum entstehen.

Ende der 1990er-Jahre wurde deutlich, dass die Effizienzstrategie nicht ausreicht, um die für eine nachhaltige Entwicklung nötigen Einsparziele zu erreichen, insbesondere wegen des Reboundeffekts. Der Gedanke der Suffizienz kam stärker in die öffentliche Debatte. Inzwischen ist die Einsicht gewachsen, dass Suffizienz notwendig ist – nicht nur durch ein geändertes individuelles Verhalten, sondern auch durch andere gesellschaftliche Rahmenbedingungen.

DIGITALE SUFFIZIENZ – DAS RICHTIGE MASS FINDEN

Wie lässt sich nun der allgemeine Gedanke der Suffizienz in den Bereich der Digitalisierung übertragen? Das Prinzip der digitalen Suffizienz wird von dem Motto geleitet: ‹So viel Digitalisierung wie nötig, so wenig wie möglich›. Es soll dazu dienen, die nicht nachhaltigen Auswüchse einer ressourcenintensiven Digitalisierung (zu) vieler Lebens- und Wirtschaftsbereiche einzudämmen, möglichen Reboundeffekten von digitalen Effizienzsteigerungen entgegenzuwirken und stattdessen die positiven ökologischen Potenziale der Digitalisierung zu aktivieren. Insofern geht es – wie bei Suffizienz im Allgemeinen – nicht um einen aufopfernden ‹Verzicht› oder eine Einschränkung um jeden Preis, sondern um das rechte Maß, zum Beispiel um eine sinnvolle Anzahl digitaler Geräte in Haushalten, Unternehmen und öffentlicher Infrastruktur. Das Ziel ist, dass digitale Suffizienz insgesamt zu einer deutlichen Reduktion der globalen Ressourcen- und Energieverbräuche und einer nachhaltigen Entwicklung beiträgt. Das Prinzip der digitalen Suffizienz wurde erstmals im Buch ‹Smarte grüne Welt›[3] definiert und mit den folgenden drei Prinzipien inhaltlich gefüllt: Technik-, Daten- und Nutzungssuffizienz. Wir haben ‹ökonomische Suffizienz› als viertes Prinzip hinzugefügt.

(1) Techniksuffizienz zielt darauf ab, Informations- und Kommunikationssysteme so zu konzipieren, dass nur wenige Geräte nötig sind und diese selten erneuert werden müssen. Zunächst bedeutet Techniksuffizienz, sich um eine sozial und ökologisch nachhaltige Herstellung aller Geräte und Infrastrukturkomponenten (zum Beispiel Rechenzentren) zu bemühen. Sogenannte Konfliktrohstoffe, deren Einsatz mit sozialen und ökologischen Problemen verbunden ist, müssen systematisch aus der Produktion verbannt werden. Ökologisch besonders umstrittene Stoffe und Produktionsverfahren müssen nach Möglichkeit substituiert werden. Ferner ist es wichtig, sowohl bei Hard- als auch bei Softwareentwicklung auf eine lange Nutzungsdauer zu achten, ebenso wie auf Reparierbarkeit und modulare Erweiterbarkeit von Geräten. Geplante Obsoleszenz darf es nicht geben. Auch Software muss ‹reparierbar› und langfristig nutzbar sein, wie es die Open-Source-Software bereits vormacht (siehe auch den Beitrag zu den Forderungen der ‹Bits & Bäume› Konferenz).

(2) Datensuffizienz bezieht sich auf das Design digitaler Anwendungen. Mehr Datenverkehr erfordert mehr Serverkapazitäten und IT-Infrastruktur – und im Allgemeinen auch mehr Stromverbrauch. Software wird über die Jahre oft so weiterentwickelt, dass sie zunehmenden Datenverkehr hervorruft. Datensuffizienz bringt auch die zentrale Frage in die öffentliche Debatte: Wie viel permanente Vernetzung und Datenverkehr ist wirklich nötig, um bestimmte gesellschaftliche und ökologische Ziele zu erreichen? Jede Diskussion über Smart City, Smart Home, Smart Mobility oder das Internet der Dinge sollte stets mit dieser kritischen Frage beginnen.

(3) Nutzungssuffizienz trägt der Tatsache Rechnung, dass Nachhaltigkeitsziele nicht durch smarte Technologien allein erreicht werden können. Auch ein Umdenken und veränderte Verhaltensmuster der Nutzer*innen sind gefragt. Wenn das Smartphone kaputtgeht, können Nutzer*innen versuchen, es zu reparieren, anstatt sich sofort ein neues Gerät zu kaufen – sofern ein techniksuffizientes Design der Geräte dies zulässt. Wenn im Internet Kleidung, technische Geräte oder Möbel auch gebraucht statt neu gekauft werden, bedarf es dafür dennoch der individuellen Bereitschaft. Und auch wenn smarte Netze ein dezentrales Energiesystem technisch möglich machen, so fußt die Energiewende doch auf lokalen Initiativen und engagierten Men-

schen, die vor Ort daran mitarbeiten. Nutzungssuffizienz zielt vor allem darauf ab, dass digitale Tools nicht zu Reboundeffekten führen: Wenn die intelligente Vernetzung des Verkehrs dazu führt, dass man schneller und kostengünstiger von A nach B kommt, legen suffizienzorientierte Nutzer*innen trotz dieser Möglichkeit in Summe dennoch nicht mehr Kilometer zurück. Und wenn dank digitaler Kommunikation Aktivitäten und Logistik schneller bewältigt werden können, werden suffiziente Nutzer*innen dies nicht für zusätzliche Aktivitäten nutzen, sondern Zeitwohlstand genießen. Letztlich muss sich jede Nutzerin und jeder Nutzer fragen: Wie viele digitale Geräte und wie viel permanente Vernetzung benötige ich – sowohl beruflich wie privat –, um ein zufriedenes Leben führen zu können?

(4) Ökonomische Suffizienz schließlich zielt auf die Systemebene ab. Die zentrale Frage lautet dabei: Wie kann die Digitalisierung genutzt werden, um eine Wirtschaft ohne Wachstum entstehen zu lassen, deren Naturverbrauch radikal sinken kann und in der eine gute Lebensqualität der Menschen möglich wird? Eine Schlüsselrolle kommt hierbei der Reregionalisierung zu. Bislang galt die Kritik, eine schrittweise Dezentralisierung (und Deglobalisierung) kontinentaler und transnationaler Warenströme sei zu ineffizient oder bei komplexen industriellen Produkten technisch nicht machbar. Mithilfe der Digitalisierung lassen sich die Grenzen dessen verschieben, was lokal wirtschaftlich und machbar ist: So können zum Beispiel Praktiken des Sharing, des Prosuming, des Doityourself gefördert werden. In der Landwirtschaft können kleinbäuerliche Betriebe über kommunale oder regionale Plattformen ihre Ernten an lokale Märkte oder direkt an Endkund*innen verkaufen. Mit intelligent gesteuerten und vernetzten ‹Micro Grids› lässt sich ein dezentrales Energiesystem aufbauen, bei dem Windkrafträder, Solaranlagen und so weiter im Besitz vieler tausend Privatpersonen, Genossenschaften oder Kommunen liegen anstatt in der Hand weniger großer Energiekonzerne. Auch die Produktion industrieller Güter kann aufgrund zunehmend automatisierter Produktionsverfahren in die Region zurückgeholt werden – wie es im Übrigen bereits etliche Konzerne vormachen.

AM ÜBERGANG IN DIE POSTWACHSTUMSGESELLSCHAFT

Die Digitalisierung läuft derzeit in die falsche Richtung des ‹weiter, schneller, mehr› mit den damit verbundenen ökologischen Problemen. Doch digitale Technologien bergen das Potenzial, eine neue Wirtschaft zu entwickeln, die wachstumsunabhängig sowohl ökologische als auch soziale Nachhaltigkeit verfolgt. Dafür müssten digitale Technologien technik- und datensuffizient konzipiert und für Nutzungs- und ökonomische Suffizienz angewendet werden. So könnte sie dabei helfen, viele der bisherigen Probleme dezentraler Wirtschaftskonzepte zu überwinden, indem digitale Technologien helfen können, einen ‹kosmopolitischen Lokalismus› zu verwirklichen – der nicht auf Abschottung, sondern auf gerechten globalen Handel setzt. Am Ziel der Nachhaltigkeit und dem Prinzip der Suffizienz orientiert, könnte die Digitalisierung so zum Übergang in die Postwachstumsgesellschaft beitragen. Das Prinzip der digitalen Suffizienz kann eine Orientierungshilfe für eine solche Neuausrichtung geben. Es hängt an den Entwickler*innen, den Nutzer*innen und nicht zuletzt der Politik, die Digitalisierung in diese neue Richtung zu steuern.

> Digitale Technologien können helfen, einen ‹kosmopolitischen Lokalismus› zu verwirklichen – der nicht auf Abschottung, sondern auf gerechten globalen Handel setzt.

DIE AUTOR*INNEN

/// **Dr. Steffen Lange** ist Mitarbeiter am Institut für ökologische Wirtschaftsforschung (IÖW). Seine Themenschwerpunkte sind Digitalisierung, nachhaltiges Wirtschaften, Ökologie und Wirtschaftswachstum. https://www.ioew.de/das-ioew/mitarbeiter/dr-steffen-lange/

/// **Prof. Dr. Tilman Santarius** lehrt an der Technischen Universität Berlin und am Einstein Centre Digital Futures und ist Teil der Forschungsgruppe ‹Digitalisierung und sozial-ökologische Transformation› am IÖW. Seine Schwerpunktthemen sind Klimapolitik, Handelspolitik, nachhaltiges Wirtschaften, Postwachstum und digitale Transformation. www.santarius.de

/// **Prof. Dr. Angelika Zahrnt** ist Ehrenvorsitzende beim BUND für Umwelt und Naturschutz Deutschland e. V. Sie arbeitet und publiziert zu den Themen Nachhaltigkeit, Postwachstumsgesellschaft und Suffizienz und ist Beraterin in verschiedenen Gremien.

LITERATUR

/// [1] **Andrae, A., & Edler, T.** *On Global Electricity Usage of Communication Technology: Trends to 2030.* Challenges 6, Nr. 1: 117–157 (2015).

/// [2] **Schneidewind, U., & Zahrnt, A.** *Damit gutes Leben einfacher wird, Perspektiven einer Suffizienzpolitik.* München: oekom Verlag (2018).

/// [3] **Lange, S., & Santarius, T.** *Smarte grüne Welt? Digitalisierung zwischen Überwachung, Konsum und Nachhaltigkeit.* München: oekom Verlag. (2018).

Autorin: Katja George

PORTRÄT
IM WANDEL

Da steckt die Transformation!

```
///<summary>
Initiative: ImWandel e. V.
Personen: 10
Gründungsjahr: 2015
Typ: journalistische Initiative
Ziel: Geschichten des
Wandels erzählen
Strategie: Sichtbarmachen von
Initiativen mit Internetseite,
Videos und Karte
Web: imwandel.net
///</summary>
```

Beim Stöbern auf der Internetseite der Initiative ‹imWandel› lässt sich Überraschendes entdecken. Alternative Gemeinschaften werden vorgestellt, Schenkläden, ein Geschäft in Eberswalde, benannt nach krummem Gemüse. Und sogar ein Projekt, bei dem Babywindeln gesammelt werden, um fruchtbare Erde für Obstbäume im Berliner Umland herzustellen.

‹imWandel› will vor allem zeigen, dass es sie schon gibt, eine ökologische und solidarische Praxis, die Menschen ganz konkret leben. Alexandre Schütze vom Team fasst dies so zusammen: «*Alle Bausteine sind da, um eine schönere und tollere Gesellschaft zu machen. Es geht nur noch darum, dass das alle merken und genauso attraktiv finden wie unsere jetzige Mainstreamgesellschaft. Also nicht nur aus Überzeugung. Sondern weil man merkt, dass es in dieser Welt schöne Sachen, Spaß und auch mehr Glück gibt.*»

Die Initiative hat sich bewusst für den Begriff (sozial-ökologischer) ‹Wandel› im Gegensatz zu Nachhaltigkeit entschieden. Mit ihm soll die Veränderung statt des Erhalts derzeitiger gesellschaftlicher Naturbeziehungen betont werden. Darunter gefasst werden unterschiedliche Projekte im Bereich Postwachstum, Permakultur, Zivilgesellschaft, solidarische Ökonomie, aber auch digitale Projekte wie beispielsweise das FabLab in Cottbus. Diese werden auf der Webseite in Form von Videoporträts, Interviews und Artikeln vorgestellt. Das Herzstück sind Karten von Brandenburg und Berlin, die visualisieren, wo sich welche Initiativen befinden. Die Webseite funktioniert auch als Plattform, auf der sich Initiativen selbst eintragen können. Nutzer*innen der Website können sich informieren, aber auch leicht ein spannendes Projekt in ihrer Nähe finden, um sich direkt dafür einzusetzen.

Gerade für Brandenburg zeigt ‹imWandel›, wie die Digitalisierung Projekte für die sozial-ökologische Transformation unterstützen kann. Dies ist zum Beispiel oft der Fall bei Solidarischen Landwirtschaften, also Betrieben, die ihre Ernte gegen einen Mitgliedsbeitrag direkt an ihre Mitglieder verteilen. Neben den üblichen landwirtschaftlichen Tätigkeiten fallen hier viel Logistik- und Kommunikationsarbeit mit den Mitgliedern an. Das sind Bereiche, in denen die Digitalisierung den Arbeitsaufwand deutlich senken kann. Häufig allerdings fehlten in kleinen Projekten und Höfen die digitalen Kompetenzen, so Alexandre, was zum Scheitern eines ganzen Projekts führen könne. In Zukunft könnte ‹imWandel› daher auf der Website entsprechende Tools vorstellen, die kleine Initiativen dabei unterstützen, sich eine digitale Infrastruktur aufzubauen. So könnte krummes Gemüse bald in allen Ecken Berlins und Brandenburgs Einzug halten.

[*Autor*innen:* Florian Hofmann, Jakob Zwiers & Melanie Jaeger-Erben

WAS IST DAS EIGENTLICH?
CIRCULAR ECONOMY

Umsetzungsarchitektur einer digital-emanzipatorischen Circular Economy

Der Kerngedanke des Circular-Economy-Ansatzes besteht darin, das gegenwärtige lineare wirtschaftliche Wertschöpfungsmodell (Rohstoffextraktion – Produktherstellung – Nutzung – Entsorgung) der im Globalen Norden verorteten Gesellschaften durch zirkulär ausgerichtete Konsum- und Produktionsformen (Reduktion – Wiederverwendung – Recycling) zu ersetzen. Angelehnt an die metaphorische Hervorhebung der Zirkularität von Ökosystemen, sollen Produkte und ihre Komponenten so designt und konstruiert sein, dass sie mit geringem finanziellen und energetischen Aufwand in die Wirtschafts- und Materialkreisläufe zurückgeführt werden können.

Der Ansatz der Circular Economy wird bisher hauptsächlich als ein rein ökologisches Modernisierungsprojekt der Ökonomie zur Erhöhung der Ressourceneffizienz thematisiert, das besonders durch technische Innovationen charakterisiert ist. Mit dieser eher technisch zentrierten Interpretation von Innovation werden tief greifende strukturelle Veränderungen der Wirtschaft nicht hinterfragt. So bleibt eine kritisch-konstruktive Auseinandersetzung mit sozio-politischen Themenfeldern unberührt, wie zum Beispiel Veränderungen des Lebensstils, bestehende Machtverhältnisse sowie die Frage nach Transparenz innerhalb von Wertschöpfungsnetzwerken.

SOZIAL-ÖKOLOGISCHE AUSRICHTUNG STÄRKEN

Deshalb bedarf es einer Ausrichtung des Circular-Economy-Ansatzes an die umfassende Idee einer sozial-ökologischen Transformation. Die auf der Abbildung eingebetteten acht miteinander verflochtenen Elemente stellen exemplarisch Anknüpfungspunkte dar, mit denen Wertschöpfung in einer auf Teilhabe und Lebensqualität ausgerichteten Circular Economy realisiert werden kann. Ebenso werden mögliche Anwendungsfälle und -konzepte für die jeweiligen Elemente vorgeschlagen.

Die vier inneren technisch-ökonomisch ausgeprägten Elemente ‹Geschäftsmodelldesign›, ‹Produktdesign›, ‹Kollaboration› sowie ‹Neue Technologien› werden durch die als sozio-politisch typisierten Elemente ‹Zugänglichkeit und Transparenz›, ‹Demokratisierung und Aktivierung›, ‹Innovativität und Kreativität› sowie ‹Gemeinschaftlichkeit und Solidarität› komplementiert. Die planetaren Grenzen (in der Abbildung rechts der äußere Ring in hellblauer Farbe) bilden hierbei den absoluten, nicht zu überschreitenden Rahmen für den Einfluss des Menschen auf die Biosphäre.

DIGITALISIERUNG ÜBERNIMMT EINE WICHTIGE ROLLE

Die Digitalisierung nimmt in Diskussionen über eine effektive praktische Umsetzung und Gestaltung der Circular Economy eine herausragende Rolle ein. So sollen etwa modular konstruierte Produkte integrierte Sensoren und Trackingsysteme besitzen, die es ermöglichen, Informationen über den gegenwärtigen Zustand, die Nutzungsintensität sowie die lokale Zugänglichkeit der Objekte zu erhalten.

Einerseits können die durch Big-Data-Analysen gewonnenen Daten potenzielle Ausfallmechanismen und somit Schwachstellen im Produktdesign aufdecken, um, darauf aufbauend, produktlebensdauerverlängernde Maßnahmen abzuleiten sowie auf die User*innen zugeschnittene Serviceleistungen zu entwickeln. Andererseits dokumentieren smarte, miteinander kommunizierende, zirkulierende Produkte die Lebenswelt der Nutzer*innen. Alltagsroutinen, Handlungs- und Entscheidungsmuster können so offengelegt und Persönlichkeitsprofile analysiert werden.

WISSENS- UND MACHTKONZENTRATION ENTGEGENWIRKEN

Bei der Etablierung der Circular Economy gilt es daher, neben den Aspekten Datensicherheit und Datenschutz die zunehmende durch Datenakkumulation entstehende Wissens- und damit Machtkonzentration bei wirtschaftlichen und staatlichen Akteuren kritisch zu betrachten. Digitale Innovationen müssen sozio-politische Elemente einer auf Pluralität und Emanzipation aufbauenden Circular Economy integrieren (die vier äußeren Elemente in der Abbildung), um mit möglichen Gefahren für liberale und offene Gesellschaften in einer sich diffus ausdehnenden digitalen Welt umgehen zu können. Mit der Integration sozio-politischer Elemente fungieren digitale Innovationen so als eingebettete Instrumente und letztlich als physisches sowie virtuelles Handwerkszeug zur Etablierung demokratischer, transparenter und kooperativ organisierter Wertschöpfungskreisläufe, die die natürlichen Lebensgrundlagen für gegenwärtige und zukünftige Generationen erhalten.

Die in die Abbildung eingebetteten acht Elemente stellen exemplarisch Anknüpfungspunkte dar, mit denen Wertschöpfung in einer auf Teilhabe und Lebensqualität ausgerichteten Circular Economy realisiert werden kann.

DIE AUTOR*INNEN

/// **Florian Hofmann** ist als wissenschaftlicher Mitarbeiter am Fraunhofer IZM in Berlin tätig. Seine Forschungsschwerpunkte umfassen zirkuläre Restrukturierungen sowie systemisches Management sozial-ökologisch orientierter Unternehmen. Er wird durch ein Promotionsstipendium der Heinrich-Böll-Stiftung finanziell gefördert und ist Mitglied der Nachwuchsforschungsgruppe ‹Obsoleszenz als Herausforderung für Nachhaltigkeit› des Bundesministeriums für Bildung und Forschung.

/// **Jakob Zwiers** beschäftigt sich als wissenschaftlicher Mitarbeiter am IZT – Institut für Zukunftsstudien und Technologiebewertung (Berlin) mit wirtschaftswissenschaftlichen und ressourcenpolitischen Fragestellungen an der Schnittstelle von Digitalisierung und Nachhaltigkeit mit besonderem Fokus auf die Wertschöpfungsstrukturen eines plattformökonomisch organisierten zirkulären Wirtschaftens.

/// **Prof. Dr. Melanie Jaeger-Erben** leitet seit April 2019 das Fachgebiet ‹Transdisziplinäre Nachhaltigkeitsforschung› an der Fakultät für Elektrotechnik und Informatik der TU Berlin. Ihre Forschungsschwerpunkte sind nachhaltige Produktions- und Konsumformen, sozialwissenschaftliche Technikforschung, Stadtsoziologie und qualitative Methoden der Sozialforschung.

LITERATUR

/// **Steffen et al.** *Planetary boundaries: guiding human development on a changing planet.* Science 347 (6223), 736-747 (2015).

Autorin: Julia Fink

PORTRÄT
E-BILITY

Läuft wie gedruckt – der Roller mit Bauteilen aus dem 3D-Druck

```
///<summary>
Initiative: Kumpan electric –
e-bility GmbH
Gründerjahr: 2010
Standort: Remagen
Mitarbeiter*innen: 75
Branche: Elektromobilität
Web: kumpan-electric.com
///</summary>
```

NACHHALTIG UND DIGITAL, WEIL ...
e-bility den Stadtverkehr sauber, leise und praktisch machen will.
Um nicht nur im Straßenverkehr, sondern im gesamten Produktlebenszyklus Ressourcen und Energie einzusparen, optimiert das Unternehmen mit 3D-Druck den Herstellungsprozess und die Bauteilgeometrie seines Elektrotretrollers.

WAS MACHT E-BILITY?
Das mittelständische Unternehmen für Elektromobilitätskonzepte designt, entwickelt und produziert den Elektroroller ‹Kumpan electric› in seiner Elektrorollermanufaktur im Rheinland. Die Modelle vereinen das klassische Design der 50er-Jahre mit innovativer Batterietechnologie des 21. Jahrhunderts und bieten Lösungen für verschiedene Mobilitätsbedürfnisse. Spezielle Entwicklungen in den Bereichen Flottenmanagement, Shared Mobility und Lieferfahrzeuge sind weitere Produkte des Unternehmens.

WIE FÖRDERT E-BILITY NACHHALTIGE MOBILITÄT?
e-bility entwickelt innovative Produkte im Bereich der Elektromobilität, wie den ‹Kumpan 1950›. Dieser Elektrotretroller kann durch Muskelkraft per Anschubsen oder durch die Leistung des Elektromotors bis zu 25 km/h schnell werden. Somit eignet sich der kleine, zusammenklappbare Roller besonders für Pendler*innen, die auf den letzten Kilometern schnell und flexibel ihren Arbeitsplatz erreichen wollen. Der Tretroller fährt emissionsfrei und leise. Mit einem neuen Projekt soll nun auch das Faltgelenk, das zum Zusammenklappen dient, umweltfreundlicher hergestellt werden.

WIE GESTALTET E-BILITY RESSOURCENSCHONENDE HERSTELLUNGSPROZESSE?
In dem neuen Projekt entwickelt das Unternehmen gemeinsam mit Projektpartnern wie der Hochschule Bonn-Rhein-Sieg und gefördert von der Deutschen Bundesstiftung Umwelt (DBU) eine Baugruppe für die ressourceneffiziente Fertigung des ‹Faltmechanismus› im 3D-Druck-Verfahren. Potenziell lassen sich durch 3D-Druck Energie und Material sparen sowie Transportwege durch dezentrale Produktion verringern.
Zudem lassen sich durch den 3D-Druck Geometrien realisieren, die mit konventioneller Technik nicht möglich sind. Allerdings wird das junge Verfahren durch lange Herstellungszeiten pro Teil noch wenig genutzt. Das soll sich durch die 3D-Fertigung des Faltgelenks für den Kumpan-Elektrotretroller ändern. Denn damit können neue Ansätze in der Herstellung und Bauteilgeometrie dafür genutzt werden, den Einsatz von 3D-gedruckten Bauteilen für ressourceneffiziente Produkte zu verbessern. Dieses Projekt aus dem Bereich der urbanen Elektromobilität kann so ein Vorbild werden für das Sparen von Ressourcen bei weiteren Produkten und Baugruppen.

Autorin: Julia Fink

PORTRÄT
QUERFELD

Bringt krummes Gemüse auf die Plattform

```
///<summary>
Institution: Querfeld
Gründungsjahr: 2016
Standort: Berlin
Mitarbeiter*innen: 4
Branche: Bioobst und
Gemüsehandel
Web: querfeld.bio
///</summary>
```

NACHHALTIG UND DIGITAL, WEIL ...
Querfeld es sich zum Ziel gesetzt hat, knubbeliges Obst und Gemüse wieder salonfähig zu machen und dadurch die Lebensmittelverschwendung zu reduzieren. Mit digitalen Tools möchte das Start-up nun seinen Wirkungskreis vergrößern.

HINTERGRUND
Schätzungen zufolge bleiben rund 30 Prozent der Obst- und Gemüseproduktion auf dem Feld liegen, obwohl es sich, rein qualitativ betrachtet, um einwandfreie Ware handelt. Zu groß, zu klein, zu knubbelig – des Aussehens wegen wird dieses ‹quere› Obst und Gemüse aussortiert und liegen gelassen oder gar weggeworfen. Die führt zu einer enormen Verschwendung und damit zu negativen ökologischen, ökonomischen und sozialen Folgen.

WAS MACHT QUERFELD?
Querfeld hat sich zum Ziel gesetzt, queres Obst und Gemüse wieder salonfähig zu machen und damit die Lebensmittelverschwendung zu reduzieren. Seit 2016 beliefert das Unternehmen Einrichtungen der Außer-Haus-Verpflegung in Berlin und München mit queren Schätzen in Bioqualität. Es agiert dabei als Händler zwischen den Erzeuger*innen und Abnehmer*innen. Um das Modell auszuweiten und mehr Erzeuger*innen die Möglichkeit zu bieten, ihre aussortierte Ware anzubieten, arbeitet das Unternehmen mit Förderung der Deutschen Bundesstiftung Umwelt (DBU) an einer Onlineplattform, die Erzeuger*innen direkt mit Abnehmer*innen verbinden und für mehr Transparenz im Handel sorgen soll. Da Wert auf Regionalität und kurze Transportwege gelegt wird, wird die Plattform so gestaltet, dass Kund*innen dazu animiert werden, Obst und Gemüse aus ihrer Region zu kaufen.

WELCHE CHANCEN SIEHT QUERFELD IN DER DIGITALISIERUNG FÜR EINE NACHHALTIGE ZUKUNFT?
Isabelle Bleeser von Querfeld meint dazu: *«Die Digitalisierung kann wesentlich dazu beitragen, dass gerade der Handel transparenter wird. Informationsasymmetrien können beseitigt und Ressourcen effizienter genutzt werden.»*

Autor*innen: Santje Kludas, Jonas Pentzien, Clara Wolff & Dominik Piétron

ALLE MACHT DEN PLATTFORMEN?

Genossenschaften, Freie Software und die Möglichkeit einer sozial-ökologischen Plattformisierung

Was Anfang der 2000er-Jahre mit eBay, Amazon und Preisvergleichsplattformen für Flüge und Hotels begann, wurde spätestens mit Airbnb und Uber zum Geschäftsmodell ‹par excellence›: die digitale Plattform. Heute liefert Spotify die Musik und foodora das Essen, Taxis und Hotels werden ebenso über Plattformen gebucht wie Bestattungen, Haushaltshilfen oder Rechtsberatungen. In einigen Branchen wie dem Tourismus werden bereits über 40 Prozent des Marktvolumens über digitale Plattformen abgewickelt.[1] Gemein ist diesen Plattformen, dass sie eine digitale Infrastruktur für die Zusammenführung unterschiedlicher Nutzungsgruppen bereitstellen und sich dadurch als Intermediäre zwischen Anbieter und Nachfrager schalten.[2]

Aus sozial-ökologischer Perspektive ist dieser Prozess der Zentralisierung von Transaktionen auf einzelnen digitalen Plattformen, kurz ‹Plattformisierung›, kritisch zu sehen. So lässt sich in ‹sozialer Hinsicht› die Entstehung eines digitalen Prekariats beobachten, das in zunehmende Abhängigkeit von einigen wenigen Plattformunternehmen gerät.[3] Da sich Konsument*innen aufgrund der größeren Angebotsvielfalt und günstigen Preisen mehr und mehr für Onlineshops entscheiden, haben traditionelle Anbieter oft keine andere Wahl, als selbst ihre Dienste und Waren auf Plattformen anzubieten – und die Plattformen dadurch zusätzlich aufzuwerten.[4] Hierdurch wird die Verhandlungsmacht von externen Händlern und Dienstleistern untergraben.[5]

Aus ökologischer Perspektive waren anfangs positive Erwartungen mit der Plattformisierung verbunden. Gerade die Praxis des über Plattformen vermittelten Teilens wurde vielfach als Chance gesehen, Ressourcen effizienter zu nutzen und so zu einer Reduktion von Treibhauseffekten beizutragen. Aktuelle Studien zeigen jedoch, dass digitale Plattformen mit ihrer On-Demand-Kultur sowie der Schaltung personalisierter Onlinewerbung eher additiven Konsum als suffiziente Lebensstile fördern und den Ressourcenverbrauch durch Verpackungsmüll und Paketlieferungen sogar zusätzlich steigern.[6,7]

> ///<quote>
> Aus ökologischer Perspektive waren anfangs positive Erwartungen an die Plattformisierung geknüpft.
> ///</quote>

GUT ZU WISSEN

2.38 MILLIARDEN MENSCHEN SIND AUF FACEBOOK AKTIV
1 MILLIARDE AUF INSTRAGRAM
336 MILLIONEN AUF TWITTER

Quelle: Statista, 2019

KOOPERATIVISMUS UND FREIER CODE: GEGENENTWÜRFE ZUR KOMMERZIELLEN PLATTFORMISIERUNG

Konstruktiver Widerspruch zu diesen Entwicklungen erfolgt seit einigen Jahren vor allem durch zwei zivilgesellschaftliche Bewegungen, die auf unterschiedliche Weise die negativen sozial-ökologischen Effekte der Plattformisierung adressieren: auf der einen Seite die Plattform-Kooperativismus-Bewegung, die auf eine Kollektivierung des Besitzes an den Plattformen zielt, sowie auf der anderen Seite die Free/Libre-and-Open-Source-Software-(FLOSS)-Bewegung, die den Zugang zu und die Rechte an Softwarecodes transformieren möchte.

Was genau versteckt sich hinter diesen Bewegungen? Erklärtes Ziel des Plattformkooperativismus ist es, Plattformen aufzubauen, die nicht Profit, sondern sozial-ökologische Werte in den Vordergrund stellen.[8] Um dieses Ziel zu erreichen, knüpft die Bewegung an die traditionellen Genossenschaftsprinzipien Solidarität, gemeinschaftliches Eigentum und demokratische Governance[9] an, anhand deren sowohl die Verteilung erwirtschafteter Profite wie auch der Besitz an der Plattform an sich gemeinschaftlich gestaltet werden soll. Damit verbunden ist die Hoffnung, dass Plattformkooperativen relativ unabhängig vom Kapitalmarkt agieren und sich dadurch stärker an den Bedürfnissen ihrer Nutzer*innen orientieren können. Hierdurch soll der Konsum nachhaltiger Produkte gefördert und die sozial-ökologische Frage mit digitalem Handeln zusammengebracht werden.

Die FLOSS-Bewegung fokussiert sich auf Eigentumsformen, Transparenz und Nutzungsrechte von jeglicher Art von Software (siehe dazu den Beitrag von Nähle u. a.). Dies beinhaltet somit auch den Softwarecode, der die technische Infrastruktur digitaler Plattformen und daher eine relevante Dimension im Prozess der Plattformisierung darstellt. Der Code einer Plattform legt nicht nur fest, wie diese designt ist, sondern auch ihre konkrete Funktionsweise: welches Angebot oder welche Nachricht als erster Treffer gelistet, welche Preisempfehlung für ein Angebot ausgesprochen wird und welche Metadaten über Nutzer*innen erhoben und gespeichert werden.[10] Handelt es sich dabei um proprietäre Software – also um Software, deren Code weder frei zugänglich ist noch durch Dritte weitergegeben oder angepasst werden darf –, können weder Nutzer*innen noch staatliche Institutionen nachvollziehen, wie solche algorithmische Entscheidungen getroffen und welche Daten erhoben und gespeichert werden. Als Alternative zu proprietären Lösungen propagiert die Bewegung die Entwicklung, Verbreitung und Nutzung sogenannter ‹Freier› Lizenzen. ‹Freie Software› muss vier Bedingungen erfüllen: die Freiheit der Ausführung des Programms, wie und wofür man möchte; die Freiheit der Veränderung des Codes; die freie Weiterverbreitung des ursprünglichen Programms sowie die Veröffentlichung darauf aufbauender, veränderter Versionen.[11] Eng damit verwandt sind ‹Open-Source›-Lizenzen. Während beide Konzepte sich in ihren konkreten Anforderungen nahezu gleichen, fokussiert Open Source auf pragmatische Vorteile Freier Lizenzen, wohingegen ‹Freie Software› mit einer wertegetriebenen sozialen Bewegung verbunden ist.[12] Beide beschriebenen Formen der Lizensierung ermöglichen, dass Software – in diesem Falle der Code digitaler Plattformen – quasi zum transparenten Gemeingut wird, das einerseits von allen kontrolliert und kritisiert und andererseits zum kostengünstigen Aufbau von sozial-ökologisch ausgerichteten Plattformmodellen genutzt werden kann.[13]

///<quote>
Die Zusammenführung des Plattformkooperativismus und der FLOSS-Bewegung kann Potenziale für eine sozial-ökologische Plattformisierung entfalten.
///</quote>

POTENZIALE UND GRENZEN BEWEGUNGSÜBERGREIFENDER INITIATIVEN

Beide Bewegungen, der Plattformkooperativismus und FLOSS, sind sich darin einig, Plattformen oder die zugrunde liegende Software in gemeinschaftlichen Besitz bringen zu wollen. Dennoch agieren beide Bewegungen derzeit noch häufig getrennt voneinander. Dies verwundert, da doch gerade die Zusammenführung beider Bewegungen Potenziale für das Voranbringen einer sozial-ökologischen Plattformisierung bieten könnte: Plattformkooperativen, die keine Unterstützung durch Risikokapital bekommen, haben in der Gründungsphase häufig Schwierigkeiten damit, die Erstellung von Code zu finanzieren. Unter der Voraussetzung, dass Plattformkooperativen Zugriff auf frei lizensierten Code bereits bestehender ähnlicher Plattformen haben, könnten diese Gründungsprozesse erleichtert und dadurch Marktmacht leichter aufgebrochen werden. Schlussendlich könnte dies die Grundlage für neue Plattformen mit sozial-ökologischen Standards schaffen.

Erste Versuche, Elemente beider Bewegungen zu verbinden und damit Potenziale für eine sozial-ökologische Plattformisierung zu heben, lassen sich bei den Organisationen Fairmondo und CoopCycle beobachten. Fairmondo wurde 2013 mit dem Ziel gegründet, eine Alternative zu den großen Plattformen im Onlinehandel zu schaffen. Sozial-ökologisch will Fairmondo dabei in zweierlei Hinsicht sein: Zum einen soll durch das genossenschaftliche Governancemodell sichergestellt werden, dass die Plattform – im Gegensatz zu Marktführern wie Amazon oder eBay – vollständig im kollektiven Besitz der Plattformgenoss*innen bleibt. So will man nachhaltig wirtschaften, ohne auf Wachstum fixiert zu sein. Zum anderen will die Plattform gezielt Anreize für nachhaltigen Konsum setzen, indem sie für den (Ver-)Kauf fairer und ökologischer Produkte die Transaktionsgebühren reduziert. Im Gründungsprozess versuchte Fairmondo darüber hinaus auch, die oben skizzierten Anforderungen Freier Software zu erfüllen, indem der Softwarecode der Plattform öffentlich über GitHub bereitgestellt wurde.[14] Aufgrund der Komplexität des Codes wurde dieser aber bisher noch von keiner anderen Plattform genutzt, womit die Ausgangsintention, den Gründungsprozess anderer Plattformen zu vereinfachen, bisher nicht realisiert werden konnte.[15]

Auch CoopCycle, eine Kooperative aus Frankreich, die nicht proprietäre Software für genossenschaftliche Fahrradkurierplattformen bereitstellt, setzte von Anfang an darauf, Ideen aus der FLOSS-Bewegung mit einer genossenschaftlichen Governance zu verbinden. Dass sich die Prinzipien von Freier Software nur bis zu einem gewissen Grad mit der Idee des Kooperativismus vereinbaren lassen, zeigt sich aber auch hier: Weil die Kooperative in ihrer Lizenz die Softwarenutzung durch Dritte explizit an sozial-ökologische Ziele koppelt, weicht sie in den Augen der FLOSS-Bewegung zu stark von den vier festgeschriebenen Freiheitsprinzipien ab, um mit ihrem Code noch zur Bewegung zu zählen.[16]

VORAUSSETZUNGEN FÜR EINE SOZIAL-ÖKOLOGISCHE PLATTFORMISIERUNG

Die hier skizzierten Beispiele zeigen, dass die bestehenden bewegungsübergreifenden Initiativen die erhofften Synergieeffekte derzeit nur begrenzt realisieren können. Ein Grund hierfür mag darin liegen, dass bereits existierender frei lizensierter Code in der Regel an die spezifischen Bedürfnisse der jeweiligen Plattform angepasst werden muss. Diese Anpassung ist vielfach mit großem zeitlichen und personellen sowie finanziellen Aufwand verbunden. Ein zweiter Grund mag darin liegen, dass aus dem restriktiven Freiheitsverständnis der FLOSS-Bewegung resultiert, dass andere normative Aspekte wie beispielsweise ‹ökologische Nachhaltigkeit› nicht über den der ‹Freiheit› gestellt werden können. Dies wirft aus sozial-ökologischer Perspektive den Konflikt auf, dass Freie Software auch Akteuren zur Verfügung steht, deren Praktiken einer sozial-ökologischen Plattformisierung potenziell im Wege stehen.

Um eine sozial-ökologische Plattformisierung wirklich realisieren zu können, braucht es also zweierlei: Im ersten Schritt ist ein größeres Bewusstsein von Plattformbetreiber*innen für das Zusammenspiel von Plattformisierung und Softwarecode notwendig. Die Entscheidung, welcher Typ von Code einer Plattform zugrunde gelegt wird, ist nicht neutral, sondern hat aus sozial-ökologischer Perspektive weitreichende Konsequenzen. Im zweiten Schritt braucht es eine Weiterentwicklung und Verbesserung nicht proprietärer Lizenzen, die die Errungenschaften der FLOSS-Bewegung aufgreifen, aber auch eine Kopplung der Nutzungsrechte an sozial-ökologische Kriterien ermöglichen. Denn nur so können beide Bewegungen tatsächlich zu einer sozial-ökologischen Plattformisierung beitragen.

///`<quote>`
> Freie Software steht auch Akteuren zur Verfügung, deren Praktiken einer sozial-ökologischen Plattformisierung potenziell im Wege stehen.

///`</quote>`

DIE AUTOR*INNEN

/// **Santje Kludas** ist Mitarbeiterin am Institut für ökologische Wirtschaftsforschung (IÖW). Ihre Schwerpunkte sind u. a. politische Ökonomie alternativen Wirtschaftens, Plattformökonomie und Plattformkooperativismus.

/// **Jonas Pentzien** ist Mitarbeiter am Institut für ökologische Wirtschaftsforschung und promoviert dort zum Plattformkooperativismus und zur politischen Ökonomie der Plattformisierung.

/// **Clara Wolff** ist Mitarbeiterin am Institut für ökologische Wirtschaftsforschung. Sie promoviert zu Plattformökonomik und zweiseitigen Industrien aus einer komplexitätsökonomischen Perspektive.

/// **Dominik Piétron** ist Mitarbeiter an der Humboldt-Universität zu Berlin. Seine Schwerpunkte sind digitale soziale Innovationen, Plattformökonomie und Plurale Ökonomik.

LITERATUR

/// [1] **Statista.** *E-Commerce-Anteil am Gesamtumsatz nach Branchen in Deutschland.* https://de.statista.com/statistik/daten/studie/505654/umfrage/e-commerce-anteil-amgesamtumsatz-nach-branchen-in-deutschland/ (2018).

/// [2] **Srnicek, N.** *Platform Capitalism* (Polity, 2016).

/// [3] **Staab, P., & Nachtwey, O.** *Die Digitalisierung der Dienstleistungsarbeit.* Aus Politik und Zeitgeschichte 66, 24–31 (2016).

/// [4] **Armstrong, M., & Wright, J.** *Two-sided markets, competitive bottlenecks and exclusive contracts.* Economic Theory 32, 353-380 (2007).

/// [5] **Wood, A. J., et al.** *Good Gig, Bad Gig: Autonomy and Algorithmic Control in the Global Gig Economy.* Work, Employment and Society. Work, Employment & Society 3, 56–75 (2018).

/// [6] **Ludmann, S.** *Ökologische Betrachtung des Peer-to-Peer Sharing.* In Behrendt, S. et al. (Hrsg.). *Digitale Kultur des Teilens: Mit Sharing nachhaltiger wirtschaften* (Springer-Gabler, 2018).

/// [7] **Peuckert, J., & Pentzien, J.** *Nachhaltige Governance des Peer-to-Peer Sharing.* In: Behrendt, S., et al. (Hrsg.) *Digitale Kultur des Teilens: Mit Sharing nachhaltiger wirtschaften* (Springer-Gabler, 2018).

/// [8] **Scholz, T.** *Plattform-Kooperativismus.* https://www.rosalux.de/publikation/id/8813/plattformkooperativismus/ (2016).

/// [9] **Battilani, P., & Schröter, H. G.** *The Cooperative Business Movement, 1950 to the Present. Comparative Perspectives in Business History* (Cambridge University Press, 2012).

/// [10] **Caplan, R., et al.** *Algorithmic Accountability. A Primer.* https://datasociety.net/wpcontent/uploads/2018/04/Data_Society_Algorithmic_Accountability_Primer_FINAL-4.pdf (2018).

/// [11] **GNU.** *Freie Software. Was ist das?* https://www.gnu.org/philosophy/free-sw.de.html (2018).

/// [12] **Peterson, S. K.** *What's the difference between open source software and free software?* https://opensource.com/article/17/11/open-source-or-free-software (2017).

/// [13] **FSFE.** *Who owns Free Software?* https://fsfe.org/freesoftware/basics/who-owns-freesoftware.en.html (2012).

/// [14] **Fairmondo.** Copyright. https://github.com/fairmondo/fairmondo/blob/develop/COPYRIGHT (2017).

/// [15] **Weth, F.** *Platform-Cooperativism, data ownership and free software: Podiumsdiskusion.* https://media.ccc.de/v/bub2018-60-platformcooperativism_data_ownership_and_free_software (18. November 2018).

/// [16] **CoopCycle.** *CoopCycle.* https://coopcycle.org/en/ (2019).

Nachhaltigkeits- & Tech-Bewegung

5

ORGANISIERT EUCH!

{ /// Um die diversen Beiträge rund um die Überthemen Digitalisierung und Nachhaltigkeit einordnen zu können, möchte dieses Kapitel zweierlei Resumées anbieten. Einerseits ziehen Elisa Lindinger und Anja Höfner ein Fazit aus den Erfahrungen und Begegnungen der ‹Bits & Bäume› Konferenz. Sie beschreiben, welche Lernpotenziale und Möglichkeitsfenster für die Tech- und Nachhaltigkeitscommunities in zukünftigen Kooperationen stecken. Friederike Rohde und Vivian Frick geben Einblick in die empirische Evaluation: Wer war an der ‹Bits & Bäume›, welche Themen waren besonders präsent? Auf der anderen Seite hat sich der Trägerkreis der Konferenz zum Ziel gesetzt, dieser ersten Begegnung konkrete Handlungsschritte für eine sozial-ökologische Gestaltung der Digitalisierung folgen zu lassen. Die vorangegangenen Kapitel verdeutlichen: In nahezu allen gesellschaftlichen Bereichen bringt die Digitalisierung Veränderungen mit sich. Um diese in nachhaltige Bahnen zu lenken, besteht dringender Handlungsbedarf. Der Trägerkreis verbindet das weitreichende Spektrum an Problemstellungen und Lösungsansätzen der Beiträge und fasst sie zusammen, indem er konkrete Forderungen für eine nachhaltige Digitalisierung aufstellt. Juliane Krüger und Nina Treu stellen diese vor. Für die Umsetzung dieser ambitionierten Ziele müssen unsere Bewegungen sich in politische Diskussionen einbringen, bestehende Lösungsansätze weiterentwickeln sowie Maßstäbe für den sozial-ökologischen Umgang mit digitalen Möglichkeiten setzen. Lasst es uns gemeinsam angehen. }

Autorinnen: Elisa Lindinger & Anja Höfner

ZUSAMMEN-BRINGEN, WAS ZUSAMMEN-GEHÖRT.

Rückblick und Planschmiede zur ‹Bits & Bäume› Konferenz

‹Bits & Bäume› – das war gleichzeitig Austauschort und Reallabor, Spielwiese und Projektbörse, Strategietreffen und Party für Nachhaltigkeitsbewegte und Tech-Aktivist*innen. Welche Hoffnungen das Organisationsteam mit der Konferenz verband, machten Tilman Santarius und Constanze Kurz in ihrem einleitenden Vortrag zur Konferenz[1] und in einem Beitrag in diesem Band deutlich: Angesichts der globalen Herausforderungen wie Klimawandel, Ressourcenverschwendung, des wachsenden Einflusses autoritärer Politik und der damit einhergehenden Aushöhlung der Menschenrechte ist es höchste Zeit, dass die Bewegungen über den eigenen Tellerrand blicken und anfangen, am gleichen Strang zu ziehen.

Die Rolle, die die Nachhaltigkeits- und Umweltbewegung bei der Bekämpfung dieser Herausforderungen spielt, ist klar, doch was hat die tech-aktivistische Szene damit zu tun? Wie Nachhaltigkeit ist auch Digitalisierung ein Querschnittsthema. Die digitale Wirtschaft wächst und mit ihr der Verbrauch von Energie und Ressourcen, zum Beispiel durch den Betrieb von Rechenzentren, aber auch durch die Produktion und die Nutzung von immer mehr Endgeräten. Für 2018 konstatierte der ‹Internet Health Report› der Mozilla Foundation, dass alle Rechenzentren weltweit allein durch die von ihnen verbrauchte Energie inzwischen einen ähnlich hohen CO_2-Fußabdruck besitzt wie der globale Luftverkehr,[2] und macht dafür auch die zunehmend populären cloudbasierten Dienste wie Netflix verantwortlich. Nicht nur unser Konsum verändert sich durch die Digitalisierung, sondern auch die Arbeitswelt: Viele Digitalfirmen bieten Dienste an, die vermeintlich von technischen Anwendungen vollzogen, tatsächlich aber von Menschen in prekären Arbeitsverhältnissen erledigt werden, wie beispielsweise die Moderation der Kommentare in sozialen Netzwerken. Die ungerechte Entlohnung führt auch zu einer Kapital- und Machtakkumulation in den großen Tech-Konzernen der Welt. Gerade weil dem Digitalbereich weiterhin ein großes Wachstum prognostiziert wird,[3] werden auch seine Auswirkungen auf Umweltschutz, Nachhaltigkeit und Ressourcenhandel größer. Und wie wir spätestens seit den US-Wahlen 2016 und dem Brexit-Referendum wissen, wächst durch Unternehmen wie Facebook und Cambridge Analytica auch der Einfluss auf politische und rechtliche Systeme. Die Welt zu retten wird also ohne Einbeziehung des Faktors digitale Technologie kaum möglich sein. Deshalb kamen für ‹Bits & Bäume› die Nachhaltigkeitsbewegung und die Techszene zusammen: um Digitalisierung und Nachhaltigkeit zusammenzudenken, Szenen miteinander zu verknüpfen und gemeinsame Handlungswege auszuloten.

///<quote>
Beide Szenen vereint ihre inklusive Struktur sowie das Ziel, wirksam zum Gemeinwohl in der Gesellschaft beizutragen.
///</quote>

GEMEINSAMKEITEN VON BITS UND BÄUMEN

Auf der ‹Bits & Bäume› hieß es ‹Zusammenbringen, was zusammengehört›, doch wurde gleichzeitig immer von zwei getrennt agierenden Szenen gesprochen. Was sind also die Gemeinsamkeiten und Verbindungen zwischen Bits und Bäumen? Zum einen vereint beide Szenen, dass sie Ziele verfolgen, die über ihre eigenen Motive hinausgehen. Konkret sind das die oben genannten Menschenrechte. Bisher eher nebeneinander kämpfen die Techies für die politischen und bürgerlichen Menschenrechte und die Nachhaltigkeitsengagierten für die wirtschaftlichen, sozialen und kulturellen Menschenrechte.[4] In Zeiten zunehmender Konflikte um Ressourcen und Umwelt auf der einen und um (Informations-)Freiheitsrechte, Datenhoheit und Bürgerrechte auf der anderen Seite ist das Zusammendenken dieser beiden Bereiche unerlässlich. Die eingeladenen Gruppen auf beiden ‹Seiten› waren meist Handelnde der Zivilgesellschaft, welche die Gesamtheit aller nichtstaatlichen Organisationen meint, die auf die öffentliche Meinung Einfluss haben.[5, 6] Auch diesen Anspruch der gesellschaftlichen Wirksamkeit haben beide Communities gemeinsam. Zwei weitere Punkte betreffen vor allem organisatorische Aspekte: In den aktivistischen Gruppen und selbstorganisierten Communities sind die Grenzen nach außen offen: Menschen, die dabei sein wollen, können dies in der Regel auch.[7] Zugleich sind beide Communities geprägt von ihrer jeweiligen Wachstumsgeschichte. Zwar sind sie nach wie vor stark aktivistisch unterwegs, jedoch inzwischen auch gesellschaftlich etabliert, was sich zum Beispiel an der Größe von Organisationen wie dem BUND mit knapp 600.000 Mitgliedern[8] oder dem Chaos Computer Club mit über 9.000 Mitgliedern[9] zeigt. Das zeigt sich auch daran, dass der CCC jedes Jahr das größte Hackertreffen Europas organisiert, Club-Vertreter*innen bereits vom Bundestag oder als Sachverständige vor Gericht geladen wurden oder dass der Vorsitzende des BUND ein Mitglied der Kohlekommission war.

WAS KÖNNEN, WAS MÜSSEN WIR VONEINANDER LERNEN?

Die Professionalität der Nachhaltigkeitsorganisationen ist etwas, das die Techies an der Konferenz oft als Lernmöglichkeit nannten, vor allem was die Kampagnenfähigkeit der Umweltbewegung angeht. Und klar, während es für den Bereich Umwelt seit 1986 ein eigenes Ministerium gibt, ist das Thema Netzpolitik/Digitalisierung noch bei verschiedenen Bundes- und Landesbehörden verortet. Die Benennung einer Staatsministerin für Digitalisierung, die im März 2018 erfolgte, ist da nur Makulatur. Wo hier also die Techies eher von den Ökos lernen können, sind es andersherum gerade dank der geringeren Institutionalisierung die Agilität und Schlagfertigkeit, in denen die Tech-Bewegung stärker ist. Ein Beispiel dafür, wie Technologie für politische Ziele eingesetzt werden kann, ist die Plattform ‹Frag den Staat› *(siehe dazu die Infografik zu ‹Frag den Staat›)*, über die Bürger*innen Anfragen an Behörden nach dem Informationsfreiheitsgesetz (IFG), dem Verbraucherinformationsgesetz (VIG) oder dem Umweltinformationsgesetz (UIG) stellen können.

Zwar ist es auch ohne diese Plattform möglich, Anfragen an die Behörden zu stellen, jedoch konstatiert das Bundesumweltministerium (BMU) selbst, dass es eine ‹zunehmende Nutzung der Plattform FragdenStaat.de›[10] gibt. Netzpolitik.org schrieb 2016, dass die Zahlen der Anfragen nach dem IFG sich seit der Einführung 2006 bis 2015 mehr als vervierfacht hätten.¹¹ Dies zeigt die Dynamik, die durch eine Plattform entstehen kann, die von technisch und rechtlich interessierten Engagierten mit oft sehr begrenzten Mitteln umgesetzt und betrieben wird. Informationsfreiheit ist ein wichtiges Thema, aber ohne das Tool FragdenStaat.de, über das mehr als die Hälfte aller IFG-Anfragen¹² gestellt werden, wäre dessen Umsetzung wohl nicht so erfolgreich geworden.

Die Umweltbewegung kann für ihre Kampagnenarbeit in Zukunft sicher noch viel von den Techies lernen: davon, digitale Tools für ihre Zwecke einzusetzen, die über online zu unterzeichnende Petitionen hinausgehen. Davon, ein besseres Verständnis für Technik und ihre (oft ungewollten) Folgen zu entwickeln. Und davon, bei digitalen Lösungsansätzen für Umweltfragen die netzpolitische Dimension mitzudenken, wie beispielsweise bei der Nutzung digitaler Tools für die Energiewende, wie im Beitrag von Zimmermann und Hügel beschrieben. Oder beim Thema Smart City, über welches Sybille Bauriedl in diesem Band schreibt. Andersherum ist aber auch den Tech-Aktivist*innen geraten, beim Design von Software neben Fragen des Datenschutzes auf deren Energie- und Ressourcenverbrauch zu achten sowie auf Langlebigkeit und soziale Gerechtigkeit, wie im Beitrag von Vetter und Guenot skizziert. Es gilt, sich einen skeptischen Geist zu bewahren und die vielleicht manchmal im Vordergrund stehende Technikbegeisterung und das Early-Adoptertum kritisch zu hinterfragen. Das allein reicht nämlich nicht aus, um die gemeinsamen Ziele zu erreichen. Was wir brauchen, sind daten- und energiesparsame Lösungen, die noch rar gesät sind.

///<quote>
Technologie ohne Wachstums- und Kapitalzwang entsteht bisher überwiegend im Rahmen des digitalen Ehrenamts, das noch um seine Anerkennung ringt.
///</quote>

DIE NÄCHSTEN SCHRITTE GEMEINSAM GEHEN

Nach dem Kennenlernen und dem Spinnen gemeinsamer Ideen stellt sich nach ‹Bits & Bäume› die Frage: Wie geht es weiter? Grundlage für weitere gemeinsame Schritte ist die Entwicklung einer gemeinsamen Sprache. ‹Bits & Bäume› hat hier den Anfang gemacht und uns die Möglichkeit gegeben, Begriffe zu klären und unterschiedliche Sprechweisen zu erkennen. Für die Etablierung eines gemeinsamen Vokabulars brauchen wir weitere Veranstaltungen oder konkrete Kooperations- und Forschungsprojekte, die von Tandems aus beiden Szenen getragen werden. So ließen sich die ersten Schritte, die bei ‹Bits & Bäume› unternommen wurden, schnell verstetigen.

Einige Anregungen für solche Kooperationen sind bereits auf der Konferenz entstanden. Beispielsweise erarbeiteten die Teilnehmer*innen des Workshops ‹Facebook zerschlagen›, wie wir in unserer alltäglichen Arbeit auf die Werkzeuge des Überwachungskapitalismus¹³ wie Google und Facebook verzichten können. Dafür brauchen wir aber gut nutzbare Alternativen. Hier liegt die Arbeit nicht nur bei den Techies: Nur in Zusammenarbeit können zum Beispiel kollaborative Werkzeuge entstehen, die auch für nicht technische Communities funktionieren. Nur durch die verstärkte Nutzung durch nicht technische Communities können bestehende Werkzeuge wie ‹Nextcloud›, ‹Cryptpad› oder ‹Rocket.Chat› den Antrieb erhalten, noch mehr Zeit in eine nutzer*innenfreundliche Gestaltung zu investieren. Technologie ohne Wachstums- und Kapitalzwang entsteht bisher überwiegend im Rahmen des digitalen Ehrenamts, das noch um seine Anerkennung ringt. Wenn wir jedoch gute Werkzeuge und mehr digitale Suffizienz wollen, ist das eine gesamtgesellschaftliche Aufgabe, die von der öffentlichen Hand unterstützt werden sollte, ebenso wie das Erreichen von Nachhaltigkeitszielen. Die Förderung von Digitalisierung entspricht bisher aber vor allem konventioneller Wirtschaftsförderung. Mit den Erfahrungen aus der Nachhaltigkeitsbewegung können wir hier gemeinsam Änderungen anstoßen und unterstützende Strukturen für Technik schaffen, die den Bürger*innen tatsächlich dienen: Wie bei Fragen der Nachhaltigkeit benötigen wir auch in der Technikentwicklung Anreize, die zum Beispiel der Privatisierung digitaler Infrastruktur entgegensteuern und die Konzepte fördern, die die digitale Sicherheit sowie den Verbraucher*innen- und Datenschutz von Anfang an mitdenken. Die Diskussionen auf der ‹Bits & Bäume› erwiesen sich auch für den Prototype Fund, das erste öffentliche Förderprogramm für selbstständige Softwareentwickler*innen in Deutschland, als fruchtbar. Sie entschieden sich dafür, Nachhaltigkeit zum neuen Schwerpunktthema¹⁴ auszurufen und es so in ver-

///<quote>
Um zusammen mehr zu bewegen als allein, brauchen wir nun eine Einigung auf gemeinsame Strategien.
///</quote>

schiedenen Tech-Communities weiterzuverbreiten. Die ‹Bits & Bäume› hat eine Grundlage für zukünftige Zusammenarbeit zwischen der Techie- und der Nachhaltigkeitsszene geschaffen. Um zusammen mehr zu bewegen als allein, brauchen wir nun eine Einigung auf gemeinsame Strategien. Wie können diese aussehen und, wenn die Akteur*innen so unterschiedlich sind, möglichst allen gerecht werden? Was sind die nächsten Schritte, die wir unternehmen wollen?

Die größte Herausforderung bleibt, über den eigenen Tellerrand zu blicken und – je nach Hintergrund – nicht nur die Digitalisierung der Nachhaltigkeitsbewegung oder die nachhaltige Gestaltung der Digitalisierung als unser Handlungsziel zu verstehen, sondern zu erkennen, dass beide Bestrebungen zusammen umgesetzt werden müssen. Indem wir gemeinsam statt nebeneinander auf politischer, aber auch gesellschaftlicher Ebene aktiv werden und einen Rahmen dafür mitgestalten, in dem kluge Innovationen für eine zukunftsfähige Welt entstehen können, können wir auf den systemischen Wandel hinarbeiten, den unsere Welt jetzt braucht.

DIE AUTORINNEN

/// **Elisa Lindinger** ist Mitarbeiterin bei der Open Knowledge Foundation Deutschland e. V. Ihre Themenschwerpunkte sind Open Source und Public Interest Tech. www.prototypefund.de

/// **Anja Höfner** arbeitet am Institut für ökologische Wirtschaftsforschung zu Digitalisierung und sozial-ökologischer Transformation. www.nachhaltige-digitalisierung.de

LITERATUR

/// [1] **Santarius, T., & Kurz, C.** *Was Bits & Bäume verbindet.* https://media.ccc.de/v/bub2018-245-was_bits_baume_verbindet (17.11.2018).
/// [2] **Mozilla.** *Das Internet verbraucht mehr Strom als …* In Statusbericht zur Internetgesundheit. https://internethealthreport.org/2018/das-i(nternet-verbraucht-mehr-strom-als/?lang=de (2018).
/// [3] **Deloitte Center for Technology, Media & Telecommunications.** *2019 Technology Industry Outlook: Cloud platforms can provide a gateway to powerful AI tools that fuel agility and innovation.* https://www2.deloitte.com/us/en/pages/technology-media-and-telecommunications/articles/technology-industry-outlook.html (2018).
/// [4] **Santarius, T., et al.** (17.11.2018).
/// [5] **Blank, M.** *Zivile Gesellschaft.* In: U. Brand et al. (Hrsg.) *ABC der Alternativen* (VSA-Verlag, 2017).
/// [6] **Wikipedia.org.** *Zivilgesellschaft.* https://de.wikipedia.org/wiki/Zivilgesellschaft (2018).
/// [7] **Reimer, M.** *Organisiert euch! Wie wir voneinander lernen & zusammen wachsen.* https://media.ccc.de/v/bub2018-361-organisiert_euch (18.11.2018).
/// [8] **BUND e. V.** *Jahresbericht 2017.* https://www.bund.net/fileadmin/user_upload_bund/publikationen/bund/bund_jahresbericht_2017.pdf (2018).
/// [9] **CCC.** *The Congress is not only what the streams tell you.* https://events.ccc.de/2017/11/24/the-congress-is-not-only-what-the-streams-tell-you/ (24.11.2017).
/// [10] **Sauer, M., & Lutz, D.** *Das Umweltinformationsrecht in der Praxis des Bundesministeriums für Umwelt, Naturschutz, Bau und Reaktorsicherheit.* https://ufu.de/wp-content/uploads/2018/03/Das-Umweltinformationsrecht-in-der-Praxis-des-Bundesministeriums-f%c3%bcr-Umwelt-Naturschutz-Bau-und-Reaktorsicherheit-Sauer-Lutz.pdf (2018).
/// [11] **Semsrott, A.** *Neuer Rekord für Informationsfreiheit: Fast 10.000 Anfragen an Ministerien 2015.* Netzpolitik. https://netzpolitik.org/2016/neuer-rekord-fuer-informationsfreiheit-fast-10-000-anfragen-an-ministerien-2015/ (17.03.2016).
/// [12] **OKF Deutschland e. V.** *Einführung.* https://fragdenstaat.de/info/informationsfreiheit/einfuehrung (2018).
/// [13] **Zuboff, S.** *Das Zeitalter des Überwachungskapitalismus* (Campus Verlag, 2018).
/// [14] **Rahman, A., & Kloiber J.** *Auf den Grund gehen und Fundamente bauen: Nachhaltige Digitalisierung für Communities und (Um-)Welt.* https://prototypefund.de/wp-content/uploads/2019/01/Tech-Sustainability-final.pdf (2018).

Autor*innen: Johanna Pohl, Manuel Brümmer & Anja Höfner

WIE SCHWER WIEGT DIE KONFERENZ?
FUSSABDRUCK DER ‹B&B›

Für den ökologischen Fußabdruck einer Konferenz ist vor allem das Reiseverhalten der Teilnehmenden entscheidend. Um zu erfassen, wie nachhaltig die ‹Bits & Bäume› Konferenz ausgerichtet war, wurden die Teilnehmenden zu einigen ausschlaggebenden Umweltfaktoren der Konferenz befragt. 434 von ihnen gaben Auskunft zu ihrer Unterkunft, sowie 372 zu ihrer Anreiseart und -entfernung. Der Caterer gab Auskunft über die vegane Verpflegung.

ANREISEART UND –ENTFERNUNG ZUR ‹BITS & BÄUME›

Auto: 61.125 km
ÖPNV: 19.625 km
Bahn: 653.455 km

Auto: 6 %
Fahrrad/zu Fuß: 16 %
ÖPNV: 35 %
Flugzeug: 1 %
Fernbus: 5 %
Bahn: 37 %
n=372

CO_2-VERBRAUCH:
Auto: 10,3 t   ÖPNV: 1,5 t   33,2 t

Weg und CO_2 Verbrauch für Hin- und Rückreise wurden auf Basis der Angaben der Befragten auf die 2.000 Teilnehmenden hochgerechnet.

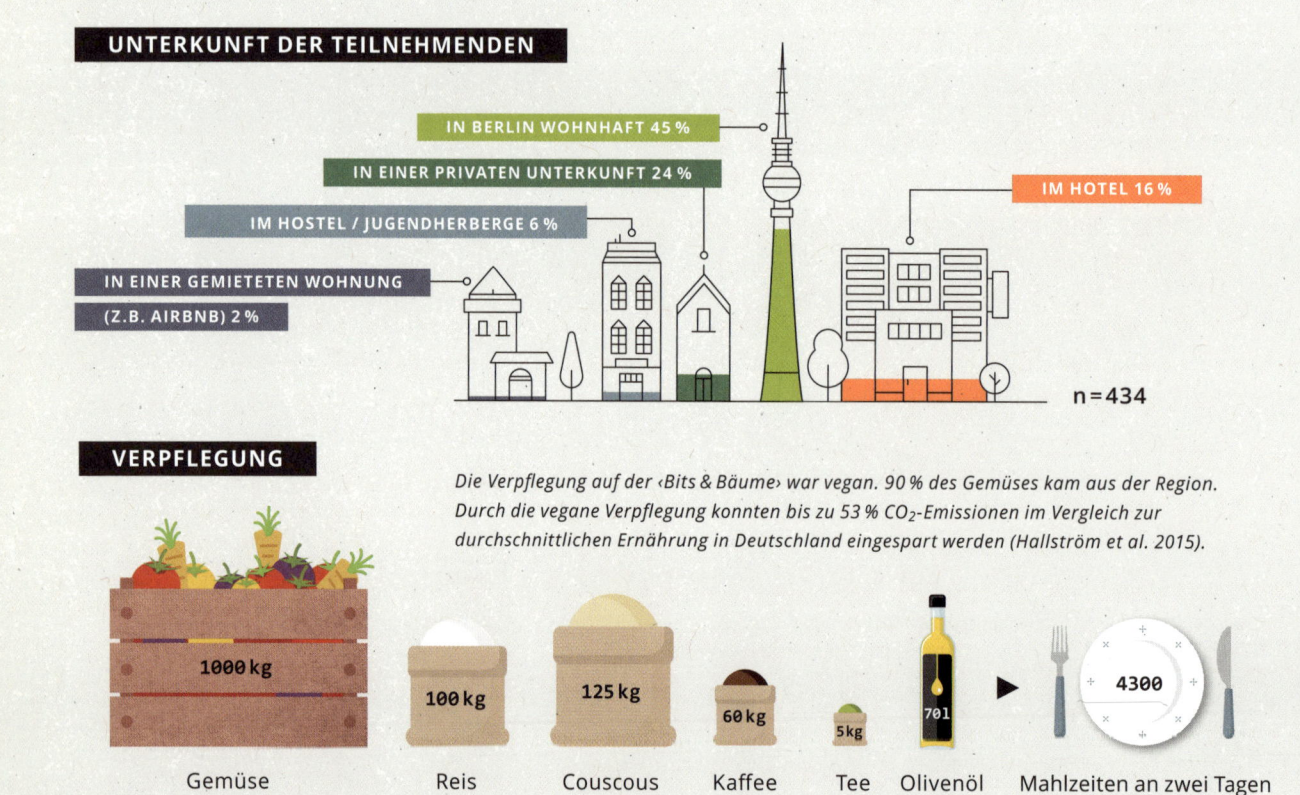

UNTERKUNFT DER TEILNEHMENDEN

- IN BERLIN WOHNHAFT 45 %
- IN EINER PRIVATEN UNTERKUNFT 24 %
- IM HOTEL 16 %
- IM HOSTEL / JUGENDHERBERGE 6 %
- IN EINER GEMIETETEN WOHNUNG (Z.B. AIRBNB) 2 %

n=434

VERPFLEGUNG

Die Verpflegung auf der ‹Bits & Bäume› war vegan. 90 % des Gemüses kam aus der Region. Durch die vegane Verpflegung konnten bis zu 53 % CO_2-Emissionen im Vergleich zur durchschnittlichen Ernährung in Deutschland eingespart werden (Hallström et al. 2015).

- Gemüse: 1000 kg
- Reis: 100 kg
- Couscous: 125 kg
- Kaffee: 60 kg
- Tee: 5 kg
- Olivenöl: 70 l
- Mahlzeiten an zwei Tagen: 4300

Quelle: *Hallström, E. et al. Environmental impact of dietary change: a systematic review. Journal of Cleaner Production 91, 1–11 (2015)*

Autorinnen: Friederike Rohde & Vivian Frick

NACHHALTIGE TECH-SZENE, DIGITALISIERTE UMWELT-BEWEGUNG?

Einblicke in die Evaluation der ‹Bits & Bäume›

Das Gros der Nachhaltigkeitsszene hat erst kürzlich begonnen, sich intensiv mit den Auswirkungen digitaler Technologien zu befassen und deren Rolle bei der Erreichung umfassender Nachhaltigkeitsziele kritisch zu hinterfragen.[1] Umgekehrt sitzen in der Tech-Szene Nachhaltigkeitsthemen bisher in der Nische. Aktuell jedoch erleben wir eine zunehmende Konvergenz dieser beiden Themen: Die Debatte um die gesellschaftlichen und ökologischen Auswirkungen der Digitalisierung nimmt an Fahrt auf! Die ‹Bits & Bäume› Konferenz hatte sich einerseits zum Ziel gesetzt, die öffentliche Debatte zum Thema Digitalisierung und Nachhaltigkeit zu stärken. Vor allem aber beabsichtigte sie, die Communities zusammenzubringen und zu vernetzen, die sich für umwelt- und klimapolitische Debatten auf der einen und für netz- und digitalpolitische Themen auf der anderen Seite zu engagieren. Gemeinsam ist diesen Akteur*innen, dass sie sich seit vielen Jahren kritisch und gemeinwohlorientiert mit gesellschaftlichen Entwicklungen auseinandersetzen, jedoch aus unterschiedlichen Perspektiven. In diesem Beitrag wollen wir einen Einblick geben, welche Akteur*innen und Themen auf der ‹Bits & Bäume› stellvertretend für die Communities im Kontext von Digitalisierung und Nachhaltigkeit vertreten waren. Dabei greifen wir zum einen auf die Ergebnisse einer Teilnehmendenbefragung und zum anderen auf die Einreichungen auf den Call for Participation (CfP) der Konferenz zurück, bei dem sich Akteur*innen aus Wissenschaft, Unternehmertum und aktivistischen Szenen mit ihren thematischen Beiträgen bewarben.

DIE ‹BITS & BÄUME› KONFERENZ IN ZAHLEN

‹B & B› AUF EINEN BLICK

ALTER

BIS 25	26–35	36–45	46–55	56–65
20 %	40 %	20 %	10 %	10 %

GESCHLECHT

- WEIBLICH 37 %
- MÄNNLICH 49 %
- DIVERS 2 %

BERUFE

FORSCHUNG 24 %
- Sonstige Forschung 7 %
- Forschung ‹Bits› 7 %
- Forschung ‹Bäume› 11 %

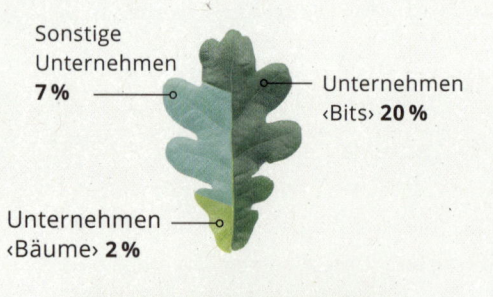

UNTERNEHMEN 27 %
- Sonstige Unternehmen 7 %
- Unternehmen ‹Bits› 20 %
- Unternehmen ‹Bäume› 2 %

NGO 11 %
- NGO ‹Bäume› 5 %
- Sonstige NGO 5 %
- NGO ‹Bits› 18 %

SONSTIGE 37 %
- Student*innen 25 %
- Öffentliche Einrichtungen, Politik 4 %
- Schüler*innen, Azubis 1 %
- k.A. 2 %
- Stiftung 3 %
- Nicht erwerbstätig 4 %

Alle Werte sind gerundet und können daher von 100 % abweichen.

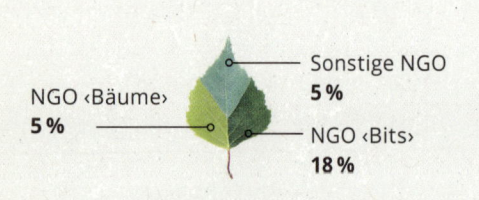

WER WAR DA?

Die Befragung wurde von 434 Teilnehmenden ausgefüllt, was ca. 25 Prozent der Besucher*innen der Konferenz entspricht. Wie die Abbildung links im Überblick zeigt, war ein gemischtes Publikum anwesend: Ein Viertel der Besucher*innen waren Studierende, und jeweils ein weiteres Viertel arbeitet in der Forschung und in Unternehmen. Das Geschlechterverhältnis war mit 37 Prozent weiblichen Teilnehmenden und 54 Prozent Referentinnen auf den kuratierten Podien weitgehend ausgeglichen, was einige Teilnehmende in der Befragung positiv erwähnten. Die Teilnehmenden wiesen ein überdurchschnittlich hohes Umweltbewusstsein auf.² Weiterhin war ein kritisches Bewusstsein für den Umgang mit Daten und digitalen Anwendungen festzustellen. Bemerkenswert war das hohe zivilgesellschaftliche Engagement. So gaben 58 Prozent der Befragten an, sich im Umwelt-, Klima- oder Naturschutz zu engagieren, weitere 39 Prozent engagierten sich in Bereichen der Tech-Szene und weitere 23 Prozent im Bereich soziale Gerechtigkeit und Entwicklungszusammenarbeit *(Seite 134)*.

///<quote>
Kritische Stimmen wiesen auf den Energiehunger der Blockchain-Technologie hin.
///</quote>

SOFTWARE, MENSCHEN, TRANSFORMATION ... UND DIE BLOCKCHAIN.
DIESE THEMEN BEWEGTEN DIE KONFERENZ

Um relevante Themenschwerpunkte zu identifizieren, wurden alle Beiträge analysiert, die auf den CfP eingereicht wurden. Die Beschreibungen der Konferenzbeiträge (Abstracts) wurden mittels einer Inhaltsanalyse durch Verschlagwortung untersucht und sollten einen ersten Eindruck geben, welche Themen im Kontext von ‹Digitalisierung und Nachhaltigkeit› von den beteiligten Akteur*innen als relevant erachtet und in welchem Kontext diese Themen betrachtet wurden. In einem ersten Schritt wurden die am häufigsten benutzten Begriffe explorativ ermittelt. Wenig überraschend waren die Spitzenreiter hier ‹Digitalisierung› und ‹Nachhaltigkeit›, gefolgt von ‹Software›, ‹Menschen›, ‹Unternehmen› und ‹diskutieren› *(Seite 136)*. Sehr häufig tauchte auch der Begriff ‹Blockchain› auf, was damit zusammenhängen kann, dass für diese Technologie aktuell in sehr vielen Bereichen Potenziale gesehen werden. Die Blockchain-Technologie symbolisiert beispielhaft Narrative wie auch künstliche Intelligenz oder Industrie 4.0, die als Zukunftsvisionen gesellschaftliche Diskurse über soziotechnische Entwicklungsprozesse mitbestimmen.³ So wollen beispielsweise sozial-ökologisch orientierte Projekte und Unternehmen die Blockchain-Technologie für die Forstwirtschaft, transparente Lieferketten oder den Peer-to-Peer-Energiehandel nutzbar machen. Gleichzeitig gab es auch kritische Stimmen bei den Einreichungen, die auf den Energiehunger und die Ambivalenz dieser Technologie hinwiesen und aufzeigten, dass sie für höchst unterschiedliche Zwecke (z. B. Finanzmarktkapitalismus) eingesetzt werden kann. Ein weiteres interessantes Beispiel ist der Begriff ‹Transformation›. Dieser wurde oft in Zusammenhang mit Transformationsforschung, aber auch mit digitaler, ökologischer, institutioneller, urbaner oder nachhaltiger Transformation genannt. Dies verdeutlicht, dass gesellschaftlicher Wandel, ob als Beobachtung oder erstrebenswertes Ziel, eine wesentliche Rolle in der Diskussion spielt. Auch der Begriff ‹Herausforderung› kam häufig vor und wurde unter anderem im Zusammengang mit Klima- und Ressourcenschutz, Energiesystemen und planetaren Grenzen thematisiert, aber auch ganz grundsätzlich im Hinblick auf das Spannungsfeld zwischen den Risiken und den Potenzialen der Nutzung digitaler Technologien für Nachhaltigkeitsziele.

///<quote>
Gesellschaftlicher Wandel spielt eine wesentliche Rolle in der Diskussion.
///</quote>

Zusätzlich wurde nach Schlagworten gesucht, die im Nachhaltigkeits- und Digitalisierungsdiskurs eine Rolle spielen und die teilweise auch in der Teilnehmendenbefragung als Themen abgefragt wurden. Dazu gehören gesamtgesellschaftliche Aspekte (wie Bildung, Transparenz, Demokratisierung usw.), netzpolitische Themen (wie Open Source, Überwachung, Sicherheit, Souveränität) und Themen des Umwelt- und Klimaschutzes und der sozialen Gerechtigkeit. Es zeigte sich, dass beispielsweise der übergreifende Begriff ‹Transparenz› häufig genannt wurde, und zwar sowohl im Kontext von Open Source/Software, Daten, Standards, Geräten und Hardware als auch bei Waldbewirtschaftung, Lieferketten, Politikstrategien oder Beteiligungs- und Forschungsprozessen. In der Schaffung von Transparenz sahen viele der Beiträge eine große Chance der Digitalisierung, um öffentliche Diskurse und Beteiligung zu stärken. Dazugehörige Begriffe wie ‹Open Source›, ‹Open Data›, ‹Open Hardware›, die derzeit beispielsweise unter dem Stichwort ‹digitale soziale Innovationen› diskutiert werden,⁴

ROLLE AN DER KONFERENZ

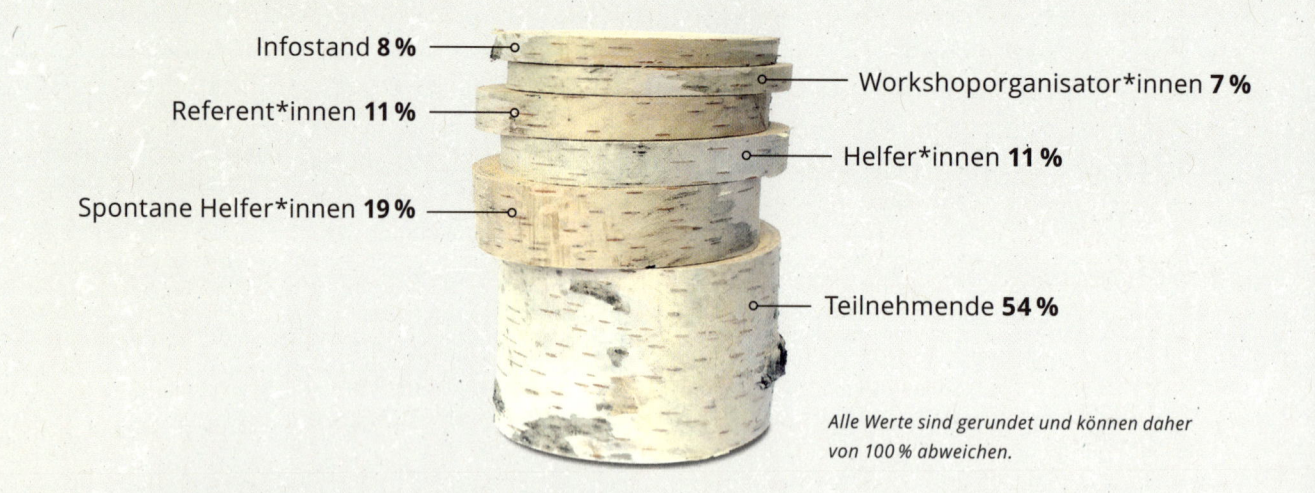

- Infostand **8 %**
- Workshoporganisator*innen **7 %**
- Referent*innen **11 %**
- Helfer*innen **11 %**
- Spontane Helfer*innen **19 %**
- Teilnehmende **54 %**

Alle Werte sind gerundet und können daher von 100 % abweichen.

ZIVILGESELLSCHAFTLICHES ENGAGEMENT

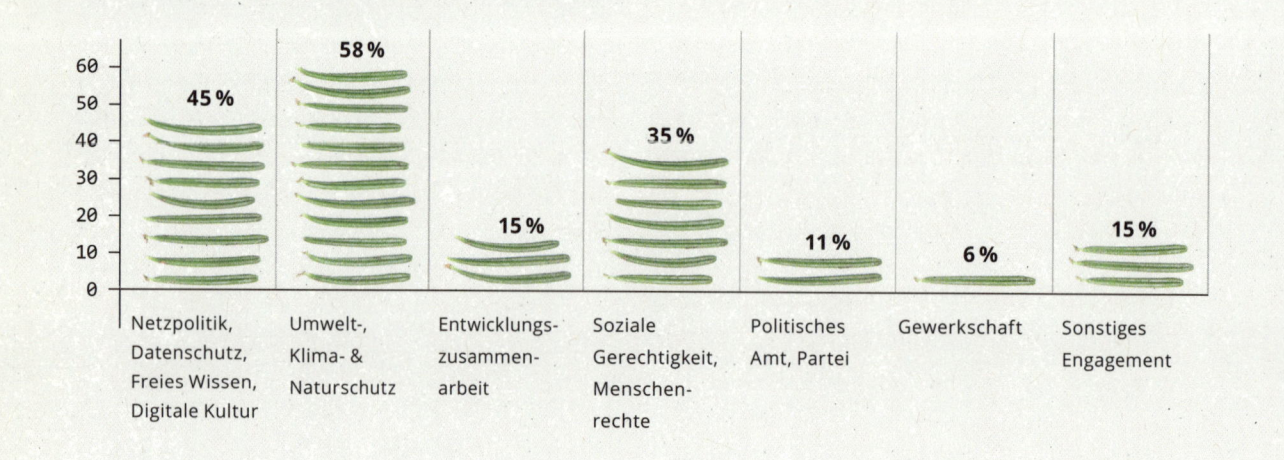

- Netzpolitik, Datenschutz, Freies Wissen, Digitale Kultur: **45 %**
- Umwelt-, Klima- & Naturschutz: **58 %**
- Entwicklungszusammenarbeit: **15 %**
- Soziale Gerechtigkeit, Menschenrechte: **35 %**
- Politisches Amt, Partei: **11 %**
- Gewerkschaft: **6 %**
- Sonstiges Engagement: **15 %**

ANZAHL NEUER BEKANNTSCHAFTEN

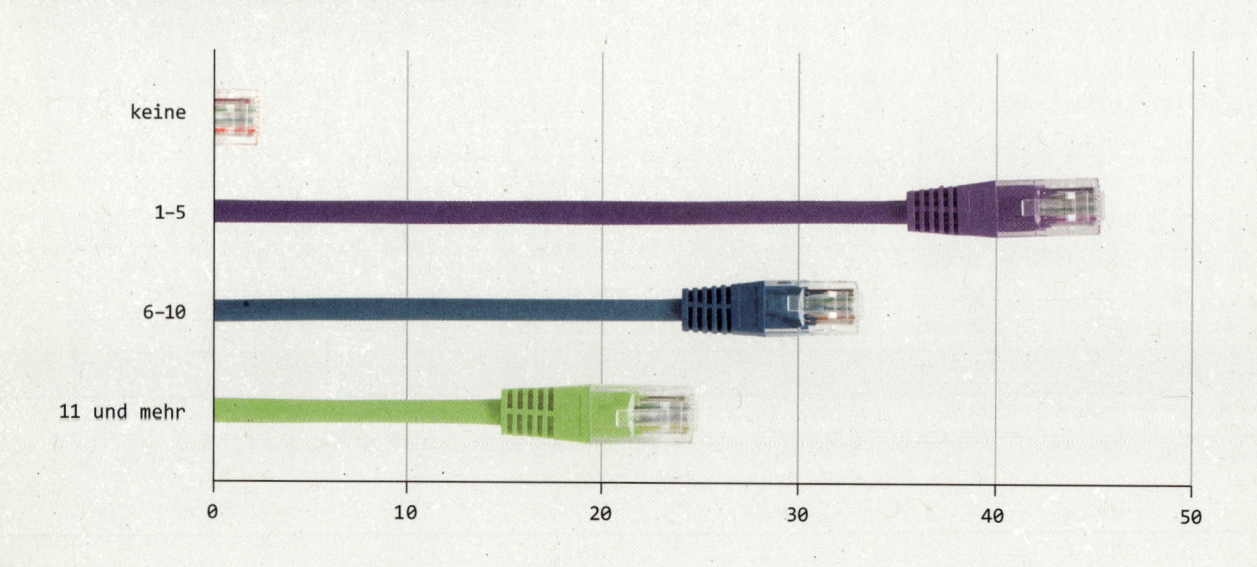

- keine
- 1–5
- 6–10
- 11 und mehr

kamen fast ebenso häufig vor wie der Begriff ‹Bildung›. Gleich dahinter folgen ‹Umwelt-› und ‹Klimaschutz› und Begriffe wie ‹Datenschutz› und ‹IT-Sicherheit›, die etwa so häufig genannt wurden wie ‹Peer-to-Peer›. Weniger häufig wurden Begriffe wie ‹Überwachung›, ‹Bürgerrechte/Souveränität› und ‹Kapitalismus› in den Texten der Einreichungen aufgegriffen, was ein Indiz dafür sein könnte, dass die interessierten Akteur*innen sich eher in einer proaktiven und mitgestaltenden Rolle sehen.

COMMUNITIES ZUSAMMENBRINGEN, BEWUSSTSEIN SCHAFFEN – KONNTE DIE ‹BITS & BÄUME› HALTEN, WAS SIE VERSPRACH?

In der Befragung wurde deutlich, dass für die Teilnehmenden primär der Wissenserwerb im Fokus stand und etwa die Hälfte sich darüber hinaus vernetzen wollte *(Seite 136)*. Die Konferenz konnte die Erwartungen der Teilnehmenden größtenteils erfüllen, jeweils über drei Viertel der Befragten bewerteten die Relevanz der Themen, das Bühnenprogramm, die Workshops, das Forum, die Vernetzungsmöglichkeiten und das Ambiente als positiv.

Neben dem positiven Feedback gaben einige der Befragten zu bedenken, dass man sich zu stark ‹unter sich› versammelt habe und die ‹großen› politischen und wirtschaftlichen Akteur*innen zu wenig einbezogen worden seien. Ebenfalls kritisch wurde in diesem Zusammenhang eine Polarisierung in ‹gute› und ‹böse› Tech-Unternehmen gesehen und eine stärker wissenschaftliche Auseinandersetzung mit dem Thema gewünscht. Zugleich vermissten einige noch mehr konkrete Ansätze zur Nutzung digitaler Technologien für die Lösung von sozialen und ökologischen Problemen. In Bezug auf eines der wesentlichen Ziele der Konferenz, nämlich die Vernetzung, gaben 80 Prozent an, dass sie Menschen und/oder Organisationen kennengelernt hatten, mit denen weitere Vernetzung interessant wäre, und dass sie einige Kontakte knüpfen konnten *(Seite 134)*.

Die Konferenz stellte einen der ersten Annäherungsversuche zwischen den beiden Communities dar. Viele der beteiligten Akteur*innen, seien sie nun Netz- oder Umweltaktivist*innen, zeigten ein großes Interesse, sich aktiv für eine sozial-ökologische Digitalisierung einzusetzen. Bis die Tech-Szene nachhaltig ist und die Ökos digitale Themen verinnerlicht haben, bis die Forderungen nach einer sozial-ökologischen Digitalisierung in der Gesellschaft angekommen sind, mögen noch viele weitere Treffen und Aushandlungsprozesse nötig sein. Die beiden Communities jedoch finden sich in ähnlichen Werten wieder: Gemeinwohl, Transparenz und Gerechtigkeit. Somit lässt sich durchaus hoffen, dass die Vereinigung von Bits & Bäumen zukünftig reichlich Früchte trägt.

> ///<quote>
> Die beiden Communities finden sich in ähnlichen Werten wieder: Gemeinwohl, Transparenz und Gerechtigkeit.
> ///</quote>

DIE AUTORINNEN

/// **Friederike Rohde** ist wissenschaftliche Mitarbeiterin am Institut für ökologische Wirtschaftsforschung (IÖW) und arbeitet in der Forschungsgruppe ‹Digitalisierung und sozial-ökologische Transformation› zu Zukunftsvorstellungen der Digitalisierung.

/// **Vivian Frick** ist Teil der Nachwuchsgruppe ‹Digitalisierung und sozial-ökologische Transformation› am Zentrum Technik und Gesellschaft der TU Berlin und am Institut für ökologische Wirtschaftsforschung. Sie befasst sich aus umweltpsychologischer Sicht mit Auswirkungen der Digitalisierung auf nachhaltigen Konsum. www.nachhaltige-digitalisierung.de

LITERATUR

/// [1] **WBGU.** *Digitalisierung: Worüber wir jetzt reden müssen* (2018).

/// [2] **UBA.** *Umweltbewusstsein in Deutschland 2016 – Ergebnisse einer repräsentativen Bevölkerungsumfrage.* https://www.umweltbundesamt.de/sites/default/files/medien/376/publikationen/umweltbewusstsein_deutschland_2016_bf.pdf (2017).

/// [3] **Sand, M., & Schneider, C.** *Visioneering Socio-Technical Innovations – a Missing Piece of the Puzzle.* Nanoethics 4, 19–29 (2017).

/// [4] **Stokes, M., et al.** *What next for digital social innovation? Realising the potential of people and technology to tackle social challenges.* https://media.nesta.org.uk/documents/dsi_report.pdf (2017).

WARUM HAST DU AN DER ‹BITS & BÄUME› TEILGENOMMEN?

```
1
0
0
0
1
0
0
0
```

- aus persönlichem Interesse (persönlich etwas zu lernen)
- um mich zu den Auswirkungen der Digitalisierung auf Nachhaltigkeit zu informieren
- Vernetzung mit Akteuren an der Schnittstelle von Nachhaltigkeit und Digitalisierung
- Kontakte für mein zivilgesellschaftliches Engagement knüpfen
- Wissen zum Thema Digitalisierung vertiefen
- meine beruflichen Interessen verfolgen
- Partner(organisationen) für zukünftige Projekte finden
- meine Organisation sichtbar machen

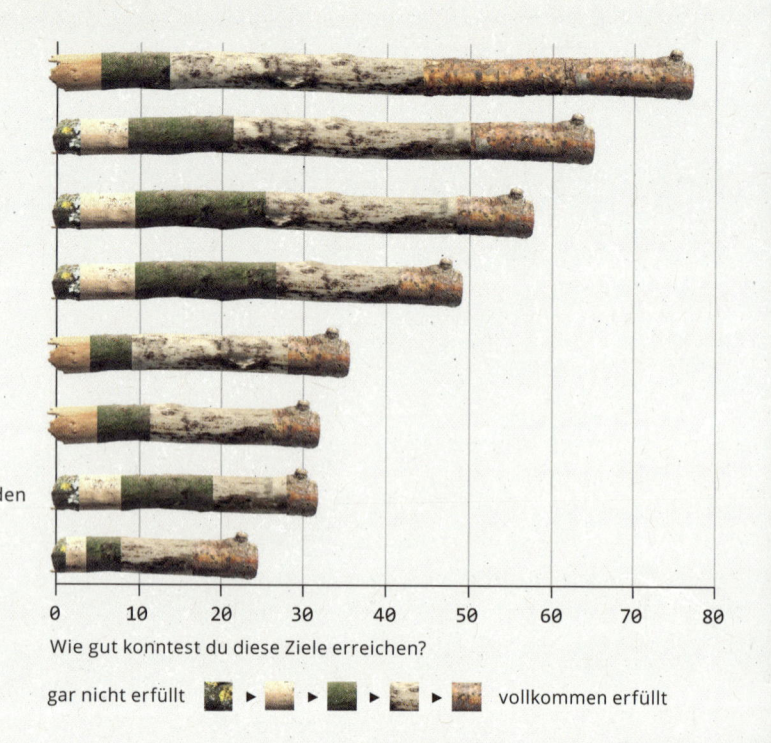

Wie gut konntest du diese Ziele erreichen?

gar nicht erfüllt ▶ ▶ ▶ ▶ vollkommen erfüllt

THEMENSCHWERPUNKTE

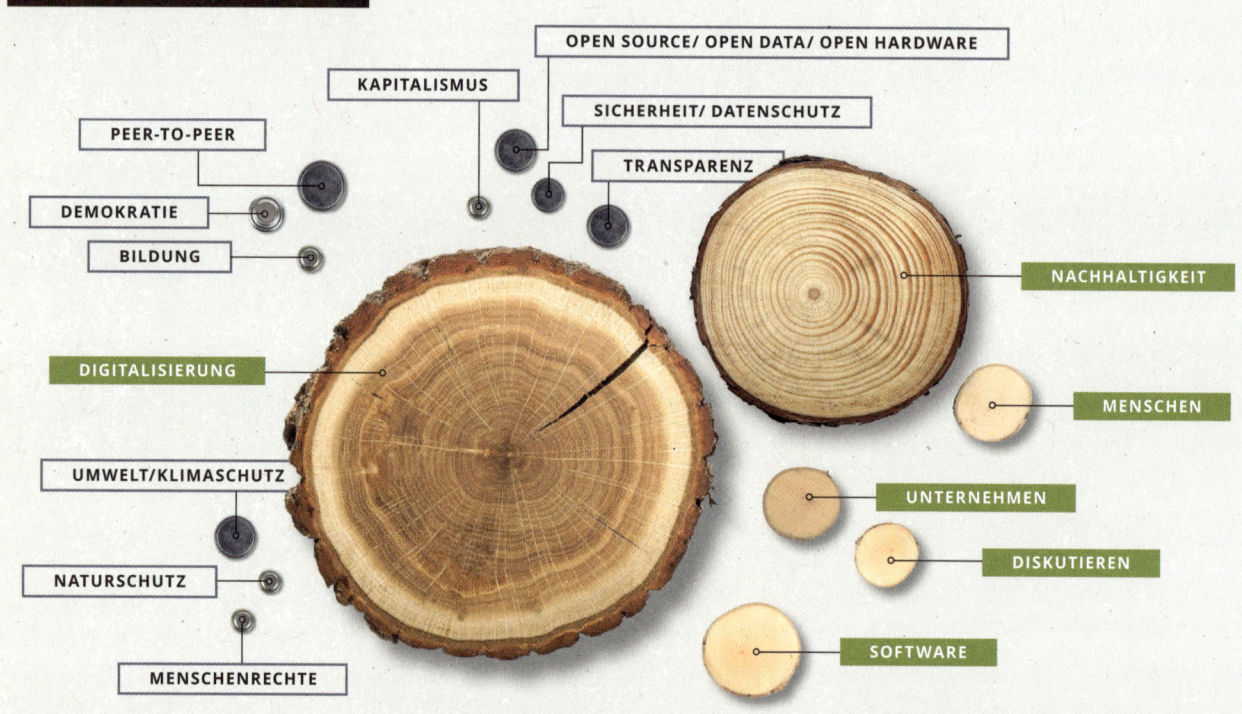

OPEN SOURCE/ OPEN DATA/ OPEN HARDWARE
KAPITALISMUS
SICHERHEIT/ DATENSCHUTZ
PEER-TO-PEER
TRANSPARENZ
DEMOKRATIE
BILDUNG
NACHHALTIGKEIT
DIGITALISIERUNG
MENSCHEN
UMWELT/KLIMASCHUTZ
UNTERNEHMEN
DISKUTIEREN
NATURSCHUTZ
SOFTWARE
MENSCHENRECHTE

■ Häufigste Begriffe (explorativ)

□ Gezielte Schlagwortsuche

Methode: Es wurde nach Begriffen mit mehr als sieben Zeichen gesucht, englische und deutsche Bezeichnungen sowie Teilwörter (z. B. digital, digitale, Digitalisierung) wurden zu einer Gruppe zusammengefasst.

{ *Brot für die Welt, Bund für Umwelt- und Naturschutz Deutschland, Chaos Computer Club, Deutscher Naturschutzring, Forum InformatikerInnen für Frieden und gesellschaftliche Verantwortung, Germanwatch, Institut für ökologische Wirtschaftsforschung, Konzeptwerk Neue Ökonomie, Open Knowledge Foundation Deutschland, Technische Universität Berlin*

Der ‹Bits & Bäume› Trägerkreis fordert

AGENDA FÜR EINE NACHHALTIGE DIGITALISIERUNG

vorgestellt und eingeleitet von: Juliane Krüger & Nina Treu

Für das Projekt ‹Bits & Bäume› haben sich zehn in ihren Anliegen und ihrer Struktur sehr unterschiedliche Organisationen aus der Netz-, Umwelt- und Entwicklungspolitik zusammengefunden. Wir haben uns ein Jahr lang monatlich getroffen und nicht nur die Konferenz geplant, sondern immer wieder auch einander erklärt, wofür wir uns jeweils einsetzen und warum dies wichtig ist.

Sehr schnell haben wir festgestellt: Was uns dabei eint, sind nicht nur der Wille zur Veränderung und das Bewusstsein, dass diese besser gestern als morgen umgesetzt werden muss. Uns eint auch ein gemeinsames inhaltliches Ziel: die Menschenrechte für alle Bewohner*innen der Erde umzusetzen und zu sichern. Dazu gehört, den Planeten, sein Leben und dessen Grundlagen langfristig zu erhalten. Dazu gehört, die Digitalisierung so zu nutzen, dass sie uns als freie, gleiche Menschen stärkt, unterstützt, bildet und in Frieden verbindet; dazu gehören digitale Mündigkeit und digitale Freiheit.

Unterdrückung, Ausbeutung und Machtungleichheiten sind im Kapitalismus eingeschrieben. Deshalb bedeutet der Kampf für ein menschenwürdiges Leben im Süden wie auch im Norden, im Osten wie im Westen auch den Kampf für eine Welt jenseits des Kapitalismus. Dafür bringt die Digitalisierung einerseits wichtige Hilfsmittel mit: von Kommunikationsdiensten für die schnelle und länderübergreifende Organisation von Protesten über die Möglichkeit, Wissen miteinander zu teilen, bis hin zu Technologien, die den Lebensalltag vereinfachen und das Zusammenwirken kleiner unabhängiger Systeme ermöglichen.

Andererseits werden mit der Nutzung digitaler Werkzeuge oft auch Menschenrechte verletzt. Ihre Wahrung müssen wir als Bürgerinnen und Bürger demokratischer Staatssysteme daher auch innerhalb dieser digitalen Technologien laut einfordern. Dies gilt insbesondere für die Presse- und Meinungsfreiheit sowie den Schutz der Privatsphäre und damit die Sicherheit, frei, gefahrlos und unbehelligt als aufklärende Journalist*innen, Wissenschaftler*innen und Aktivist*innen tätig sein zu können. Wir müssen einfordern, dass die Technologien, die wir nutzen, die auf dem Markt sind und die wir vom Staat erhalten, sicher sind – sicher als Technologie und sicher vor Manipulation, sicher auch davor, Waffen in einem Krieg zu werden: Waffen, die Atomkraftwerke steuern und Krankenhäuser ausschalten können. Wir müssen einfordern, dass Politik primär an ein lebenswertes Morgen und Übermorgen für alle denkt mit menschenwürdigen Arbeits- und Lebensbedingungen, ohne Hunger, die natürlichen Lebensgrundlagen erhaltend, natürliche Kreisläufe respektierend – nicht an heutiges Wirtschaftswachstum und die Stärkung von Handelsinteressen um jeden Preis. Wir müssen Demokratie weiter verteidigen und erkämpfen, müssen sie leben und den sicheren Raum und die Menschenrechte erhalten. Wenn wir in Deutschland und Europa diese Rechte dem Kapitalismus opfern, haben Mitbürger*innen in Ländern ohne politische Sicherheit ein noch schwereres Los, die bei ihnen notwendigen Veränderungen zu erwirken.

Wir haben Verantwortung, denn wir sind eine Welt und voneinander abhängig. Daher müssen wir miteinander solidarisch sein und miteinander diese Zukunft gestalten – nicht nur mit guten und geballten Argumenten fordern, sondern auch indem wir selbst umdenken. Wir müssen bereit sein, unseren Lebensalltag zu ändern, neu zu denken, miteinander zu diskutieren, einander Erkenntnisse weiterzugeben, voneinander zu lernen und einander zu helfen. Wir dürfen nicht müde werden, Netzwerke und Räume zu schaffen, in denen das möglich ist – von solidarischen Landwirtschaftssystemen über Repaircafés bis hin zu Plattformen mit Open-Source-Software.

Dafür haben wir mit der Konferenz ‹Bits & Bäume› eine gemeinsame Grundlage geschaffen. Die fast 2.000 Teilnehmer*innen, die Ergebnisse der Workshops, die zahlreichen Diskussionen auf und vor der Bühne und das im Nachhinein weiterhin rege Interesse an den Videoaufzeichnungen zeigen: Die Zivilgesellschaft und eine kritische Wissenschaft haben gemeinsam die Wissensgrundlage, die Kompetenzen, die Weitsicht, den Willen und auch die Kraft, eine nachhaltige Digitalisierung mitzugestalten, wenn sie sich zusammenschließen. Wir können und wollen die Digitalisierung nicht alleine der Wirtschaft und der Politik überlassen.

Als Bündnis von Organisationen mit zehn verschiedenen Perspektiven haben wir als ein Ergebnis unserer Zusammenarbeit und Diskussionen elf Forderungen erarbeitet, hinter denen wir alle – ungeachtet unserer eigenen Schwerpunkte – gemeinsam stehen. Diese wurden am Abschlusstag der Konferenz von Vertreter*innen der Organisationen vorgestellt:

SOZIAL-ÖKOLOGISCHE ZIELSETZUNG BEI GESTALTUNG DER DIGITALISIERUNG

1. Die Gestaltung der Digitalisierung soll dem Gemeinwohl dienen. Sie darf nicht einseitig auf die Förderung einer wirtschafts- und wachstumspolitischen Agenda abzielen, sondern muss auf sozial-, umwelt-, entwicklungs- und friedenspolitische Ziele ausgerichtet sein. Die Digitalisierung soll zu einer nachhaltigen Energie-, Verkehrs-, Agrar- oder Ressourcenwende beitragen und konkrete Beiträge zur umfassenden Gewährleistung der Menschenrechte, der Klimaschutzziele und zur Beendigung von Hunger und Armut leisten. Eine nachhaltige Digitalisierung in unserem Sinne setzt auf sinnvolle, menschenwürdige Arbeit, soziale Gerechtigkeit und suffiziente Lebensstile.

«Die Digitalisierung mag ein Selbstläufer sein – kein Selbstläufer ist, dass sie in Richtung Gemeinwohlorientierung läuft und dass sie dem Gemeinwohl dient. Was heißt das? Das heißt, sie darf nicht einfach den einseitig wirtschafts- und wachstumspolitischen Agenden verpflichtet sein, sondern sie muss sozial-, umwelt- und friedenspolitischen Zielen dienen. Dieses Ziel darf dabei keine Floskel sein, die man vor sich herträgt, sondern es muss sich ganz konkret in der Umsetzung von Energiewende, Verkehrswende, Agrarwende und Ressourcenwende zeigen. Messen lassen muss sich die Ausrichtung der Digitalisierung daran, dass der Schutz der Menschenrechte gestärkt wird, dass die Klimaschutzziele vorankommen, dass Hunger, Armut und menschenunwürdige Zustände verringert werden, dass menschenwürdige, gute Arbeit geschaffen wird und dass nichtsdestotrotz – was bei dieser Technologie besonders schwierig ist – auch ein suffizienter Lebensstil gefördert wird.»
Christoph Bals *für Germanwatch e. V.*

DEMOKRATIE

2. Basis einer gerechten Gesellschaft sind demokratische Entscheidungen: Die Digitalisierung muss in sich demokratischer gestaltet werden und gleichzeitig demokratische Prozesse unterstützen, statt diesen entgegenzuwirken. Dafür muss sie konsequent darauf ausgerichtet werden, emanzipatorische Potenziale, dezentrale Teilhabe, offene Innovationen und zivilgesellschaftliches Engagement zu fördern.

«Das Konzeptwerk Neue Ökonomie steht für eine neue Wirtschaft von allen für alle, ökologisch und sozial. Das heißt: Wir wollen, dass sich Menschen in alle Entscheidungen, die ihr Leben betreffen, einbringen können – denn die ökologischen und sozialen Ziele dieser gemeinsamen Erklärung sind nur umsetzbar, wenn wir eine umfassende Demokratisierung vornehmen. Zu einer umfassenden Demokratisierung wiederum gehört, dass Demokratie von der jetzigen, eher verengten Sphäre der institutionellen Politik ausgeweitet wird auf andere gesellschaftliche Bereiche, zum Beispiel auf die auch auf dieser Konferenz viel genannten: Technik, Wirtschaft und Innovation.

Wir haben viel diskutiert, wie wir die Digitalisierung gestalten können, wie wir digitale Prozesse und Werkzeuge so gestalten können, dass sie unseren demokratischen Ansprüchen genügen. Das zeigt uns: Wir brauchen einen demokratischen Prozess darüber, welche Technik wir wollen und welche Technik wir brauchen. Wir brauchen eine Vertiefung der Demokratie im Bereich der Wirtschaft und müssten uns die Frage stellen, welche Art des Wirtschaftens und welche Art von Unternehmen eigentlich demokratischen Prozessen dienen oder diesen eher entgegenstehen.

Wenn wir ein Recht auf informationelle Selbstbestimmung umsetzen wollen, brauchen wir eine demokratische Kontrolle über Informationen und über Institutionen, die diese verarbeiten. Für eine sozial-ökologische Transformation und die Umsetzung unserer Forderungen brauchen wir Druck von unten, denn umfassende soziale Veränderungen, die dem Menschen dienen, wurden immer von sozialen Bewegen von unten erkämpft. Wir müssen auch fähig sein, unsere Vorstellungen gegen die Widerstände derer durchzusetzen, die von dem jetzigen profitorientierten, kapitalistischen und wachstumsorientierten System Nutzen haben. Daher lasst uns zusammenschließen und starke soziale Bewegungen aufbauen, die für eine lebensfreundliche Technik, die dem Menschen dient und demokratisch gestaltet ist, gemeinsam kämpfen.»
Nina Treu für das Konzeptwerk Neue Ökonomie e. V.

DATENSCHUTZ UND KONTROLLE VON MONOPOLEN

3. Datenschutz, Manipulationsfreiheit und informationelle Selbstbestimmung sollen als Grundlage von freien, demokratischen, friedlichen und langfristig souveränen Gesellschaften national und global vorangetrieben werden.

«Wir InformatikerInnen für den Frieden und gesellschaftliche Verantwortung (FIfF) tragen unsere inhaltliche Ausrichtung gleich vollständig im Namen, und wichtiger Teil unserer bis jetzt 34-jährigen Arbeit war es immer zu erklären, wie Technik funktioniert, was Technik kann, und – im Sinne der vorherigen Forderung – auch zu sagen, was sie nicht kann. Technik muss verstanden werden und muss jenseits der Hochglanzbroschüren der Hersteller politisch diskutiert werden können, denn Technikeinsatz bedeutet immer auch Machtausübung. Unsere gemeinsamen Forderungen beinhalten daher auch den Datenschutz. Wir wollen Datenschutz aber nicht verstehen als ‹ein bisschen mehr Datenschutz hier, ein bisschen mehr Datenschutz dort›, sondern Datenschutz als harte Forderung beim Adressieren von Machtunterschieden und Machtinteressen im digitalen Zeitalter. Dabei sind die Interessen, für die wir hier eintreten, die Interessen einer demokratischen Gesellschaft und damit von uns allen als Menschen – nicht nur die bislang vorherrschenden Lobbyinteressen der Datenwirtschaft.

Es geht dabei auch um gesellschaftliche Manipulierbarkeit – und damit um Fragen, die viel zu groß sind für die einzelne handelnde Person. Aber sie sind nicht so groß, als dass wir als Gesellschaft nicht darüber nachdenken und eine Richtungsentscheidung vornehmen können, etwa gegen bestimmte Geschäftsmodelle und für eine lebenswerte Welt für alle. Genau an diesem Punkt ist Datenschutz die Grundlage für eine demokratische, friedliche und nachhaltige Gesellschaft. Konsequenter Datenschutz bedeutet also, Mensch und Gesellschaft stehen im Mittelpunkt, und die Techniknutzung muss sich daran ausrichten – nicht umgekehrt.»
Rainer Rehak für das Forum InformatikerInnen für Frieden und gesellschaftliche Verantwortung e. V. (FIfF)

4. Es müssen Rahmenbedingungen zur Kontrolle digitaler Monopole geschaffen werden, damit sich im Norden und Globalen Süden eine eigene, selbstbestimmte digitale Wirtschaft entwickeln kann. Bestehende Monopole von Betreiber*innen kommerzieller Plattformen müssen gebrochen werden, indem beispielsweise eine definierte Schnittstelle zum Austausch zwischen Social-Media-Diensten verpflichtend eingeführt wird.

«Das 20. Jahrhundert war das Jahrhundert des Öls. Wird das 21. Jahrhundert das Jahrhundert der Daten? Als ressourcenleichteres Wirtschaftsmodell kann das Chancen bergen. Aber mit Blick auf Machtkonzentration, Finanzakkumulation und die Konzentration von Informationen droht es, weniger nachhaltig zu werden. Anstatt uns also die Frage zu stellen, ob Daten das Öl des 21. Jahrhunderts sind, sollten wir daran arbeiten, dass es genau dazu nicht kommt! Ölkonzerne waren die mächtigsten Wirtschaftsakteure des 20. Jahrhunderts und die Gewinner der wirtschaftlichen Globalisierung. Interessant ist nun: Ölkonzerne sind aus den Top Ten der weltgrößten Unternehmen verschwunden. Stattdessen sind sechs der zehn weltgrößten Unternehmen nun IT- und Softwarekonzerne. Sie treiben die Kapitalakkumulation voran, die unseren Planeten zerstört, sie bereichern sich an den privaten Daten von Milliarden Nutzer*innen und hemmen den Umbau zu einer demokratischeren und nachhaltigeren Wirtschaft.

Wir fordern, Rahmenbedingungen zur Kontrolle digitaler Monopole zu schaffen, damit sich im Globalen Norden und Süden eine eigene, selbstbestimmte Wirtschaft entwickeln kann. Bestehende Machtkonzentrationen bei kommerziellen Plattformen müssen gebrochen werden – unter anderem indem eine Schnittstelle zum Austausch zwischen Social-Media-Diensten verpflichtend eingeführt wird. Wir sagen klar: Rockefeller reloaded! Lasst uns die Zerschlagung von antidemokratischen Monopolen, wie sie vor 100 Jahren beim weltgrößten Ölimperium gelungen ist, heute wiederholen und zugleich Regeln einführen, damit die digitale Ökonomie tatsächlich eine demokratische Ökonomie wird.»
Tilman Santarius für die Technische Universität Berlin

BILDUNG

5. Politische Regulierung muss darauf abzielen, auch Informationen und Bildungsangebote zu Technik und Wirkungsweisen als einen Teil des öffentlichen Gemeinguts zu begreifen, sie müssen elementarer Bestandteil des öffentlichen Wissens sein. Ein kritischer und emanzipatorischer Umgang mit digitaler Technik soll Teil von digitaler Bildung sein, dazu gehört auch der kompetente Umgang mit Falschinformationen und Hassreden in digitalen Medien.

«Der BUND als Umweltverband sieht natürlich Digitalisierung als möglichen Enabler für all die Wenden, die uns bevorstehen, und damit für die Frage: Wie wollen wir Gesellschaft verändern? Wir haben die Ressourcenwende vor uns, die Verkehrswende, die Energiewende etc. Aber wie funktioniert das? Nur dann, wenn wir die Gesellschaft mitnehmen: Da wird das Thema Bildung eine entscheidende Rolle spielen! Wir brauchen politische Regulierung, die darauf zielt, dass wir Informationen zu Technik und deren Wirkungsweisen auch transparent machen und ins öffentliche Gemeingut integrieren. Das heißt, wir müssen das Wissen hinter Technologien weitergeben, sodass wir uns auch selbst mit ihnen auseinandersetzen und sie reparieren können, gegebenenfalls auch um Ressourcen zu sparen. Darüber hinaus brauchen wir natürlich einen kritischen und emanzipatorischen Umgang mit diesen Technologien, mit der digitalen Technik – und die muss ein wesentlicher Bestandteil digitaler Bildung sein, damit wir darüber hinaus einen kompetenten Umgang mit Falschinformationen und Hassreden im Internet hinbekommen, gegen den Populismus und für mehr Fakten.»
Rolf Buschmann für den Bund für Umwelt und Naturschutz Deutschland e.V. (BUND)

ENTWICKLUNGS- UND HANDELSPOLITISCHE ASPEKTE

6. Länder des Globalen Südens müssen die Möglichkeit haben, eine eigene auf die lokalen und nationalen Bedürfnisse ausgerichtete Digitalisierung zu entwickeln. Alle Gesellschaften sollen gleichen An-

teil an Nutzen und Kosten der Digitalisierung haben können. Die negativen Seiten wie menschenunwürdige Arbeitsbedingungen, Umweltverschmutzung, Gesundheitsschäden und Elektroschrott dürfen nicht einseitig auf den Globalen Süden abgewälzt werden.

«In den Industrieländern erschaffen wir eine Ausprägung der Digitalisierung mit Monopolen und Gefahren für die Privatsphäre und anderen Fehlentwicklungen, die dann so auch in Entwicklungs- und Schwellenländern zur Anwendung kommt. Bei der Gestaltung der Digitalisierung müssen wir uns aber die Frage stellen, welche Probleme gelöst werden sollen. Das ist ein Punkt, der hier wie für Entwicklungs- und Schwellenländer gilt: Wir treffen auf sehr unterschiedliche lokale und regionale Bedürfnisse – und entsprechende Probleme, die mit digitalen Hilfsmitteln vielleicht besser gelöst werden können. In Entwicklungs- und Schwellenländern kann die Digitalisierung einfache Kommunikationsmittel bereitstellen, den Zahlungsverkehr für viele Menschen erleichtern, zivilgesellschaftliche Akteure vernetzen, die persönliche Gesundheit und das Gesundheitswesen verbessern oder die Entstehung angepasster Geschäftsmodelle fördern.

Wenn wir diese Forderung unserer Konferenz ernst nehmen, müssen wir die besondere Perspektive des Globalen Südens in einer Folgekonferenz viel stärker thematisieren. Auf der ‹Bits & Bäume› haben wir schon einzelne Aspekte angesprochen: wie der Ressourcenschutz im Globalen Süden gefördert werden kann, wie gefräßig elektronische Geräte sind, wie viel Energie sie verbrauchen und welche Schäden sie auch im Globalen Süden anrichten. Aber wir haben nicht oder zu wenig überlegt: Was sind eigentlich positive Gestaltungsmöglichkeiten? Wie können wir Menschen aus dem Globalen Süden mitnehmen und einbeziehen in die Diskussion um Digitalisierung und Nachhaltigkeit? Ich wünsche mir, dass wir das in Zukunft stärker tun – und damit auch unsere Forderung, die sich auch an Politik und Unternehmen richtet, ein Stück weit selbst einzulösen helfen.»
Thomas Korbun *für das Institut für ökologische Wirtschaftsforschung (IÖW)*

---

7. Bilaterale und multilaterale Handelsabkommen dürfen keine Verbote und Einschränkungen in den Bereichen Besteuerung (Taxation), Offenlegung des Quellcodes (Open Source) und Ort der Datenverarbeitung (Localisation) enthalten.

«Für uns von Brot für die Welt steht bei der Auseinandersetzung mit der Digitalisierung eine Frage im Mittelpunkt, nämlich: Wie ist es möglich, dass wir die Chancen auf Teilhabe für die Menschen im Globalen Süden verbessern können? Eine der wichtigsten Voraussetzungen dafür ist, dass wir den politischen Handlungsspielraum dieser Länder vergrößern. Deutschland und andere Industriestaaten verfolgen eine doppelte Strategie: Zum einen fördern sie ihre Unternehmen beim digitalen Wandel, und zum anderen schützen sie ihre einheimischen Unternehmen vor ausländischer Konkurrenz. Das ist bei Entwicklungsländern nicht so einfach, und das Problem ist, dass dieser Handlungsspielraum für diese Länder noch weiter eingeschränkt wird. Das Silicon Valley drängt seit längerer Zeit schon darauf, dass innerhalb von Handlungsabkommen Regelungen zum globalen Datenverkehr getroffen werden, und es verfolgt dabei drei Ziele: Das eine ist, den Staaten zu verbieten, Daten lokal zu speichern und weiterzuverarbeiten. Das Zweite ist, den Staaten auch den Zugriff auf Quellcodes zu untersagen. Das gilt auch für Unternehmen, die ihre einheimischen Märkte dominieren. Und drittens soll ihnen auch untersagt werden, Steuern oder Zölle auf ausländische Unternehmen zu erheben. Was lange Zeit nur die Wunschvorstellung von Microsoft, Google und Co. war, ist leider inzwischen Wirklichkeit. Anfang 2018 wurde ein transpazifisches Abkommen von elf Staaten beschlossen, darunter Japan, Kanada und Australien. Es enthält genau diese drei Forderungen. Dieses Abkommen ist ein weitreichender Eingriff in die Souveränität dieser Staaten, der Gesellschaften und ihrer Unternehmen und nimmt ihnen eine ihrer wichtigsten Ressourcen: ihre Daten. Für das Silicon Valley ist das sozusagen der Goldstandard: Das, was in diesem Abkommen enthalten ist, soll zukünftig fester Bestandteil weiterer bilateraler Abkommen sein und schlussendlich auch von der Welthandelsorganisation WTO übernommen werden. Aber für die Entwicklungsländer ist das kein Goldstandard, sondern im Endeffekt ein Sargnagel für ihre zukünftige Entwicklung. Es ist unsere Herausforderung, dafür zu sorgen, dass diese Politik nicht übernommen wird – weder in der EU noch in bilateralen oder WTO-Abkommen.»
Sven Hilbig *für Brot für die Welt*

8. Die Technologiebranche muss verpflichtet werden, in Fragen der Ressourcenschonung und Nachhaltigkeit die Prinzipien menschenrechtlicher und ökologischer Sorgfaltspflichten in den Abbau- und Produktionsländern konsequent anzuwenden.

«Der Deutsche Naturschutzring ist ein Dachverband von 90 Natur-, Tier- und Umweltschutzorganisationen, geeint durch ihre Ziele: biologische Vielfalt und natürliche Ressourcen zu schützen, den Klimawandel zu bekämpfen und für eine nachhaltige und umweltgerechte Wirtschaftsweise einzutreten. Nicht nur Organisationen wie diese, sondern wir alle sollten uns immer wieder vor Augen führen: Wenn wir weiterhin sicher leben wollen, muss der Mensch innerhalb planetarer Grenzen wirtschaften. In den Bereichen Klimawandel, Stickstoffkreislauf und Biodiversitätsverlust gehen Wissenschaftler*innen davon aus, dass die planetaren Grenzen bereits überschritten sind. In anderen Bereichen ist die Lage kritisch. Natürlich bieten digitale Technologien viele Möglichkeiten für Klima- und Umweltschutz. Doch wir stellen als Umweltschützer*innen auch immer die Frage nach der Verantwortung im Prozess der Digitalisierung – und diese richtet sich ganz klar auch an die Wirtschaft. Daher muss die Technologiebranche verpflichtet werden, Menschenrechte und ökologische Standards in den Abbau- und Produktionsländern konsequent umzusetzen.»

Maria Bossmann
für den Deutschen Naturschutzring e. V. (DNR)

IT-SICHERHEIT

9. Mangelhafte Software hat negative Folgen für deren Nutzer*innen, die Sicherheit ihrer Daten und die digitale Infrastruktur insgesamt. Es bedarf einer Softwarehaftung, damit Softwarehersteller die Verantwortung für die entstehenden Risiken (zum Beispiel Sicherheitslücken) tragen, statt die Qualität ihrer Software dem Profit zu unterwerfen. IT-Sicherheit ist die Grundlage einer nachhaltigen digitalen Gesellschaft.

«Der Chaos Computer Club ist eine Hackervereinigung, und zwar die größte Europas, wir blicken also mit einer gewissen technischen Brille auf dieses Thema – und ich habe eine schlechte Nachricht: Für alle diese Vorhaben, über die wir hier die zwei Tage gesprochen haben, ist die IT-Sicherheit eine unabdingbare Grundlage. Wenn man allerdings die IT-Sicherheit heute in ihrem Ist-Zustand betrachtet – wir können die Metapher ziehen zu einem Boot, in dem wir alle sitzen –, dann ist die Grundlage dafür ziemlich löchrig. Wir stehen vor einer sehr langen und auch mit kurzfristigen Mitteln sehr schwer abzuwendenden IT-Vertrauenskrise, mit der wir einerseits als Privatpersonen umgehen müssen, weil unsere Geräte und unsere Smartphones und unser Bürocomputer betroffen sind, mit der wir aber andererseits auch im Großen als Gesellschaft und Wirtschaftsunternehmen umgehen können. Ähnlich wie bei Ursachen für manche anderen Phänomene und deren Lösungen, so ist es auch in der IT-Sicherheit so, dass Hacks nicht passieren, sondern in der Regel gibt es dafür ökonomische Antriebe – die meisten großen Angriffe auf IT-Systeme sind heute bezahlt, und zwar mit staatlichen Geldern. Es ist keine Naturkatastrophe oder schicksalhaft, wenn wir vor einer IT-Sicherheitskrise stehen und wenn die Systeme, die Software, die Browser, die Betriebssysteme, mit denen wir umgehen, voller Löcher sind. Sondern es ist eine ökonomisch incentivierte Realität, die wir so nicht lassen können.

Wir haben in Deutschland anders als in vielen anderen Ländern ein großes Privileg: Das Privileg lautet, dass wir ein Grundrecht in Deutschland haben, seit mehr als zehn Jahren, eines, das die IT-Sicherheit umfasst und auf dem wir vor allen Dingen auch gegenüber dem Staat bestehen müssen: Es ist das Grundrecht auf Gewährleistung der Vertraulichkeit und Integrität von informationstechnischen Systemen. Ich glaube, viele Vorhaben, die uns Chancen in der Digitalisierung bringen, sind nur möglich auf einer sicheren Grundlage und ohne dass wir das Regime fortführen, das wir heute haben, wo jeder, der das Geld hat, insbesondere staatliche Entitäten und auch Geheimdienste, in einem weitgehend rechtsfreien Raum hacken, wie sie Lust haben. Das Thema IT-Sicherheit ist für jetzt und für die nahe Zukunft ganz sicherlich eine Grundlage, mit wir uns weiter beschäftigen müssen.»

Constanze Kurz *für den Chaos Computer Club e. V. (CCC)*

LANGLEBIGKEIT VON SOFTWARE UND HARDWARE

10. Software muss selbstbestimmt nutzbar sowie reparierbar sein und langfristig instand gehalten werden können, so wie es Open-Source-Software bereits verwirklicht. Hersteller müssen daher beispielsweise Sicherheitsupdates für die Hardwarelebensdauer von Geräten bereitstellen und nach Ende des Supports den Quellcode als Open-Source-Variante freigeben, statt ‹Softwarelocks› einzubauen.

11. Elektronische Geräte müssen reparierbar und recycelbar sein – geplante Obsoleszenz darf es nicht geben. Dafür müssen Garantiefristen massiv ausgeweitet werden; Hersteller müssen Ersatzteile, Reparaturwerkzeug und Knowhow für alle anbieten und langfristig vorhalten. Dies soll unterstützt werden durch eine stärkere finanzielle Förderung offener Werkstätten bzw. Repaircafés und gemeinwohlorientierter Forschung und Produktentwicklung. Öffentliches Forschungsgeld darf es nur für Open-Source-Produkte geben.

«‹Langlebigkeit› ist ein Begriff, der in der Bäume-Bewegung natürlich total wichtig ist. Langlebigkeit bedeutet in Bezug auf Technologien, dass ich ein Produkt reparieren kann, dass es ausgelegt ist auf eine lange Instandhaltung und dass ich das selbstbestimmt nutzen kann. Ich habe neulich einen kleinen Unfall gehabt mit meinem Smartphone: Es ist mir beim Radeln auf die Straße gefallen und wurde von einem LKW überfahren. Das Gerät hat überlebt – und es ist trotzdem nicht langlebig, weil es die nächsten Sicherheitsupdates wahrscheinlich nicht überleben wird und weil das Betriebssystem bald veraltet ist. Langlebig würde es werden, wenn es ein Open-Source-Produkt wäre, wenn es Open-Source-Software hätte und wenn es ein Gerät wäre, das man Open-Source-Hardware nennen dürfte. Open Source bedeutet, dass ich den Quellcode offenlege, dass ich ihn kopieren und nutzen kann, dass die Software, die darauf ist, wiederverwendbar, verbreitbar und veränderbar ist, sodass ich meine Software selbstständig reparieren oder mithilfe von anderen reparieren lassen kann. Es bedeutet, dass, wenn nicht regelmäßig Sicherheitsupdates von den Unternehmen selbst eingespielt werden, sie dann aus der Community eingespielt werden können. Open Hardware bedeutet: Die Geräte sollen mit Open Software ausgestattet sein, und es muss Ersatzteile geben. Wir wollen sie reparieren können, und zwar selbstständig, sodass sie langfristig nutzbar sind. Das ist derzeit nicht der Stand, und darum wollen wir, dass Open Hardware und Open Software staatlich gefördert und unterstützt werden, dass es Repaircafés gibt, dass es Forschung dazu gibt, dass diese Geräte nicht nur LKW-Unfälle überleben, sondern eben auch unseren alltäglichen Gebrauch – dass sie langlebig sind.»
Nadine Evers *für die Open Knowledge Foundation Deutschland e.V. (OKF)*

Nachzulesen sind diese elf gemeinsamen Forderungen auf unserer Webseite **bits-und-baeume.org**, unterschrieben von zahlreichen weiteren Unterstützerinnen und Unterstützern, denn gemäß unserem eigenen Credo wollen wir sie teilen und verbreiten. Wir wollen immer größere Bündnisse bilden und wollen so als starke Zivilgesellschaft aufklären, wir wollen motivieren, und wir wollen zeigen, wie eine digitale Gesellschaft demokratisch und gerecht gestaltet und zugleich darauf ausgerichtet sein kann, auf friedvolle Weise das Leben und seine langfristigen Grundlagen auf diesem Planeten zu bewahren.

Gemeinsam können wir diesen Weg gehen.
Gemeinsam müssen wir ihn gehen.

DIE AUTORINNEN

/// **Juliane Krüger** arbeitet bei der OKF als Referentin der Geschäftsführung. Sie spricht, schleift und setzt zudem Texte, oft an der Schnittstelle Technik und Gesellschaft. Als Kulturwissenschaftlerin ist sie nicht nur beim FIfF ehrenamtlich aktiv, sondern auch Teil des BücherFrauen-Netzwerks.

/// **Nina Treu** ist Mitbegründerin des Konzeptwerk Neue Ökonomie und war Team- und Programmkoordinatorin bei der 4. Internationalen Degrowth-Konferenz. Aktuell kümmert sie sich v. a. um Akquise und interne Koordination im Konzeptwerk und ist Teil der Webredaktion von www.degrowth.de

{ *Danksagung*

Wir danken allen Autor*innen für ihre bereichernden Beiträge und die fruchtbare Zusammenarbeit im Review-Prozess, sowie allen Unterstützer*innen des Crowdfundings, die dieses Buch mit ermöglicht haben. Weiterhin gilt unser Dank den Kolleg*innen des ‹Bits & Bäume› Trägerkreises, insbesondere Leon Kaiser und Rainer Rehak. Nicole Walter danken wir für das Lektorat. Auch danken wir den Kolleg*innen unserer Forschungsgruppe ‹Digitalisierung und sozial-ökologische Transformation› für hilfreiche Rückmeldungen, vor allem Tilman Santarius für seine wertvolle Unterstützung.

Ein besonderer Dank gilt jenen Kolleginnen, deren Einsatz dieses Buch zu mehr als einer Konferenzdokumentation werden ließ: Katja George für die einzigartige Unterstützung bei der Koordination der vielen Beiträge, Lone Thomasky und Rabea Düing für ihr ausdauerndes Engagement und die großartige grafische Arbeit. }